武汉大学百年名典
社会科学类编审委员会

吴纪先 生于1914年，江苏松江（今属上海市）人。1934年毕业于旧海关在北平设立的税务专门学校。1943年赴美国留学，1945年获美国威斯康星大学经济学硕士学位。1947年获美国哈佛大学经济学博士学位后回国。1948年，就任联合国在上海设立的"亚洲远东经济委员会"秘书处"经济研究专员"。1949年夏，辞去联合国职务，赴英国考察调研，期间撰写了《东南亚经济概观》一书。从1950年起，历任武汉大学教授、经济系主任，武汉大学美国、加拿大经济研究所所长。

曾启贤 （1921—1989），中国当代经济学家，湖南长沙人。1941年考入武汉大学经济学系，毕业后继续攻读武汉大学经济研究所研究生，1948年获硕士学位后留校，任职于经济学系。1950年任讲师，1951—1953年在中国人民大学政治经济学教研室进修，1962年升任武汉大学经济学系副教授，1980年升任教授。曾先后担任湖北省哲学社会科学联合会副主席、中国比较经济研究会副会长、湖北省经济研究中心常务干事、湖北省经济学会顾问等职。

武汉大学
百年名典

东南亚经济概观

吴纪先 著

按劳分配有关范畴的分析

曾启贤 等 著

武汉大学出版社
WUHAN UNIVERSITY PRESS

图书在版编目(CIP)数据

东南亚经济概观/吴纪先著.按劳分配有关范畴的分析/曾启贤等著.—武汉：武汉大学出版社,2024.4

武汉大学百年名典

ISBN 978-7-307-24172-5

Ⅰ.①东…　②按…　Ⅱ.①吴…　②曾…　Ⅲ.经济—概况—东南亚　Ⅳ.F133

中国国家版本馆 CIP 数据核字(2023)第 215076 号

责任编辑:唐伟　马超越　　责任校对:汪欣怡　李孟潇　　版式设计:马佳

出版发行:**武汉大学出版社**　　(430072　武昌　珞珈山)

(电子邮箱：cbs22@whu.edu.cn　网址：www.wdp.com.cn)

印刷:武汉中远印务有限公司

开本:720×1000　1/16　印张:21.75　字数:311 千字　插页:4

版次:2024 年 4 月第 1 版　　2024 年 4 月第 1 次印刷

ISBN 978-7-307-24172-5　　定价:139.00 元

《武汉大学百年名典》出版前言

百年武汉大学，走过的是学术传承、学术发展和学术创新的辉煌路程；世纪珞珈山水，承沐的是学者大师们学术风范、学术精神和学术风格的润泽。在武汉大学发展的不同年代，一批批著名学者和学术大师在这里辛勤耕耘，教书育人，著书立说。他们在学术上精品、上品纷呈，有的在继承传统中开创新论，有的集众家之说而独成一派，也有的学贯中西而独领风骚，还有的因顺应时代发展潮流而开学术学科先河。所有这些，构成了武汉大学百年学府最深厚、最深刻的学术底蕴。

武汉大学历年累积的学术精品、上品，不仅凸显了武汉大学"自强、弘毅、求是、拓新"的学术风格和学术风范，而且也丰富了武汉大学"自强、弘毅、求是、拓新"的学术气派和学术精神；不仅深刻反映了武汉大学有过的人文社会科学和自然科学的辉煌的学术成就，而且也从多方面映现了20世纪中国人文社会科学和自然科学发展的最具代表性的学术成就。高等学府，自当以学者为敬，以学术为尊，以学风为重；自当在尊重不同学术成就中增进学术繁荣，在包容不同学术观点中提升学术品质。为此，我们纵览武汉大学百年学术源流，取其上品，掬其精华，结集出版，是为《武汉大学百年名典》。

"根深叶茂，实大声洪。山高水长，流风甚美。"这是董必武同志1963年11月为武汉大学校庆题写的诗句，长期以来为武汉大学师生传颂。我们以此诗句为《武汉大学百年名典》的封面题词，实是希望武汉大学留存的那些泽被当时、惠及后人的学术精品、上品，能在现时代得到更为广泛的发扬和传承；实是希望《武汉大学百年名典》这一恢宏的出版工程，能为中华优秀文化的积累和当代中国学术的繁荣有所建树。

《武汉大学百年名典》编审委员会

出 版 说 明

　　《东南亚经济概观》《按劳分配有关范畴的分析》分别于 20 世纪 50 年代、70 年代出版。现将两书合并收入《武汉大学百年名典》，以资纪念。此次出版，《东南亚经济概观》以中华书局 1951 年版为基础，《按劳分配有关范畴的分析》以人民出版社 1979 年版为基础，为展现作品原貌，仅作了少量订正，大量概念、提法遵循当时习惯与标准。由于旧版本成书年代久远，作者仙逝且无法与作者家属取得联系，因此请相关方得悉出版事宜后与本社联系。

武汉大学出版社

2023 年 10 月

目　　录

1

东南亚经济概观

吴纪先 著

本书内容提要

本书所称的"东南亚"是指缅甸、越南(包括柬埔寨和老挝)、泰国、马来亚、印尼、菲列宾六国而言。第二次世界大战后,东南亚人民的解放斗争已普遍地展开。这个斗争正在日益壮大,并已动摇了整个帝国主义的体系。为使读者对东南亚经济获得一个完整概念起见,本书大体上即以整个区域为研究的对象,但对各国间的差异,也充分加以说明。本书前五章叙述东南亚经济的本质和过去在帝国主义统治下演变的趋势;后四章分析东南亚的对外经济关系,其中以一专章讨论中国和东南亚的关系!最后以专章对东南亚经济发展前途试作一展望。本书的特点是运用了许多战前和战后的统计材料,说明东南亚经济的特质和所存在的问题。这些统计材料可以供国内学者作进一步研究之用。

序　言

　　大家都知道东南亚在过去是一个典型的殖民地区域。西洋帝国主义国家在那儿实行经济上的剥削和榨取，已经有很悠久的历史了。第二次世界大战结束后，随着英、法、荷帝国主义的没落和世界资本主义危机的加深，东南亚各地的人民解放斗争，已如火如荼地展开着。正如我国的新民主主义革命，在中国共产党领导下，已获得伟大的成功一样，东南亚人民正面临着一个划时代的转变了。但一切革命途径都是曲折和艰辛的。目前反动的美帝国主义，正勾结了英、法、荷帝国的残余势力，企图以武力来镇压东南亚人民力量的抬头。在这民主势力和帝国主义势力的殊死战中，东南亚已成为全世界注目的场所了。本书是从经济观点，研究东南亚各国过去和目前的情形。东南亚各国社会，在历史发展的阶段上，是很相似的。虽然在国与国之间，我们可以看到不少差异，但假如作一横断面的观察，我们便会发现在经济基础上和对外关系上有许多区域性的特征。为使读者对东南亚经济获得一个粗轮廓起见，本书在大体上，是以整个区域为研究的对象，但对各国间差异之点，也充分加以比较和说明。

　　在内容上，本书前五章是说明东南亚经济的本质和过去几十年来演变的趋势，后四章是说明东南亚各国的对外经济关系和在世界经济上的地位，最后一章是对东南亚经济发展的前途，作一展望。本书的主旨是检讨帝国主义统治下的东南亚经济情形。在分析过去事实时，我们在大体上，不得不依赖各国统治当局所发表的材料，这些材料当然含着许多袒护统治阶级的成分，而且，有许多的统计数字，其可靠性很成疑问。但我们假如在利用这些材料时，加以小心推敲，就可以从中得到不少事情的真相。不过，在战后的几年中，东南亚的人民解放运动力量已一天一天地扩大，帝国主义所控制的范围已逐渐缩小，所以，各国殖民地统治当局所发表的经济材料的可靠性，也愈来愈小了。假如要明了各个国家的目前情势，我们当然不能以殖民地当局所发表的材料为满足。例如在越南境内，法帝国主义所控制的区域已是很小的一部分了。法方当局所发表的统计数字，决不能代表越南全境的经济情形。而且，我们也知道越南民主共和国在解放区的经济设施，已有辉煌的成就，这和法帝占领区经济衰落的情形比较，已成为一个动人的对照。但一般说来，各国解放区的情形，变动得很快，外边人士所获得的材料，以零星片段的居多，在目前还很难根据这些材料，作一有系统的叙述。本书受时间和环境的限制，未能对解放区的情形，作一扼要的介绍，是一个缺陷。好在本书既然以东南亚全区为出发点，分析东南亚经济在帝国主义控制下的情形，上述的缺陷，也许还不很严重。但希望读者于翻阅本书各章时，认清各项材料的来源，和所适用的范围，不要忘记了在不断生长中的各国解放区情形，那么，对本书所下的各项结论，才不至发生误解。

本书引用了很多的统计数字。这些数字，大部分在各种国际统计刊物和各国政府出版物上，都可找到。作者因鉴于我国各图书馆过去对于这些书籍收藏得不全，所以，不惮烦地在文中插入大量的统计图表。这样，破坏了文字的连贯，可能增加阅读时的困难，这是作者所欲在这里表示歉意的。

本书是在海外写成的。所用的材料，以英文出版物为主。有时，还用了一些法文材料和东南亚华侨出版的中文著作。关于东南亚的书籍，过去在中国和日本出版的也不少，作者因限于环境，没有利用到这些材料。尤其是在写第八章《中国与东南亚的关系》时，因手边无中国书籍参考，不免因陋就简得很。希望将来有机会再版时，再加以补充和修正。

作者在东南亚各地居留时间不久，实地观察所得的，很是有限。但本书于属稿时，承新加坡、曼谷、仰光各地友人代为搜集材料，或解答问题，使作者获益不少，这是作者在这里所欲志谢的。

作者一九五〇，六，六，于伦敦北郊。

初版编辑例言

一、本书所引度量衡数字，除特别注明者外，都以米达制为准。

二、各统计表中，"…"表示数字未详，"—"表示数量极小或全部缺乏。

三、文中所称"战前""战后"和"战时"都指第二次世界大战而言。凡提到第一次世界大战时，都有特别说明。

四、本书以采用各国现行名词为原则，故凡旧时称"荷印"之处，统以"印尼"一词代之；旧时称"暹罗"之处，统以"泰国"一词代之。

五、文中称马来亚时，除特别注明者外，都包括新加坡在内。

六、"越南"在我国最近书报上，都改译成"印度支那"，包括，"越南民主共和国""柬埔寨""老挝"三国。本书为行文方便起见，仍沿用"越南"一词以代表"印度支那"的全部。

七、本书所用商品名词，以从国内商业习惯为原则。但关于地方和人种译名，以从华侨习惯译法为主。又新加坡货币，俗称叻币，本书也用这名词，以资前便。

八、为便于读者查考起见，文中所引材料的来源，都加注明。各书的详细名称和著者的姓名，见附录三。

目　　录

第一章　土地与人民

我国通常所称的"南洋"，在外国地理书籍上，往往叫作"东南亚"。这个名词所指的范围，学者用时很不一致。有人把缅甸除外，因为缅甸在英人统治下，有长时期是受印度总督管辖的。又有人把菲列宾除外，因为菲列宾和中国、日本，另外构成一个所谓"远东"区域。更有人把所有东南亚区域，连同中国和日本，都叫作"远东"的，那未免太广泛了。本书所指的"东南亚"，是把缅甸和菲列宾都算在内。在这区域内，有六个主要国家：一、缅甸，二、越南，三、泰国（即暹罗），四、马来联邦（简称"马来亚"），五、印度尼西亚（简称"印尼"，即旧时的荷属东印度），六、菲列宾。新加坡在行政上是和马来联邦划分的，但在经济上，和马来联邦构成一体，故一般人称"马来亚"时，往往把新加坡也包括在内，本书以后论及马来亚时，也依照这个用法。此外，还有英属婆罗洲，包括北婆罗洲（North Borneo）、勃罗奈（Brunei）和沙胜越（Sarawak）三单位，葡属帝汶岛（Timor），和现成悬案的前荷属新几内亚（New Guinea）等岛屿。但本书所论述的"东南亚"，以上述六个国家为主，遇有必要时，也将提到英属婆罗洲的三单位。

在地形上，越南、泰国、缅甸和马来亚构成了中南半岛。在外国地理书上，这半岛称为"印度支那半岛"。在气候上，东南亚各国差不多都在热带或半热带区域。一般说来，一年可以分成雨季和旱季两个时期，不过这两个季节的时令，在各地差次不同罢了。在对外交通上，东南亚各国都是依赖海洋的。但越南、泰国、缅甸的国境内，都有很好的河流。越南的红河和湄公河，泰国的昭披亚河（俗称湄南河），缅甸的伊洛瓦底江，在经济上的重要性，相当于我国的长江和

11

粤江。马来亚没有很好的河流，但本世纪来，自从锡矿和树胶业发展后，英帝国主义为便于统治起见，在马来半岛上，尤其是在西部，修筑了很好的铁道网和公路网。菲列宾和印尼都包括许多大小岛屿。菲列宾的人口和经济力量大部集中在吕宋岛上。印尼为一般人讨论时，通常分成两部分：一为爪哇，包括马都拉岛；一为"外岛"，包括苏门答腊、婆罗洲（现称加里曼丹），和其他东印尼群岛。

东南亚区域的主要人种是蒙古种，但各国的细别很多。缅甸的主要民族有（一）缅族、（二）吉仁族、（三）掸族、（四）钦族、（五）吉钦族五种。（据1931年的人口普查，缅甸人口为14650000人，其中缅族约占66%，吉仁族9%，掸族7%，钦族2.4%，吉钦族2.7%）。泰国的人民以泰族为主，在东南边境上，有少数柬埔寨人，在南端，更有一些马来人。越南在战前，包括五个区域：（一）安南，（二）东京，（三）交趾支那，（四）柬埔寨，（五）老挝（其中安南、东京、交趾支那现构成越南民主共和国）。安南、东京和交趾支那的居民，以安南人为主；柬埔寨的居民，以柬埔寨人为主；居住老挝的，多数为与泰族同种的佬人。马来亚的人种，比较单纯，在半岛上的土著，都是马来属，但还有少数原始种族叫作"色该"（Sakai）、雅贡（Jakun）和纳利多（Negritos）的。印尼群岛的居民，也是马来属，在爪哇最主要的，有中部的爪哇族；西部的"胜丹"族（Sundanese），和东部的"马徒"族（Madurese）。菲列宾人也是马来种的一支流，在纪元前一千年至纪元后五百年间，移居到菲列宾群岛的。除了上述各种族外，东南亚各国还有许多近代的外来移民。在这六个国家内，都有大批中国移民，其中尤以马来亚、泰国和印尼的华侨，在数量上最占重要性。缅甸和马来亚，有大量的印度移民。缅甸的印侨，在经济上的重要性，相当于泰国的华侨。印尼还有少数阿拉伯人。菲列宾因受三百余年的西班牙统治，在国内有许多西班牙移民，但大多数已与菲列宾人同化。

以文化而言，缅甸、泰国和马来亚，受印度的影响较大。缅泰人民的深信佛法，马来民族的崇奉伊斯兰教，都是在过去不同时代，从印度传去的。越南最接近中国，在文化上，受中国影响最大。至于菲列宾的西班牙余风，和印尼的荷兰影响，那是比较近代的事。一般说来，东南亚各国的人种和文化，虽然细别很多，但在经济发展阶段上，相差不远。不过，近百年来，美英法荷帝国主义为巩固他们的统治地位起见，曾积极采取分化政策，造成各民族间不能合作的情势。这种不能合作的情势，往往是被夸张的。随着帝国主义势力的崩溃，东南亚各国，在人民革命势力的正确领导下，过去存在于各民族间的猜忌和摩擦，是不难消灭的。

东南亚的人口分布，极不均匀。最密的是印尼的爪哇，每平方公里，平均有 382 人，在亚洲可说是最高的人口密度了。最稀少的是婆罗洲和其他没有开发的岛屿。缅甸的平均人口密度也很低，每平方公里只有 28 人，而且缅甸人口的分配，很不均匀，大部分人口集中在伊洛瓦底江的下游一带。兹将东南亚各国土地面积和人口列表如下：

表 1　东南亚各国的面积和人口

国名	面积 （单位千平方公里）	人口 （据 1947 年年中估计）	人口密度 （每平方公里）
缅甸	605	17000000	28
越南	740	27000000	37
安南	148	7200000[b]	49
东京	116	9800000[b]	84
交趾支那	65	5600000[c]	86
柬埔寨	181	3200000[c]	18
老挝	231	1200000[c]	5
泰国	518	17359000	34
马来亚(包括新加坡)	136	5819000	43

续表

国名	面积	人口	人口密度
	（单位千平方公里）	（据1947年年中估计）	（每平方公里）
印尼	1904	69000000[a]	36
爪哇与马都拉	132	47000000[a]	382
外岛	1772	22000000[a]	12
菲列宾	296	19511000	66
合计	4199①	155689000	37

a. 1948年估计　b. 1943年估计　c. 1944年估计

来源：United Nations, Economic Commission For Asia and the Far East, Economic Survey of Asia and the Far East, 1948. （以下简称 Ecafe Survey）p. 13.

东南亚各国的人口增加率很高。泰国、马来亚和菲列宾，在过去三十年间，平均每年增加率在 2.2% 与 2.3% 之间。越南在 1921 年至 1947 年间，每年增加率为 1.4%；缅甸自 1911 年至 1941 年，每年增加率为 1.1%；印尼自 1920 年至 1948 年，每年增加率为 1.2%，但爪哇一岛的居民自 1920 年至 1930 年间，每年增加率，却达 1.8%。在世界上，中国、印度、日本三国的人口增加率，都号称很高的。中国的人口增加率，还没有正确统计。但印度在 1921 年至 1941 年间，每年增加率为 1.2%，日本在同一时期内，每年增加率为 1.4%。这和泰国、马来亚、菲列宾、爪哇比较起来，还相形见绌。但东南亚各国和印度、日本不同的，是印度和日本的人口增加，是自然的繁殖，即是生殖率超过了死亡率，而东南亚人口增加的迅速，一方面是因自然繁殖的高大，另一方面也是因历年有大批的外来移民所致。还有一点须附带指出的，是东南亚各国较近年代的人口普查，也许比较准确，

① 原文如此，表格数据疑有错漏，因年代久远，无法核验，本书各处数据尽可能保持原貌。——编辑注。

而较早的统计，遗漏的很多，所以，从普查数字估计东南亚各国的人口增加速度，难免有偏高的错误。但以大体言，东南亚人口增加率，在近二三十年来，可说是很高的了。[1]

东南亚各国的土地利用程度，因人口稀密的不同和可耕地多寡的不一致，而有很大的差别。爪哇人口最密，土地利用程度也最高。据调查，爪哇的耕作面积，约占全岛面积的78%，其他各国，以越南最低，耕作面积，约占全国面积的8%；泰国次之，约为10%；缅甸为12%；菲列宾为13%；马来亚为15%。这是第二次世界大战后的约略估计，实际耕作面积，每年上落很大。以亚洲而论，土地利用程度，巴基斯坦也是很高的，约达全国面积的30%；日本约达16%，中国因山地很多，只达10%(包括东北与台湾)，印度(不包括巴基斯坦)约达28%。所以，东南亚各国的土地利用程度，除爪哇外，不算很高的。[2]

在农业生产方面，东南亚各国都产稻米，其中以印尼、缅甸、泰国、越南的产量最多，缅甸、泰国、越南，通常有剩余出口。以热带气候关系，马来亚、印尼、缅甸、泰国和越南的南部，都宜栽种胶树，因之树胶的产量很大。印尼和菲列宾的蔗糖产量也是很大。至于热带果实，如椰子、香蕉、波罗蜜等，差不多到处都有。金鸡纳霜是印尼的特产，全世界的奎宁需要，差不多都是由印尼供给。东南亚没有开发的地带很多，森林区域很是广阔。缅甸、越南、泰国和菲列宾都产木材，尤以中南半岛三国的柚木，最为著名。

东南亚区域在地质构造上，很有连贯性，故各国的矿产，很多相同的。例如，从缅甸、苏门答腊、爪哇到婆罗洲，都有石油矿；又从缅甸起，经泰国、马来亚到印尼群岛，都有锡矿。比较次要的矿物，如缅甸、越南、泰国、马来亚的钨砂，缅甸、越南的锌和锑，马来亚、印尼、菲列宾、越南的锰，菲列宾、印尼、马来亚、沙胜越的黄金，战前的产量，从世界市场上看，不算很大，但在将来发展上，是很有希望的。至于工业上基本需用的煤和铁，战前马来亚、菲列宾、越南，都有生产，但除越南的无烟煤外，产量都不很大。印尼也有煤矿，产量也不很大。不过，东南亚各国的地质调

15

查，还不够详密，目前所知道而已开发的，恐怕只代表地下富藏的一小部分而已。

第一章　附注

（1）例如缅甸的人口普查面积，每次都有推广，故依普查结果推算人口增加率，是很不准确的。

（2）见 Ecafe Survey，1947，p. 49.

第二章　政治上的枷锁

东南亚区域，向来被认为帝国主义剥削殖民地的典型。在17、18世纪时期，英、法、荷三国的商业资本家，已开始在东印度群岛、马来亚、印度一带角逐了。但到了19世纪下半期，当资本主义逐渐发展到帝国主义阶段时，东南亚各殖民地的身份，才被正式确定。

英国的正式用兵侵略缅甸是开始于1924年；1852年，英国占领了下缅甸，1886年，上缅甸也被英国并吞。在英国统治下，缅甸的行政，原归印度总督节制，1937年4月1日起，印缅分治，但在英国政府内，印度事务部兼理缅甸事务，因之印度大臣也就是缅甸大臣。

越南的被法国渗入，开始于18世纪。1862年，交趾支那被法国侵占；1884—1885年间，安南王正式接受法国"保护"安南和东京两区。柬埔寨和老挝两邦也于1864年和1893年，先后做了法国的被保护国。到了1907年，泰国（当时还称"暹罗"）的东部边境的一小块领土，也割给了法属越南。

泰国夹在缅甸和越南的中间，成了英法帝国主义势力角逐的缓冲国。早在1896年，英法成立协议，保持泰国的独立，但到了1904年英法又成立协定，双方划定以昭披亚河（即湄南河）为两国势力的分界线，河的东部为法国的势力范围，西部为英国的势力范围。这样，泰国介于两大国之间，虽然没有丧失独立，但实际上受英法帝国主义的压力很大。

马来半岛和东印度群岛，在早期是英荷两国争夺的目标。荷兰经营东印度群岛，开始于1602年成立的荷属东印度公司。这公司本来是商营性质，到了1798年，才由荷兰政府接管。19世纪初在拿破仑战争期间，英国一度占领了爪哇，但在战争结束后，英国承认爪哇和苏门答腊为荷兰所有，荷兰也承认英国在马来半岛的主权。

英人经营马来亚，是先建立沿半岛西岸的"海峡殖民地"。这"海峡殖民地"包括槟榔屿、马六甲和新加坡三地。在19世纪后期，英政府逐渐压迫马来半岛上的各土邦，使各邦和英国签订了卖身条约，规定除马来宗教和风俗外，各项政务，都须接受英国"驻员"（Resident）或"顾问"的"劝告"。马来半岛上共有九个土邦，其中四个于1895年成立"联邦"（Federated States），其余五邦未加入的，英人称之谓"马来亚未联各邦"（Unfederated States of Malaya），或简称"马来土邦"。这未联各邦中的四邦——丁加奴、吉兰丹、吉打、玻璃市——是于1909年由泰国割让给英国的。一直到第二次世界大战前，英国还保留"海峡殖民地"的地位，作为"英皇属地"（Crown Colony），而马来各邦，只算作"保护领土"（Protected Territory）。海峡殖民地是由英国殖民部派总督驻在新加坡统治的。这总督同时兼任马来亚的"高级行政专员"（High Commissioner），管理马来各邦的事务。凡在海峡殖民地出生的人，都成为"英国臣民"·（British Subjects）；而在"保护领土"的人民，只算作"英国保护人"（British Protected Persons）。

菲列宾在1521年至1898年间，是受西班牙统治的。1898年美西战争发生，西班牙战败，割让菲列宾群岛给美国。菲岛人民当然不愿意像奴隶般给主人随便出让，所以掀起了独立运动，宣布成立菲列宾共和国。但美帝国主义利用军备上的优势，经三年的"绥靖"，才暂时"征服"了菲列宾群岛。

在第二次世界大战期间，全部东南亚都被日本帝国主义占领。在日本的军事控制下，各国都有和日本合作的政权出现，但同时，大部分不愿做奴隶的人们，在乡村和山地组织抗日解放武力，展开在敌后的游击战争。这样努力在敌后工作的，有马来亚的"抗日人民军"（Malayan People's Anti-Japanese Army，简称M.P.A.J.A.），菲列宾的"人民抗日游击队"（Hukbalahap），越南的"越南独立同盟"，或简称"越盟"（Viet-Minh），缅甸的"反法西斯人民自由同盟"（Anti-Fascist People's Freedom League，简称A.F.P.F.L），和泰国的"抗日志愿军"和

"自由泰国运动"。这许多组织，是由来自不同社会阶层的分子构成的，所以行动方向，很不一致。到了战后，有一部分人经不住帝国主义的威胁利诱，脱离了原来队伍，和帝国主义妥协，甚至甘心做他们的工具；但还有一大部分，保持了原来的组织，坚持人民的立场，继续进行艰苦的革命解放斗争。

帝国主义对付战后东南亚蓬勃的人民解放运动，随时间和形势的变迁，采取了三种不同的政策：第一是用承认独立的形式，来获取当地少数资产阶级的拥护和动摇人民解放运动的联合阵线。在这种政策下，菲列宾于1946年7月4日获得独立，缅甸于1948年1月4日获得独立，荷兰也于1949年12月27日，在印尼"完成"了"主权移交"的大典。但帝国主义国家对这三个国家的控制，并不因此而放松。美国在名义上承认菲列宾的独立，但在实际上，却用签订条约或其他方式，保留了下列的特权：（一）菲列宾货币"比索"（Peso）的对外价值，规定每"比索"值美元五角，这个比率，以后非经美国总统同意，不得更改。（二）美国国会于1946年3月通过，4月经美总统签字的"菲列宾贸易法案"，规定在1954年以前，美菲双方继续给对方货物免税待遇；美方并继续规定对菲列宾产品如糖、椰油等运美的每年限额；自1954年起，双方得在20年内，逐渐征收关税，提高税率，达到对他国货物的同等待遇。（三）美帝国主义强迫菲列宾于1946年把宪法修改，规定美国公民得和菲列宾本国公民享受同等权利在菲列宾境内投资开发各种资源。（四）美国强迫菲列宾于1947年3月14日签订条约，把菲列宾境内的23个地点，以99年为期，租给美国作为海陆空军的根据地；并于同年3月21日，与美国订立五年的军事援助协定。这样，菲列宾名义上虽已独立，但在经济上和军事上，继续受美帝国主义的控制。菲列宾的人民，知道受了美国的欺骗，已开始在菲岛内部展开着坚强的解放斗争了。

英国的承认缅甸独立，是因为了解自己的力量，不足以抵抗当时缅甸反法西斯人民自由同盟的武装力量。但在承认独立时，英帝国主义也获得下列的优惠利益：（一）英国和缅甸签订了一个防御协定。这协定除保证英军于缅甸独立实现时，在最短期内撤去外，并规定：

1. 如经缅甸政府许可，英国得派遣军事服务团（British Joint Service Mission），替缅甸训练军队。2. 缅甸政府保证，除不列颠共和联邦外，不接受其他国家派遣的军事代表团（Defence Mission）。3. 经缅甸政府同意，英国派遣海陆空军援助缅甸时，缅政府应给与各种合理的便利。4. 英缅任何一方面的军用船只和飞机，经通知对方后，得使用对方的海港和飞机场；军用飞机并得飞越对方的领空。这个防御协定于 1947 年 8 月 29 日签订，有效期间为三年，三年后，任何一方得在 12 个月前通知予以终止。(二)英国在承认缅甸独立时和缅甸签订的条约内，规定：1. 英政府取消日本投降后，英军进驻缅甸时所垫用的复兴救济费用 1500 万镑；但还有其他的债务（约合 3000 万镑），缅甸政府允诺最迟自 1952 年 4 月起，分 20 年归还。缅甸政府并允偿还英政府在缅甸经营公共事业等所垫的借款。2. 在本条约所附的换文内，缅甸政府保证，在某种条件下，不采取任何举动，"足以损害英国现时在缅所经营的合法事业上或职务上的利益"。（"……Which would prejudicially affect existing United Kingdom interests in the legitimate conduct of the businesses or professions in which they are engaged"）；如果缅甸政府认为有采取这种举动的必要时，缅政府允诺于事前跟英政府磋商，"俾能达到双方认为满意的解决办法"。关于这一点，当时缅甸赴英代表德钦努（现任缅甸内阁总理），在致英首相艾德里的函中说明："如在实行宪法时，缅政府须将英国现时在缅利益全部或一部收归国有时，缅政府愿给与有关方面公允的赔偿金"。(三)在战前，缅甸所用货币——卢比——是和印度相同的，当时由印度准备银行（Reserve Bank of India）发行和管理。战后自 1947 年 4 月起，缅甸卢比和印度卢比开始分开发行，印度准备银行在缅业务也宣告结束，由英政府另组织缅甸货币管理委员会（Burma Currency Board），担任发行管理缅甸卢比的工作，并以英镑证券，作为发行的准备；但缅甸卢比，在对外价值上，继续维持与印度卢比相等的汇率。缅甸于 1948 年 1 月独立后，货币管理委员会的机构没有更改，所以缅甸卢比，至今还是属于英镑集团。这也是缅甸至今和英国藕断丝连的重要一环。

荷兰本来是想用武力来镇压印尼人民解放运动的。日本投降后，印尼共和国于1945年8月17日诞生，但荷兰借着英军的力量，在印尼作卷土重来的企图，在1946—1947年间，在谈判和停战的掩护下，逐渐增兵到爪哇；到了1948年12月，公然破坏停战协定，用陆空军偷袭印尼共和国的首都日惹，共和政府领袖哈泰等都被俘虏。但后来串通美国出面做假好人，通过联合国的调解，荷兰政府才装腔作势释放了共和政府领袖人物，并在海牙召开圆桌会议。到了1949年11月2日，荷印圆桌会议宣告"圆满结束"，荷政府承认哈泰等组织的"印尼合众共和国"（Republic Indonesia Serikat），并于12月27日正式把印尼的主权，移交给共和政府，但印尼共和政府所接受的交换条件是跟荷兰成立"荷印联盟"（Netherlands Indonesian Union），并签订了好几种丧失主权的协定。结果，印尼合众共和国的地位，受了种种的束缚。兹根据荷印圆桌会议所通过的各种草约，择其影响印尼共和国最紧要的，列举如下：

（一）原属荷属东印度群岛一部分的新几内亚，决定暂时维持现状；在荷印间主权移交后一年期内，由荷印双方政府谈判决定怎样处置这块领土。

（二）在对外关系上，荷印两政府须随时在政策上合作，并相互谘商。

（三）印尼接受荷兰派遣的军事代表团，帮助印尼建设海陆空军。这代表团的期限，暂定三年。又荷印任何一方如向第三国邀请或接受军事代表团时，须先与另一方谘商。

（四）印尼承认在前荷兰殖民政府法律准许下所设置的各种权益。换言之，印尼政府将继续保护荷人在印尼境内所设置的产业和所获得的利益。协定中并规定，如印尼政府为公共利益起见，想把这种财产或权益收归国有或征用时，须先得业主的同意，或给予相当的代价。

（五）印尼承认过去荷印政府所欠的外债，约达13亿荷盾。其中大部分是欠荷兰的，有一部分是美国、加拿大和澳洲的债款。印尼也承认了所有内债，据估计约达三十亿盾。

（六）印尼政府如欲修改现行的《货币法》（Coinage Act）与《爪哇银

行法》(*Java Bank Act*)时，须先与荷兰政府谘商；以后如修改此项法律或采取其他有关货币与金融的措施时，仍须先与荷兰政府谘商。这项规定将继续有效，直至印尼政府清偿所有对荷债务时为止。按印尼对荷债务，其中还本期最长的，须于25年后才能清偿，所以，在今后25年期内，印尼政府在货币与金融政策上，将无权自主。而且，在同协定内，另一条文规定荷印任何一方，如欲更改外汇价格时，须先与另一方谘商；又如施行外汇统制时，亦须先与另一方谘商。这项规定，没有时间的限制，这样，印尼政府即使于25年后清偿对荷债务，在外汇政策上，仍须受荷方牵制。

（七）除保障荷兰在印尼的财产外，印尼政府在原则上允许荷兰资本家和工作人员把在印尼所赚得的利润、息金和个人积蓄汇回本国；印尼政府如欲限制此项汇款时，须先与荷兰政府谘商。

（八）在贸易上，双方将考虑一种互惠办法。

荷印圆桌会议所通过的各项草约，还须经荷兰和印尼国会的批准，在批准时，也许稍有修改，但在大体上，不会有很大的变动。我们从上面所列举的各项条款，可见印尼共和政府代表对荷兰让步的程度了。

帝国主义对付东南亚人民解放运动第二种方式，是老实不客气用武力镇压。法国从1945年9月起进兵重占交趾支那，并逐渐用武力侵占越盟的区域，和荷兰在1946—1948年间，进兵攻击印尼共和国军队，并于1948年12月大举偷袭印尼共和国首都日惹，都是典型的帝国主义武力侵略方法。英国在马来亚对付在马来亚共产党领导下的马来亚解放军也是用这种方式。当帝国主义国家自己力量不够时，往往向其他强大的帝国主义呼吁求援，而其他强大的帝国主义国家，为扩充它的势力范围起见，也往往乐于给与这种援助，甚至鼓励原来的帝国主义国家，加强武力镇压政策。最近美英两国的支援法帝在越南的政权，便是一例。但在人民解放力量日见坚强的形势下，帝国主义也知道此路不通，所以，它们同时采用第三种方式，企图挽救这不利的局面。

第三种方式是扶植当地的亲帝政权，或诱致一部分不很坚定的民族资产阶级，或封建残余分子，在自主或准备自主的名义下，实行对帝国主义的投降。最显明的例子，是法国的承认越南、柬埔寨和老挝两邦的"自主"，和扶植前安南王保大的傀儡政府。法国也知道保大的无能，和自己力量的不足，但因有英美两大帝国主义的支持，所以，它继续一面用武力镇压越南民主共和国的革命势力，一面利用越南的民族败类，企图巩固一手扶植的亲帝政权。

英国战后的处理马来亚，也兼用第三种方式。在英军收复马来亚初期，英政府在行政上很想加强对马来亚的控制。他们的计划，是把战前组织散漫的马来联邦和未联土邦，和旧时海峡殖民地的槟榔屿和马六甲两地，合并起来，成为一个比较紧凑的"马来亚联盟"（Union of Malaya），而新加坡仍为英政府直辖的"英皇属地"。在 1945 年 10 月间，英政府派了一位大员 Sir Harold Macmichael，周游马来亚各邦，诱致各邦的邦主（或称苏丹 Sultan），签立协定，承认英王在各邦内，有全部的法权和统治权，英政府获得了这种协定后，遂于 1946 年 3 月，宣布计划，把马来亚改组成为"马来亚联盟"，在这联盟内，各邦邦主的势力缩小了。各邦的邦主因之都很不满意，鼓动反对。当时英政府很害怕马来亚人民势力的膨胀，为釜底抽薪计，决定回头利用各邦邦主的封建旧势力，来镇压人民民主力量的抬头。所以，马上改变政策，把"马来亚联盟"，于 1948 年 2 月 1 日，改组成为"马来亚联邦"（Federation of Malaya），新加坡仍为"英皇属地"。在这联邦内，各邦的内政，仍旧由邦主保持相当的势力，仅在各邦之上，设置一个"联邦立法院"（Federal Legislative Council）和一个"联邦行政院"（Federal Executive Council）。但"联邦立法院"不是依据民主原则由人民选举代表组成的，其中一部分，是由政府官员任当然委员，另有一部分，由各邦行政院主席充任。而且，在"联邦立法院"和"联邦行政院"之上，还高坐了一位英政府派来的"高级行政专员"。他是"联邦立法院"和"联邦行政院"的当然主席，而且，他有权力把"联邦立法院"所没有通过的法案，付诸实施，只要他认为替"公众利益"着想，就有实施这个法案的必要。

英帝国在东南亚的殖民地除马来半岛和新加坡外，还有婆罗洲北部的三个单位：（一）北婆罗洲，（二）勃罗奈，（三）沙胜越。这三个地方，战前是受英国驻马来亚总督节制的。北婆罗洲自 1881 年起由英属北婆罗洲公司统治，而受英国的保护。这次大战后，于 1946 年 7 月 15 日，由英政府收回直辖，派了总督一名，并成立政府指派的"谘议院"（Advisory Council），作为民意的点缀品。勃罗奈于 1847 年由邦主（Sultan）与英帝国签订通商条约，至 1888 年正式受英国保护，并自 1906 年起，由英政府派"驻员"（Resident）一名，包办政务，邦主除有关宗教风俗的事情外，其他都无权过问。沙胜越本来是勃罗奈的一部，自 1841 年起，被英人 James Brooke 攫据，自立为邦主（Sultan），到了 1888 年，与英政府签订条约，接受英国保护。这次大战后，于 1946 年 5 月 16 日，正式改为"英皇属地"，由英政府派总督一名管辖。上述三个地方，现在均受英国派驻新加坡的"东南亚特命行政专员"（Commissioner-General for the United Kingdom in South-East Asia）节制。

泰国于 1941 年 12 月太平洋战事发生时，即遭日本军队侵入。当时，泰国政府无力抵抗日本，就与日本订立攻守同盟。1942 年 1 月 25 日，泰国向英美正式宣战。1945 年 8 月日本宣告无条件投降后，泰政府以国王名义，发出诏书，声明 1942 年 1 月的对英美宣战书无效。但英国对这项声明，不予承认，仍照战败国办法对待泰国，由泰国政府派代表至锡兰的康迪（Kandy），和东南亚盟军总部谈判停战协定，并由盟军总部派兵进驻泰京。英国初时向泰国提出四条件，后来改为 21 条；不久，谈判移到新加坡举行。当时，美国为扩展在东南亚的势力起见，对泰国伪装友好态度，曾假惺惺地居间斡旋。1946 年 1 月 1 日，英泰和约，正式在新加坡签字。这和约的主要条款如下：

（一）泰国归还 1941 年 12 月 7 日以后在马来亚和缅甸所获领土（按泰国对英美宣战后，曾并吞马来亚的丁加奴、吉兰丹、吉打、玻璃市四邦和缅甸掸部两州）。

（二）泰国同意在未得英国同意前，不开凿克拉地峡的运河（因为克拉地峡的运河如凿成后，足以威胁新加坡的地位）。

(三)泰国同意以当时泰国存有的食米,在不超过150万吨以内,无偿交与英国。并于1947年9月1日以前将剩余白米售给联合国机构和英国。

(四)泰国同意遵守联合国所协议的关于锡和树胶的任何国际措施。

(五)泰国同意把英国(包括印度)政府、商行及个人的财产权利及利益,原状交还英方(包括印方)。

自和约签订后,英国在泰国的势力,又重新恢复了。但另一方面,美国也不甘落后,它在泰国的根基,不如英国雄厚,但欲扩张势力,不得不对泰国特别采取亲善政策,认为泰国1942年的对美宣战书,未经泰国人民同意,不生效力,并声明战前美泰间所订条约,继续有效,不必另订和约。这种慷慨态度,是美国想在东南亚增加政治威望和霸占经济利益的一种手段。因为美帝国的向外发展,要比英法等国迟了许多年,它要后来居上,在某些场合下,便不得不戴上亲善的假面具,以达到它在弱小国家扩充势力范围的目的。泰国经过这次大战的惊涛骇浪,名义上还保持独立的地位,但在实际上,不过把英法势力角逐的形势,换成英美势力角逐罢了。

从上述的形势看来,经过这次大战后,帝国主义套在东南亚人民脖子上的枷锁,至今还没有完全解除。但东南亚人民解放运动,已普遍地展开着,力量是一天一天地增强,在不久的将来,我们可以相信,这种枷锁一定可以挣脱的。不过,以上所检讨的,是东南亚各国,在狭义的政治形式上,和约章上所受到的束缚。比这个束缚更重要的,也是更基本的,是东南亚各国在经济上所受到的剥削和控制。以下各章,便是胪举各种统计材料,来说明这个情况。

第三章　殖民地经济的特征

西洋各国的经营东南亚殖民地，可分三个时期：第一个时期是在17、18世纪，和19世纪的初期，当时，英、法、荷等国的资本主义，尚在萌芽时期，各国的经营海运是以商业资本为主，其重点是以商品贩卖作为获取利润的手段。英属和荷属东印度公司用独占的方式，攫取贸易利益，是这个时期的显著例子。第二个时期是从19世纪中期到20世纪初期。这个时期又可分成两个阶段；第一阶段是西洋各国的资本主义已告成熟，开始在东南亚经营原料和食品的生产，供给他们本土工业上和消费上的需要。在这阶段内他们着重于农业原料和食品的生产。他们利用殖民地低廉的劳工，和巧取豪夺所获得的土地，种植最有利的作物。他们所需的资金不多，故在这阶段上，资本输出额不大。到了第二阶段，西洋资本主义，已发展到帝国主义的阶段。资本主义国家内的独占势力和金融资本，已达到操纵的地位；在本国国内投资所能获利的机会已逐渐减少，资本对外输出，因之逐渐增加其重要性了(详细分析见列宁："帝国主义：资本主义的最高阶段"第七章)。在东南亚方面，殖民地的瓜分，在这时期内，完全确定。在这阶段内，西洋资本家在东南亚的活动范围也已从农业原料的生产，推广到矿产品的开发。在开矿上，他们找到了大量资金的出路。在这时期内东南亚的商业都市，也跟着发展起来，海港的建筑，公共事业的兴办，交通网的推广，在在需要巨款，故在这阶段上，东南亚的外资输入，飞跃地增加。这个时期一直延长到第一次世界大战后，1929年资本主义国家发生空前的经济恐慌时为止。第三个时期是1929年经济恐慌以后，一直到目前为止。在经济恐慌期内，各资本主义国家的生产极度萎缩，资本家在东南亚所经营的原料，大批地没有销路，价格一落千丈，各业赔累不堪。为改善这局面起见，资本家一面尽量在东南亚限制生产，一面督促殖民地政府注意殖民地经济的多方面发展。在 30 年代东南亚各国所高唱的工业化运动，便是为挽救殖民地经济危机而产生的。这种呼声至今还可以听到。但所谓工业化运动，不是口是心非，便是口惠而实不至，因为在殖民地和帝国主义国家之间，存在着种种的矛盾，一方面帝国主义国家的金融资本家，想在殖民地找寻投资的机会；另一方面，工业资本家又不愿意看见殖民地工业的兴起，威胁他们原有的市场。而且，在自由企业制度下，资本家的投资，是根据预期利润的多寡而决定的，殖民地政府虽然想鼓励发展一二项比较与宗主国没有冲突的工业，但一时也未必能获得足够的私人资本来实行这种计划。所以，到目前为止，东南亚的工业，除了少数加工和包装业外，力量微弱得很，而主要的生产活动，还是在农业和矿业上面。

东南亚经济，经过上述三个时期的发展后，到目前为止，表现了三大特征：第一，在所有权方面，东南亚的重要经济命脉，差不多都操纵在外国资本家手里；第二，在经济活动目标上，重要的生产事业，差不多都以输出为主；第三，在经营方式方面，无论农业或矿业，都大量地采用榨取性的私人企业组织。这三个特征，我们要在下面分开来详细加以检讨。

一、操纵经济命脉的外国资本

东南亚的重要经济命脉，都操纵在外国资本家手里。但在东南亚的外国投资数量，过去很少详尽而有系统的调查。据 H. G. Callis 的估计，战前东南亚各国的外资总值如表 2 所示。

从表 2 可知在东南亚的外国资本，以直接投资（或称企业投资，Entrepreneur Investment）为主，间接投资（或称证券投资，Portfolio Investment）除印尼和泰国外，数量不大。以投资总数而论，以印尼最大，这是因为印尼资源丰富，而荷兰经营东印度群岛，历史也较长。

表 2　战前在东南亚的外国资本估计[a]

国名	占计年份	直接投资		间接投资		合计
		总值单位百万美元	百分比%	总值单位百万美元	百分比	总值单位百万美元
缅甸[b]	1939	225	96.6	8	3.4	233
越南	1938	302	78.6	82	21.4	384
泰国	1938	90	72.6	34	27.4	124
马来亚	1937	372	81.8	83	18.2	455
印尼	1937	1411	62.3	853	37.7	2264[c]
菲列宾	1935	315	83.8	61	16.2	376
合计		2715		1121		3836

a. 本表数字不包括华侨资本。

b. 缅甸的数字，大概估计太低一些。

c. 据最近荷方数字，战前印尼的外国私人投资约达 40 亿盾。按每美元合 1.88 盾计算，约合美金 21.28 亿元，这与 22.64 亿元的数字，相差不远。

来源：H. G. Callis，" Capital Investrnent in South East Asia and the Philippines."The Annals，March 1943.

但以人口和面积比例计算，马来亚的外资额最高，这可见英帝国主义在马来亚经营的积极了。不过，外国企业和证券的价值，往往随时间转变而上落不定，故外资总值的估计，很难准确，上表所载数字，只能代表近似值而已。

至于各国外资的分布情形，可简略叙述如下：

缅甸　缅甸的外国投资，约有 90% 是由英国资本家拥有或控制的。1939 年英国占有 $\frac{3}{4}$ 的铁路债券和工业债券（按缅甸铁路原属商营，1937 年印缅分治时，由缅甸政府发行债券，收归国有）。柚木业的投资，差不多全部是英商的；大规模的胶园，大多也是属于英商的。在矿业和交通方面，英人的主要企业如下：

缅甸石油公司(The Burma Oil Co.)约值17700000镑

缅甸矿业公司(The Burma Corporation，Ltd.)约值121875000卢比

伊洛瓦底航运队公司(Irrawaddy Flotilla Co.)约值2160000镑

仰光电业公司（Rangoon Electric Tractor and Supply Co.）约值800000镑

英缅石汕公司(British Burma Petroleum Co.)约值750000镑

统一锡矿公司(Consolidated Tin Mines of Burma)约值318000镑

英国承认缅甸独立后，重要企业如伊洛瓦底航运队，由缅甸政府收归国营。但收回时对作价问题，还没有谈判解决。缅甸石油公司，英方还想保持，但因缅甸国内秩序紊乱，由仁安羌至仰光附近的油管，迄未修复，故石油生产尚在停顿中。

越南　越南的外资，差不多由法国资本家包办的。法商在越南拥有的胶园面积，1936年约达314000英亩。柚木业也是由法商包办的。水泥工业和煤矿是越南的两大生产业，也是操在法国资本家手里。

泰国　泰国政府外债，差不多都在英人手里。柚木业的$\frac{2}{3}$，是由英人投资的；锡矿有$\frac{3}{4}$是英国资本。水泥公司是由丹麦投资的。战后，美国资本也有来泰国投资的，但数字不详。

马来亚　马来亚的企业投资中约有70%，政府公债中约有$\frac{2}{5}$，操在英人手里，胶园和锡矿大部分是由英人投资。马来亚的两大炼锡公司，一为新加坡的"海峡贸易公司"(Straits Trading Co.)，一为槟榔屿的"东方冶炼公司"(Eastern Smelting Company)，也都是由英国资本创办的。但在战前，美国资本也渐渐地光顾马来亚，参加胶园和锡矿的开发了。据1936年的调查，美国在马来亚有17家商行，拥有资产值美金23700000万元。据1943年的调查，美国在马来亚投资总值为2880000美元(参见第九章表65)。马来亚最大面积的胶园，现时属于美国资本所有。荷兰资本也有在马来亚投资的，战前，在数量上与

29

美国资本相差不多，不过，荷兰资本大多投在银行、商业和其他农产品方面。此外，法国在马来亚锡矿上也有投资的。战前，日本曾在马来亚经营铁矿。1937 年日本在马来亚所产的铁砂，运往日本国内去的，约达日本铁砂总进口量的 $\frac{1}{3}$。

印尼　荷兰资本家在印尼拥有绝大多数的证券投资(以公债为最多)，并有 70%的企业投资。战前，荷兰资本在石油业投资的约为 2.7 亿美元，交通业投资的约为 1.9 亿美元；英国资本在印尼投资的，约值 2 亿美元；法国资本约值 3500 万美元；日本资本据 1937 年估计也达 1200 万美元。美国在印尼的投资，据 1943 年美国官方调查，约值 8000 余万美元，但这数字也许失之过低(参见第九章表 65)。

菲列宾　美国在战前投资于菲列宾的，约值 2 亿 5000 万美元。美国资本控制了 $\frac{1}{3}$ 的炼糖厂，44%的公用事业(包括交通)，其他在椰子和麻的生产上，也有资金投入。在菲列宾的英国资本，1935 年约值 4500 万美元，其中半数是马尼剌铁路债券。

间，当时，日本资本控制了三分二千五百万至三千万美元之战前日本在菲列宾的投资，约在之一的菲列宾麻产。[①]

从上面所述情形看来，东南亚各国在战前不仅是各帝国主义个别国家的殖民地，而且已成为国际性质的投资市场了。在马来亚、印尼和菲列宾三国，宗主国以外的国家所投入的资本，在战前为数已是很可观了。这个国际化的趋势，在 30 年代的后期，更见加速。战后，日本帝国主义已告没落，英法荷三帝国主义，也大见削弱，美帝国主义于是以压倒的优势，扩充它在东南亚的地盘，计在 1946 年至 1949 年间，美国政府在菲列宾支出的补助金(Grant)、信用借款(Gredits)和战时损失赔偿金等，共计 5 亿 6800 万美元；在 1946 年至 1948 年间，美国政府在印尼支出的，共计 1 亿 3700 万美元(参见第六章第二

---

① 　本段原文如此，疑有错讹。——编辑注。

节表 29)⁽¹⁾。美国私人直接投资数目较少；自战后起至 1948 年底止，美国在菲列宾的投资计达 5900 万美元；在马来亚(包括香港)的，约达 1300 万美元；在印尼的，约达 3400 万美元，以上数目，不包括从原有投资赢利项下所保留的再投资。这些数字，从美国看，不能算大，但从印尼和菲列宾看，已很可观了。东南亚其他国家，战后也有美资侵入，但详细数字，还未见发表⁽²⁾(关于帝国主义国家在东南亚投资的未来趋势，见下第九章)。

二、以输出为主的生产事业

东南亚各国的经济事业，在帝国主义的控制下，差不多都集中于生产少数农产品和矿产品，而这些少数农产品和矿产品，又差不多都是运往国外销售，而不是供本地利用的。这种外向的经济发展，造成了东南亚经济的极度对外依赖性。在农业方面，东南亚各国的依赖输出的程度，可从两方面看到：一是从耕地面积看，多少面积是耕种所谓"出口农作物"的？二是从生产品看，多少数量是经常运往国外的？我们把这两种数字合而观之，便可知道东南亚农业的特征了。

以缅甸、越南、泰国三国而论，这三国的主要生产品是稻米，而主要输出品也是稻米。在第二次世界大战前，缅甸耕作面积的 70%，越南耕作面积的 83%，泰国耕作面积的 94%，是种稻米的⁽³⁾。依 1934 年至 1938 年数字平均计算，这三国的稻米输出量占生产量的百分数，在缅甸为 67%~68%，在越南为 30%，在泰国为 40%。由此可见食米的输出，在这三国的重要性了。

马来亚、印尼、和菲列宾，是东南亚区域内三个粮食不能自给的国家，战前稻田的面积占全国耕作面积的比例，在马来亚为 14%，菲列宾为 46%。印尼全国的耕作面积不详，以爪哇与马都拉两岛而论，稻田面积约占耕作总面积的 46%⁽⁴⁾。马来亚稻田面积的小，正是反映它的胶园面积的广大。战前，马来亚的大小胶园面积，约占全国耕作面积的 65%，胶树业对马来经济的重要性，由此可以想见了。印尼在爪哇岛上栽种的胶树不多，但在苏门答腊的胶园面积很大。全印尼的胶园面积，1940 年底，约达 193 万公亩，而同年马来亚的胶园面积，亦不过 140 万公亩[5]，可见胶树的栽种，在印尼也是很重要的。而马来亚和印尼两国的树胶产量，又差不多全部是输出的，留给本国用的，不过 1%~2% 而已。

东南亚其他重要农产品，有蔗糖、椰子产品、棕油、烟叶、茶叶、麻等。这几种作物所占的面积不广，但每年输出的数量很大，因之在出口贸易上所占的地位很高。依据 1934—1938 年平均数量计算，这几种农产品的输出量占生产量的百分比如下[6]：

蔗糖：印尼　　91%　　棕油：印尼　　78%

　　　菲列宾　91%　　　　　马来亚　81%

椰干：印尼　　32%　　麻：　菲列宾　93%

　　　菲列宾　43%

　　　马来亚　86%（包括椰油）

又据另一估计，印尼战前茶叶产量的 90%，烟叶产量的 96%，是外销的[7]。缅甸、越南、泰国都产木材。越南泰国的生产量和输出量的比例不详，但缅甸战前柚木的输出，约占全国产量的 48%[8]。

在矿产方面，以输出为生产的目的，更是明显。东南亚最主要的矿产锡砂，和提炼后的锡块，差不多是全部供输出的，而锡的制造品，如马口铁等，反须仰给于外来。其次，是印尼、缅甸、和北婆罗洲的石油，也大部分是供输出的。印尼和缅甸在战前都有很大的炼油设备，但提炼所得的煤油、汽油、柴油等，供给本地消费的，也不过一小部分而已。越南的煤矿，有悠久的历史，在法国资本发展下，在战前为越南最重要的矿业，每年产量 200 余万吨，其中有 70%，是输出的，可见国内消费量的渺小了。东南亚的铁矿，本来是很少人过问的，到了战前的 30 年代，日本因扩充军需工业，需要大量铁砂，曾四出找寻铁矿，于是马来亚和菲列宾的矿藏，便成为日本开发的对象。马来亚的铁砂产量从 1934 年的 74 万吨，增至 1939 年的 128 万吨，菲列宾的铁砂产量从 1936 年的 31 万吨，增至 1939 年的 65 万吨，这两国的产量，差不多全部都是运往日本去的[9]。战后，日本帝国主义已被打倒了，但东南亚也因之失去了购买铁砂的主顾。马来亚和菲列宾铁矿复兴的迟缓，正与胶园和锡矿复兴的迅速，成一讽刺的对照，在这对照下，我们可以看到东南亚经济发展的缺乏自主性了。

三、榨取性的经营方式

在帝国主义控制下的东南亚经济第三个特征，是榨取性的经营方式。这种经营方式，不仅见之于工矿资源的开发，而且在农业方面，也被大量地应用着。实际上远在工矿业发展以前，西洋的资本家已开始组织公司，筹募资本，用企业方式，在殖民地经营农业了。这种大规模化的农业生产，一般人称之为"种植制度"（Plantation System）。在这种制度下，农场的工人被压迫做苦工，过着非人的生活，而收获的作物，由资本家以商品的方式，在市场上出售，获得优厚的利润。种植制度之在殖民地风行，是因为在殖民地存着两项有利条件：一是占有土地的自由，二是招募劳工的方便。这两个条件，可分论之如下：

一、土地　东南亚是比较地广人稀的区域。资本主义国家攫夺了东南亚各国后，就把还未开发或未被利用的土地，据为己有，称之为"公地"（Public Domain）。这种公地，可由私人资本家向殖民政府领用，领用时，有时可以免费；有时只付给极小数代价，便获得了土地所有权。这样领用公地，有时也会发生纠纷，因为东南亚各国农民所耕种的土地，在有些地带是有移动性的。所谓未经开发或未被利用的土地，实际上，一部分是供农民移动耕种（Shifting Cultivation）之用的。所以，西洋资本家领用公地时，在有些场合，实际上侵占了农民的利益。但政府是以袒护资本家为原则，所以，被压迫的农民，即欲控诉，也得不到结果。例如印尼的荷兰殖民政府，于 1870 年，实施了有名的农业法案，其原来目的，是想折中两种矛盾的利益，一方面是不愿意妨碍荷兰资本家的占用土地；另一方面，为便于维持统治权起见，也不愿意过分扰及当地农民的利益。所以这个法案，终于在尊重农民的土地所有权的外衣下出现了，但在以后数十年的实施期内，在司法机关的解释下，每遇纠纷，判决总是有利于拥有种植产业的资本家们[10]。除了领用公地外，西洋的资本家们，挟着雄厚的资力，还可以向农民收买土地。在大量收买下，种植制度也可以发展起来。在东南亚殖民地经济发展的后期，种植制度的过分扩张，曾引起了生产过剩的现象。为挽救这危机起见，既得利益的资本家们便促使殖民政府限制公地的领用。例如东南亚因树胶生产过剩，价格跌落，于1922年起，开始实行"史蒂文生限制生产计划"（Stevenson Restriction Scheme），停止领用公地栽种胶树。但实际上，大胶园已领得而尚未利用的土地很多，所以，停止领用新地对他们的影响很小。这计划的实施，只是阻止了想经营胶树的新资本家和中小农的侵入罢了。菲列宾由西班牙割让给美国后，美政府于1902年通过了一个土地法，限制公地领取的面积，个人不得超过16公亩，公司不得超过1024公亩。这是因为美国国内的新进资本家当时反独占和反托拉斯情绪很高，所以政府很想在菲列宾也维持自由竞争的局面。但这个法案的实施，并没有阻止豪强的兼并。例如后来甘蔗耕地的所有权，便大量集中在美国的几家公司手里。不过，菲列宾的农业生产，在种植制度下经营的确是不多。但这种制度在菲列宾的不发达，有人认为不是因为法律上的限制，而是因为菲列宾的独立呼声，很早就散播于各处，美国资本家不敢投资于种植事业上罢了[11]。

二、劳工　种植制度既是大规模的企业经营，当然需要大量的劳工。但在适宜于大规模经营的区域内，往往也是人口稀少的地点。所以，怎样获得足够的劳工，也是一个很重要的问题。在东南亚区域，供给这种种植需要的劳工，大部分是外来的。其来源不外两种：一是从外国来的移民，一是从国内人口稠密区域移去的劳工。外来移民有中国人和印度人，中国人以在马来亚的占多数，印度人以在缅甸的占多数；在国内移动的人口，则有从爪哇移到外岛（主要的是苏门答腊岛）的印尼劳工，和从越南的安南和东京区移到交趾支那区的越南劳工。外来的劳工，或国内迁移的劳工，在应募种植工作的时候，大部分是受了经济压迫，为生活驱使而参加的，但也有受了欺骗而参加的。资本家们为了加强控制力量起见，往往采用了"强迫包工"制（Contract Labour 或称 Indenture Labour）。在这制度下，由承包的工头负责，招募足额的劳工，到资本家的产业上工作。这种劳工，在承包期内，便丧失了转业或脱离的自由。他们收入低微，待遇恶劣。而且，远离家乡，往往于包工期满后，无法脱离，不得不继续做下去的。各地的殖民地政府，是为资本家服务的，所以，这种强迫包工制度，是受政府保护的。劳工如有脱逃的，捕获后可以加以监禁，或送回到资本家产业上工作。这种在强迫包工制下的移民，在我们侨胞的流行俗语中，称之为"猪仔"，因为侨胞从本乡被包工运载到南洋各地时，有时为节省费用或避免殖民地海关或移民官吏的麻烦起见，须躲在货舱里，度着非人的生活。到了第一次世界大战后，东南亚的种植制度已经有过度的发展，而东南亚各地的人口，也有大量增加，过去未发展区域的人工缺乏现象，已逐渐减少了。于是各殖民地政府，表面上为适应着人道的呼声，于 1920 年以后，已开始下令查禁这种强迫包工制度了。

　　种植制度在东南亚农业生产上的重要性，从下表大型农场与小型耕作地面积的比较，可以获得一个概念。大型农场差不多都是在种植制度下经营的，而小型耕作地都是由自耕农、雇农或佃农种植的。

表 3　东南亚大型农场与小型耕作地面积的比较(1934—1938 年)

（平均面积：单位千公亩）

	大型农场	小型耕作地		大型农场	小型耕作地
胶园[a]			甘蔗		
马来亚	816.4	499.4	爪哇[b]	71.0	14.0
爪哇[b]	230.3	14.0	茶叶		
印尼外岛[c]	366.6	681.2	爪哇[b]	104.0	61.0
缅甸[d]	26.5	16.3			

	大型农场	小型耕作地		大型农场	小型耕作地
烟草			咖啡		
爪哇[b]	87.0	17.0	爪哇[b]	27.0	149.0

a. 马来亚和缅甸的胶园面积在 40 公亩以上的，列入大型农场内；不满 40 公亩的，列入小型耕作地内。印尼的胶园属于西人所有或由西人管理的，都列入大型农场内；由本地人所有或由本地人管理的，都列入小型耕作地内。

b. 包括马都拉。

c. 以苏门答腊为主。苏岛开发较迟，而树胶生产在 1934 年以后，受国际限制生产计划的支配，大资本家都不愿再投资本。但苏岛地广人稀，经营胶园的，大多是小本经纪的人，政府无法作有效的管制，结果，小型胶园继续增加，在面积上，压倒了大型胶园。

d. 战前四年的平均数。

来源：FAO, Yearbook of Food and Agricultural Statistics, 1948.

此外，越南的种植制度也很普遍，大多数在交趾支那和柬埔寨两区。我们没有详细数字可以比较大农场和小型耕作地所占的面积。但大农场所占的面积，增加很速，在 1890 年时，只 11000 公亩，到了 1937 年，已超过 800000 公亩了。这些大农场差不多全部在法国资本家手里。

在这里值得注意的是这种榨取性质的企业经营方式，不是起源于农业生产的机械化或是农业科学技术的应用，而是在利用未开发的土地，和低廉的劳工，种植当时在国际市场价值高昂的农产品，以获取优厚的利润罢了。所以，在那时期内，种植制度的长处，不在生产技术的优越，而是在成本的特别低廉。到了第一次世界大战后，这种大规模经营的农产品，因产量增加，价格开始下跌，种植制度才逢到了重大的危机。种植资本家为应付这种危机起见，一面鼓吹限制生产，一面才研究生产技术的改进。种植制度在东南亚既然是一个很重要的生产制度，我们要研究的，这种制度在生产效率上是否较小型耕作者优越呢？要解答这个问题，我们必须对各种农产品作个别的调查。例如棕核棕油的生产，在马来亚全部是由大农场经营的。据调查棕树的培植，和棕油的提取，需要高度技术，和大量的资本设备，小规模耕作者因之无法问津。但胶园的情形，却是不同。胶树的种植，无需耕畜或肥料，割胶时需要人工，不能以机器代替，树胶的生产又无季节性，不需要很大的信用周转，故大规模经营，除非能在劳工方面加以剥削外，在技术上和金融上，没有什么显著优越之处。目前在东南亚，强迫包工制已取消，劳工的差别待遇，已无法维持。纯从经济观点上看，大胶园已无内在的优越条件可以依赖；相反地，大胶园因雇用了大批外籍高级职员，开支庞大，结果，生产成本也许反不如小胶园的低廉。在两次大战期间，印尼和马来亚小胶园的蓬勃，便是这个原因。但大胶园之所以还能维持原来地位，是靠两种特殊势力；一是他们容易获得政府所办的树胶研究所的技术协助，而经营小胶园者往往僻处乡间，知识落后，不知道利用专家研究结果，在生产技术上，加以改进。二是第一次世界大战后，树胶生产有过剩之势。我们在上面已提到马来亚于 1922 年起实行的"史蒂文生限制生产计划"，只是帮助了大胶园业主阻止新资本家和中小农的侵入。到了 1934 年后，国际树胶生产限制计划付诸实施，马来亚和印尼政府，在分配生产限额时，更是袒护大胶园，使小胶园吃亏。这个限制办法，一直维持到第二次世界大战时为止[12]。

　　从上述情形看，可知东南亚种植制度的发展，在基本上是靠政治力量，和有利于资本家的经济剥削制度。这种资本化的经营方式，其原来目的，不是在获得大规模生产的利益，而是在利用独占的地位，争取暴利而已。至于生产技术的改进，不过是遭逢危机后企图挽救的对策罢了。

第三章　附注

　　（1）系指已动用之数而言，实际赠借款项总额，还不止此数。1949 年底印尼合众共和国成立之后，美国进出口银行已核准借款一亿美元。

　　（2）Milton Abelson, "Private United States Direct Investments Abroad", Survey of Current Business，November 1949.

（3）Ecafe Survey，1947.

（4）Ecafe Survey，1947.

（5）Bauer，The Rubber Industry。印尼的胶园面积增加很速。据 1934—1938 年的平均数，印尼的胶园面积，还比马来亚小(见表 3)。

（6）详细的生产和输出数字见下第五章和第七章。菲列宾蔗糖输出量的百分比，也许失之太低，因生产量是依原糖计算的，而输出量的一部分是炼糖。

（7）Boeke，The Evolution of the Netherlands Indies Economy.

（8）Moorhouse，C. H. G.，Burma Facts and Figures.

（9）系照铁砂的含铁量计算，见 League of Nations, Statistical Ycarbook，1942—1944.

（10）Jacoby, The Agrarian Unrest in Southeast Asia.

（11）Jacoby, The Agrarian Unrest in Southeast Asia. pp. 198-199.

（12）在限制生产计划下，马来亚的小胶园，还受到其他不利的影响。详细的检讨，见 Bauer, The Rubber Industry 和 Report on a Visit to the Rubber Growing Smallholdings of Malaya，July—Sept.，1946.

第四章 社会结构的演变和
阶级的成长

一、两种社会的交流和职业分布的变化

在西洋资本主义势力没有侵入东南亚之前，东南亚的居民，大部分从事于"原始生产"工作，有种田的，有捕鱼的，都是以获取食物、供给个人或家庭的消费为主。在大部分区域内，甚至没有交换经济，因之也没有货币经济。在有些生产力比较发展的区域内，也流行着奴隶制度，和组织不很严密的封建制度。这些封建制度所遗留下的地主、土司、邦主等特权阶级，后来便成为被西洋帝国主义利用以统治东南亚各地的土著贵族阶级。

西洋势力到达后，随着船舶的往来，和商品的贩卖，首先被发展的，是几个沿海的商业都市。后来，西洋资本主义，在本国逐渐成熟，对食品和原料的需要增加，在东南亚的"洋商"，才开始注意到农业的发展和矿产物的开掘。于是，西洋经济势力，逐渐从沿海的商业城市侵入东南亚各国的腹地。但在内地的原来居民，习惯于他们固有的耕作生活，没有外来压力促使他们参加西洋的资本化生产方式。而且当时地广人稀，也没有剩余劳动力，可以供西洋资本家雇用。所以，在东南亚殖民地发展初期，西洋资本家不得不依赖外来移民以供他们的驱使，而刚巧东南亚的两大邻邦——中国和印度——都是经济落后、人口众多的国家。中印两国封建制度的崩溃，所产生的民不聊生的局面，正造成了东南亚吸引大量移民的有利条件。我们知道在历史上，中印人民，远在西洋势力到达以前，已经有不少来往于东南亚

区域的；但以劳工身份大量移入东南亚各地的，是开始于西洋资本家发展殖民地农业和矿产的时候。除了劳工外，在这时期内，移往东南亚区域的中印人民，也有一部分做了介于西洋人和本地居民间的中间商人。这是因为东南亚各国的本地居民，大多停留在原始生产阶段上，知识较为落后，不知道怎样和西洋人交易；而中印两国文化悠久，商品经济早经发达，所以，中印人民和西洋人士接触后，很快地获得了现代商业知识，便开始和西洋人士来往了。在西洋人士方面，也乐得利用中印人民做媒介，间接榨取东南亚人民的经济利益。这种中印籍的居间商人，一部分是直接由中印两国移往的，也有一部分原来是到东南亚做苦工的，后来，以机会有利，知识较高，慢慢地做上了中间商人。东南亚区域内，经过了这几种不同势力接触后，便产生了两种不同的社会：一是各地的土著居民，在这些居民中，除了被西洋帝国主义利用的少数贵族阶级外，大部分没有放弃他们的原始生产工作，所以，他们的主力是在乡间，大多数和土地结合成为农民。二是外来的中国和印度移民，他们大部分住在几个沿海的都市内，成为劳动大众和小本经纪的商人；也有一部分在大农场和矿山做工的，和在小乡镇做买卖的。他们是受都市中的西洋资本家和殖民地政府官吏的驱使，而成为殖民地制度下的直接被剥削阶级。这两种社会在初期的时候，自成系统，自立门户，构成了东南亚城市和乡村的两种社会的主干。

自第一次世界大战后到最近的 30 年间，东南亚社会的结构，已渐渐地发生变化。西洋资本家的操纵经济命脉，固然没有改变，但在土著居民和外来移民间的地位上，已逐渐发生了变化。决定这变化的基本因素是东南亚生产力的发展，和伴着生产力发展的生产活动的转变。在战前，东南亚各国没有"国民所得"的调查，所以，我们不知道各业间生产比重的变迁怎样。但从各国的职业分布情形，我们可以约略推断社会经济活动变化的动向。所可憾的，各国的职业分布统计，也不很完备；即有发表的，因分类和计算方法的差异，不但国与国之间的数字不能比较，即同一国家内在先后年份发表的数字也未必是根据同一方法计算而得的。不过，从这些发表的数字中，我们至少可以获得一个大略的概念。

我们先看东南亚各国的就业人数；这项统计，也因"就业"定义的差别而发生比较上的困难，但大致说来，东南亚区域的就业人数，约占总人口的40%。各国国别数字见表4如下：

表4　东南亚各国就业人数的百分比

国名	人口普查年份	就业人数占人口总数的百分比%
缅甸	1931	42.5
泰国	1937	47.2
马来亚[a]	1947	40.8
印尼	1930	34.4
菲列宾	1939	52.9（33.2）

a. 不包括新加坡。

来源：Ecafe Survey，1948.

越南的数字不详。菲列宾数字52.9%，包括主持家政的妇女。如把这一类人数除去，应为33.2%。东南亚各国就业人数的百分比，除印尼和菲列宾外，和其他各国比较，都相差不远。例如战后日本的就业人数比例，约为43.5%（1947年），美国约为42%（1949年），英国约为45%（1948年）。从就业人数中，我们再看职业的分布见表5如下：

表5　东南亚各国人民的职业分布（占就业人数中的百分比）

国名	年份	农业[a]	矿业	制造业	交通业	商业	自由职业和公共行政人员	其他
缅甸	1921	71.1	0.5	7.1	2.9	8.5	3.4	6.5
	1931	69.5	0.6	10.8	3.6	8.9	4.5	2.1

国名	年份	农业[a]	矿业	制造业	交通业	商业	自由职业和公共行政人员	其他
泰国	1929	84.2	[b]	[b]	[b]	6.7	[b]	9.1[b]
	1937	88.6	0.2	1.9	0.9	5.3	1.6	1.5
马来亚	1921	59.5	11.3		12.2		3.2	13.8
	1931	60.7	12.3	6.3	10.7		3.2	6.9
印尼	1930	68.8		10.6	1.5	6.2	3.3	9.6
	1940—1941	63.6	2.7	12.7	20.9			
菲列宾	1927	91.3	0.1	3.9	…	4.1	0.4	0.2
	1939	68.8	0.9	11.3	3.8	5.1	3.0	7.1

a. 包括渔业林业。

b. 以分类法含混,都归入"其他"类内。

来源:缅甸 1921 年:Census of India, 1921.

缅甸 1931 年,泰国 1937 年,马来亚 1931 年,印尼 1930 年,菲列宾 1939 年:Ecafe Survey, 1948.

泰国 1929 年:谢犹荣著《暹罗国志》。

马来亚 1921 年:Census of Malaya, 1921.

印尼 1940—1941 年:Jacoby, The Agrarian Unrest in Southeast Asia, p. 67, fn.

菲列宾 1927 年:Ecafe Survey, 1947.

从表 5,可知缅甸、印尼、菲列宾从事农业的人数,在比例上,有减少的趋势,而泰国和马来亚,稍见增加。这大概是因为泰国和马来亚是比较上没有开发的国家,在过去 30 年间,外来移民很多,耕地(包括胶园)面积推广很大,所以农业人口,在绝对数量上和相对数量上,都有增加之势。矿业和制造业,各国都有增加之势,这是经济开发过程中必然的现象。缅甸、马来亚和菲列宾的商业、交通业、自由职业和公共行政人员，在比例上，也有增加，但泰国的商业人数比例，反见减少，这也许是泰国前后人口普查时所用分类方法不同所致。越南数字不详，但分布情形，在大体上，不难比照其他五国而知。

职业分布的变化，大致证实了社会结构的变化。但东南亚社会结构变化的具体表现，还可以从上述两种自成系统的社会间所发生的交流现象中找到：第一，随着教育的发展，一部分土著居民的知识已被提高，有的参加殖民地政府的中下级工作，有的从事于自由职业，他们渐渐变成都市里的知识分子和小资产阶级。职业分布中公共行政和自由职业的比例提高，正表示了这种势力的增强，但从人口总数的百分率来看，这一部分人士，在数量上，还是微弱得很。第二，除了被西洋帝国主义利用的少数土著贵族阶级外，在中间商人和中小工业家里，有少数分子也逐渐增加他们的财产，挤入了西洋资本家队伍里去。他们虽然还得仰西洋资本家的鼻息，但也往往获到特别的礼遇和优待，因之，他们游移于两者之间，有时和中小工商业者站在一起，参加反帝的斗争；但有时也和帝国主义妥协，转而替统治阶级服务。这批挤入上层的工商业者，有的是从中国和印度去的移民，也有的是在本土生长的人民，但在数量上，他们的势力更是薄弱；而且在东南亚殖民地制度下，他们的地位是不稳固的。第三，原来从事农业耕作的土著人民，因外来经济榨取的增加，日趋贫困，有的失去了土地，沦为乡村劳工，有的被迫到都市去找寻工作，而变成都市劳工；在另一方面，外来移民的人数，也大量增加，而中间商人阶级所能吸收的人数是有限的，所以，停留在劳动队伍里的人数，也越来越多。这群外来劳工，一部分是在都市里出卖劳力，一部分是在农场或矿山上找寻工作。他们和土著劳工混合在一起，造成日趋庞大的无产阶级队伍。上面所引的职业分布数字固不足以代表阶级的属性，但从矿业和制造业比例的显著增加，我们可以推知东南亚的无产阶级队伍成长的迅速了。以下两节，便是对这个趋势，作一较详尽的分析。

二、乡村的贫困和小农经济的解体

上节已提到，在西洋势力侵入的初期，我们在东南亚可以看到两种社会：一是在沿海城市的商品经济社会，在这社会里，一面有"洋商"阶级和殖民地官吏，一面有外来移民，做中间商人和出卖劳动力；还有一种是在内地的小农经济社会，在这社会里，我们可以看到东南亚的土著居民，还是保持着以往的原始生产方式，度着简单的经济生活，但压在他们头上的，有封建制度下的地主、土司和邦主等贵族阶级。到了帝国主义发展殖民地的后期，这个内地的小农经济，已不能保持以往的地位，而发生崩溃的现象。造成这现象的，有好几个原因。其中为资产阶级学者所常提到，而实际上不是一个真实原因的，是人口的繁殖。从表面上看来，人口繁殖，耕地面积，因分割再分割，而逐渐缩小，每一耕户所能收获的，往往不能供仰事俯畜之需，于是始而举债，以土地作抵押，等到债台高筑，而无力清偿的时候，便丧失了土地耕种权，沦为乡村劳工。但这种现象只在印尼的爪哇和越南的红河流域发生。因为这两地带是全东南亚人口最稠密的区域，最近一世纪来，人口繁殖很快。据统计，爪哇和马都拉两岛的耕作面积，自 1929 年到 1938 年只增加 3.5%，而人口的增加，自 1930 年到 1940 年却达 15%。人多地少的结果，是每户耕地面积的缩小。据 1938 年的统计，爪哇和马都拉平均每户完粮的田地，只达 0.86 公亩。越南的人口分布，也极不均匀。据 1936 年的统计，全越南农户的 70%，是集中居住于红河的下游地带（即东京区）。在这地带内，有 20% 的农户，每户耕地不到半越亩（0.18 公亩）；62% 的农户，每户耕地不到 1 越亩（合 0.36 公亩）；91.5% 的农户，每户耕地不到五越亩（合 1.8 公亩）。每户耕地这样小，农民的贫困，也可以想见了[1]。

但东南亚，以全区而论，还是一个人类新辟的疆土，人口密度，不能算高，即以农业而论，可耕地面积没有开发的，还是很多。所以，人口繁殖，不是东南亚小农经济解体的基本原因，而且，在印尼的爪哇，和越南的红河下游，农民人口增加，耕地面积缩小，这不过是生产力不进步的现象，而不是阻碍生产力进步的原因。实际上，促成小农经济解体的，不是人口增多的压力，而是在封建制度和资本主义势力下的几个人为的因素：（一）地主阶级利用特殊势力剥削农民，兼并土地；（二）种植制度的推广和经营农产品公司的收买土地；（三）外来金融势力的高利贷榨取；（四）机制洋货的进口促使农村手工副业的凋敝。而其中（一）（二）两个因素所造成的土地集中现象更是重要。高利贷榨取也是促成土地集中的一个因素，所以在很多地区，这也是值得特别注意的。

　　土地集中趋势最著的区域是在菲列宾、越南的交趾支那区，和下缅甸。菲列宾的地主阶级有悠久的历史，远在西班牙人到达以前，菲列宾的乡村是受着土司（Dato）的统治。在土司下，有自由民、农奴和奴隶三种阶级。西班牙势力侵入后，这批土司，被利用为西班牙统治的工具。他们替殖民地政府征收捐税，后来，更和西班牙人通婚，而成为一种特殊的阶级，叫作"加西克"（Cacique）。19世纪末，美国从西班牙手里抢到菲列宾后，也利用这批"加西克"阶级，作为统治的工具。这批"加西克"到后来就成为菲列宾地主阶级的主干。菲列宾在早期时，地籍不明，他们便利用农民的无知，向官厅登记地籍时，侵占了小农的土地。除了"加西克"外，在菲列宾拥有大量土地的，还有天主教神父。在美国统治初期，美国政府曾设法向天主教交涉，把教堂所有的165000公亩的土地，购归国有，然后再出售给原来的佃户。但据1939年人口普查，天主教还拥有41782公亩的土地（还有向政府租用的27408公亩的土地，也许还不算在内）[2]。菲列宾于1902年通过的土地法（以后历年有补充和修改的），限制公司领购公地，不得超过1024公亩。但后来成立的经营输出物产的公司，却向农民收买了很多的土地所有权。据1938年底的统计，这一类公司共享有350000公亩的土地所有权，其中120000公亩是菲籍公司的，110000公亩是美籍公司的，70000公亩是西班牙籍公司的。但菲籍公司中，有一部分是属于归化的西班牙人的，故在实际上，菲人自己开设的公司所有的土地，也许还少于美籍公司的[3]。这样，在地主、教会和代表资本家的公司三种势力的压迫下，再加上高利贷阶级的重利盘剥，和政府税捐的繁重，菲列宾农民，在最近几十年来，大量地失去了土地。据统计，自耕农的数目，从1918年的1520000户，减至1938年的805000户；而在同一时期内，佃农自435000户增至575000户。1938年的调查，还另外列举了255000户的"半自耕农"，实际上，半自耕农的生活，和佃农没有很大的差别。此外，乡村劳工，靠工资过活的，1939年，有3500000人之多。据第二次世界大战前最后一年的报告，失地农民的数目，还在迅速地增加中[4]。

越南的交趾支那，是新兴的产米区域，也是法国资本家经营的大农场所在地。法帝国主义占据了交趾支那后，在灌溉工程上，做了许多工作，大块荒土变成了沃壤。但这种水利工程，实际上，只有利于地主阶级和法国资本家们。交趾支那的大胶园差不多都在法国资本家手里；种植稻米的大农场250000公亩，也尽是法国投资的。据估计，交趾支那区的稻田面积，有80%是为地主阶级所占有的。

但情形最坏的，是在下缅甸。这区域也是新兴的产米地带。下缅甸的稻米生产量，在本世纪内，增加很速，但随着农业的发展，在这区域内，产生了一种寄生性质的高利贷阶级，这阶级的构成分子，都是印度马德拉斯省(Madras)的移民。他们叫作Chettyars，专以高利贷为业。他们的资金，大部分是从"洋商"银行(最主要是英国银行)获得，再转放给农民的。放债时候，大多以土地为抵押品，等到农民不能清偿债务时，土地便归Chettyars所有了。据估计，在战前40年间，他们共放了7亿5000万卢比的债务，其中$\frac{2}{3}$是以土地作抵押的。在下缅甸13个产米区内，农田不属于耕者所有的，由1930年的19%，增至1937年的50%；其中为高利贷阶级所拥有的，自1930年的6%，增至1937年的25%。换言之，农民失去了土地的，增加了30%。这个趋势，一直继续到太平洋战事爆发的前夕。据估计，1941年，下缅甸的农田，为耕者所有，而尚未抵押出去的，只占15%[5]。上缅甸的情形，比较好多了。据调查上缅甸的农田，不属于耕者所有的，只有$\frac{1}{7}$。下缅甸情形之坏，无疑地，是英国殖民政府保护高利贷阶级的结果。在战前，凡是土地因抵押发生纠葛，引起法律诉讼时，法院的判决，总是以有利于债主的居多。高利贷阶级的资金既然是向帝国主义银行借来的，也难怪殖民地政府，要保护重利盘剥的行为了。失地的农民既是迅速地增加，佃户对地主的关系，于是愈趋不利，据调查战前下缅甸有40%的佃户，种了一年的田地后，便须易手。因为失地农民的众多，大家争着向地主租田，所以，地租愈抬愈高，而地主剥削佃农的程度，也越来越残酷了[5a]。

所堪注意的，在上述三个地带内土地的集中和自耕农的没落，丝毫没有促进农业经营方式的改善，和农业科学技术的应用。这是因为地主和高利贷阶级的目的，只在获得固定性的地租，和从土地涨价中所可能获得的暴利，他们对于土地生产力的改进，既无知识，也无兴趣。结果，他们虽然拥有了很大面积的土地，还是墨守成规，继续用最原始的方法，分租给很多的佃户耕种。而佃户所获得的土地，既不是自己的，自不愿出力加以改进，而且，即使有心改进也没有资金来实现他们的愿望。所以，这几个地带的农业，除西洋资本家控制下的种植制度自成系统外，始终停滞在落后的技术阶段上，生产能力非但没有进步，甚且有退化之象。

上述的小农经济解体现象，战前在马来亚和泰国还不很显著。马来亚原是地广人稀的国家，英国控制这半岛后，为便于统治起见，对马来土著居民的耕地(大多是稻田)，予以保护，不让外来移民侵占。所有胶园和其他农场发展，都是由荒地圈划的。胶园面积，既占马来亚耕作面积65%，所以，马来亚的农村问题，一大半是胶树业的发展问题和大小型胶园的竞争问题，这和一般所称的土地和地租问题，性质不同。而且，胶园内的割胶时令，无季节性，产胶所需的资金也极有限，故高利贷问题，在胶树业方面，也不严重(见上第三章第三节)。1939年欧洲战事爆发后，马来亚的殖民政府为鼓励粮食生产起见，开放了一部分保留的公地，给中国和印度移民耕种稻米。这个政策曾引起马来亚土著人民的疑惧，他们生怕中印移民，在耕种粮食上，跟他们竞争，但当时树胶和锡砂的价格飞涨，胶园和锡矿都吸收了很多的劳工，所以，实际上，中印移民从事耕种稻米的很是少数。最近在马来亚乡村的新发展上值得重视的，是在日本占领时期所造成的大批"难民"。他们因在都市或在农场和矿山上，找不到工作，不得不移居乡间，就原来荒地或大农场的边缘上，清除了几亩土地，种些农作物，供给一家的食用。他们所占用的土地，不为英政府所承认，所以，这批难民，英人称之为 Squatters。战后，马来亚工矿业和大农场的复兴虽不算慢，但在战争期间，马来亚人口也有增加，故这批难民其中有无法回到原来职业的，也有战前本属失业的，都不得不继续停留在乡间，耕种他们小小的土地或找些零星工作，以维持生活。这样，他们便成为目前马来亚乡间无产阶级的主干，而在殖民地政府看来，便成为威胁治安的危险分子了。

泰国的人口不多，外来金融势力也不很大。所以，土地集中问题，以全国论，还不很严重。不过，在泰京曼谷附近的平原区域，佃农和高利贷现象，也很普遍。地主大多是住居曼谷的皇族、贵族，和官僚政客。佃农情形最坏的地方，是兰实区（Rangsit），在那里有泰国有名的灌溉工程设施，但因有灌溉工程，地价高涨，引起了地主们竞购土地的现象，结果，大部分的农民失去了土地，沦为佃农，受到很严重的地租压迫。

上述的东南亚各国乡村贫困小农经济解体的现象，在战前曾引起多次的农民暴动。在缅甸，这种暴动，往往在排斥印侨的名义下表现。例如1930年在 Soya San 领导下的暴动和1938年7月和12月的排印运动，都是农民反抗现实的表现。在菲列宾，有1931年的 Tayug 事变和1935年的 Sakdalist 叛变。在1935年的叛变中，菲列宾农民更表现了为争取独立不怕死的精神。

殖民地政府为了维护他们统治地位起见，对这种现象，未尝不加注意。在战前，他们曾采取两种欺骗人民以缓和局面的政策：第一是针对着高利贷阶级的剥削，政府创办了许多信用合作社。但因政府不能动员农民参加，而且又要维持地主阶级的既得利益，所以，实际效果，很是微小[6]。第二是用缓进的方法，通过在殖民政府控制的立法机关，订立各种土地改革方案，如菲列宾 1936 年和 1938 年通过的 70 号和 378 号共和国法案和缅甸 1939 年通过的《佃租法》(*Tenancy Act*) 和 1941 年通过的《土地购置法》(*Land Purchase Act*) 和《土地圈领法》(*Land Alienation Act*) 都是表现了统治阶级想改善现状的企图，但这些法案的性质，是属于改良主义的，完全尊重了既得的权益，而不作根本的解决。在实行不久，便发生太平洋战事，效果当然一些也没有见到。战后，缅甸独立后，曾于 1948 年 10 月间通过了《土地国有法案》。根据这个法案，除下列两项外：（一）1948 年 1 月 4 日以前在农民手里的稻田和甘蔗田，每户不超过 50 英亩者，（二）从事园艺的面积。一切农田，都收归国有。收归国有时，由政府偿给地主相当于 1947—1948 年田赋的 12 倍价值，另加在地面上建设或改善设备的代价。所收归国有之土地，再由政府分配给耕农。据估计，在这样情形下收归国有的耕地，将有 800 万英亩，其中 $\frac{1}{4}$ 是印度高利贷阶级所拥有的上等稻田。上列条款的有利于地主阶级，是很显然的。这个法案，规定于 1949 年 1 月 1 日实行，但缅甸独立后，政府不能和进步分子团结，忙着应付各方的"叛变"，即使对这含有欺骗性质的法案的执行，恐怕至今还在有名无实的阶段中吧。

三、工人阶级的兴起和劳工运动的强化

东南亚的工人阶级，从广义说，应该包括下列四类：（一）都市里的劳工，（二）农场里的雇工，（三）矿工，和（四）乡村里的闲工和失去了土地的雇工。乡村里的闲工和失去了土地的雇工的人数增多，是一个长期的趋势，在上节已充分说明了。其他三类劳工在战前的变动，大致说来，可分三个时期：第一时期是由第一次世界大战结束到 1929 年资本主义经济大恐慌开始时为止。在这时期内，资本主义经济的破绽，还未充分暴露，殖民地经济的开发，也很有进展。在那时候，都市里，农场上，和矿山里的劳工，都见增加。第二个时期是自 1929 年资本主义经济大恐慌开始起至 1939 年欧洲战事爆发为止。在

这时期的前半节，东南亚的树胶业、蔗糖业、锡矿等都大量紧缩，失业人数激增，一部分外来移民回到祖国去谋生，一部分失业劳工，就食乡下，靠耕种糊口。后半节自 1933—1934 年起，资本主义国家经济情势，稍见改善，东南亚的农业和矿业也随着稍有转机，雇用劳工人数也开始回涨，但直到 1938—1939 年，还没有达到经济大恐慌前的最高峰。第三个时期是在 1939 年欧洲大战爆发后，殖民地经济，在帝国主义国家战时生产要求下，受到大量的扩充。在 1940—1941 年间，就业劳工的人数因之有超过大恐慌前之势。例如印尼的工会会员在 1931 年为 1940—1941 人，后来几年下跌很多，到了 1939 年还不过 109547 人。但 1941 年增至 125500 人，超过了 1931 年的纪录[7]。又照印尼工厂法登记的工厂，1931 年的雇用人员为 155020 人，1932 年跌至 150999 人，1934 年回涨至 154988 人(以后年份的数字不详)[8]。缅甸的工厂劳工，在第一次世界大战后，约有 7 万人，1928 年达最高纪录，约有 10 万人，以后几年降落很多；1939 年不过 89000 人，1940 年为 90000 人[9]。但这项统计以合于工厂法的工厂雇用人数为限，实际劳工人数，远超过此数。据 Baxter 报告，根据不完全的调查，全缅工业厂家雇用劳工人数，在 1934 年全年最高季节时为 159264 人，1939 年全年最高季节时为 187012 人。工业厂家雇用人数，每年因季节不同而稍有上落，故在其他季节内，雇用人数要比上述两个数字少些[10]。东南亚其他国家劳工人数的变迁，我们不知其详。大体上看来，各国的工矿业发展很慢，正式在工厂内和矿山上做工的人数，在战前十几年间，也许增加不多。但随着人口的增加，和都市的扩大，一般的工人阶级，在资本家口中称为"苦力"的，如码头工人、人力车夫等，大概增加很多。这是可以比较各年份的都市人口，可以推断到的。

但近年来，在工人阶级方面，比量的增加更重要的，是质的变化。这是可从两方面的发展，可以见到：第一是种族界限的薄弱化；第二是劳工组织的强大化。在西洋资本主义势力到达初期，我们知道东南亚各国的本土居民，因生活习惯和经济背景的不同，和外来人民，格格不入。他们坚持着原来的原始耕作职业，所有新兴的生产活动如工矿的开发，农场的垦殖，大多由外来的中国和印度移民担任。但经过了半世纪余的杂居和经济发展，这种民族间的职业分界线已有被逐渐打破之势。例如缅甸的工业生产，早期是绝大多数由印度移民担任的，但据 Baxter 调查，缅人参加工业生产的，在后来几年内，在比例上，有显著的增加，见表 6 如下：

表 6　战前全缅工业厂家雇用劳工的种族分布

1934 年 2 月	劳工总数	技工	粗工	1939 年 2 月	劳工总数	技工	粗工
	（占总人数的百分比）				（占总人数的百分比）		
印人	70.1	61.2	72.4	印人	67.5	58.4	69.5
缅人	27.2	31.8	25.9	缅人	30.7%	36.7%	29.7%

附注：尚有其他种族的劳工（如华工）未列入。

来源：Baxter, Report on Indian Immigration, 1941.

再以马来亚为例，那儿的工矿业和大农场，所雇用的劳工，在早期大多数是中印两国的移民。马来人都是以耕种粮食为业，在乡间过着自给自足的生活。在都市里，当然也有马来劳工，但从整个马来人口而论，占很不重要的比例。但在最近 20 年来，马来工人进工厂矿山和农场做工的，已见增加，而中印工人，在比例上，已见跌落，不过在数量上，还占多数罢了。

表 7　马来亚工厂和大农场雇用劳工人数的变迁

年份	劳工总数 （千人）	中印劳工数 （千人）	中印劳工所 占百分比%	其他劳工数 （千人）	其他劳工所 占百分比%
1929	418	392	93.8	26	6.2
1930	403	372	92.3	31	7.6
1931	311	284	91.3	27	8.7

年份	劳工总数（千人）	中印劳工数（千人）	中印劳工所占百分比%	其他劳工数（千人）	其他劳工所占百分比%
1932	270	244	90.4	26	9.6
1933	292	259	88.7	33	11.3
1938	398	363	91.2	35	8.8
1939	443	391	88.3	52	11.7
1940	456	394	86.0	64	14.0

附注："其他劳工"包括马来人和爪哇人，但爪哇人所占数量不大，在这时期内，增加很少。

来源：Bauer, The Rubber Industry, p.396.

上表所显示的，是在经济衰落时期，工矿农场紧缩的时候，减雇的劳工，以中印侨民为多，在经济扩张的时期，所增雇的劳工，却以马来人为多。从这些数字中，我们可以看到，经过了战前30年代的经济恐慌后，马来人当劳工的，已在比例上增强了。

马来亚的两大生产事业是树胶和锡矿。在大胶园的劳工中，马来人和爪哇人在第二次世界大战前，没有显著增加的趋势。这是因为大胶园的发展，因受国际树胶生产限制计划的束缚，在停滞之中（见下第七章）。1934年，马来人和爪哇人在大胶园雇用工人总数中，约占12.4%，到了1940年，还是占12.8%。锡矿的情形，却大不相同了。从表8可见马来人作矿工的人数虽少，但所占百分比历年有增加之势。

马来亚的锡矿，在早期的时候，差不多全是华侨所经营的，但后来便受西洋资本家（主要的是英国资本家）的排挤，华侨锡矿便退居了次要的地位。锡矿工人中，华侨人数的跌落，和这个变迁也有很大的关系（详见下第八章第一节）。

表8 战前马来联邦锡矿工人统计

年份	矿工总数	华工人数	印度矿工人数	马来矿工人数	马来矿工所占百分比%
1921	86339	80110	3525	2307	2.7
1928	100141	96858	8446	3016	3.0
1929	104468	90762	9544	3182	3.0
1930	80528	70594	6833	2439	3.0
1931	57038	49423	4942	2194	3.8
1932	44455	38575	3775	1745	3.9
1933	42862	36958	3684	1865	4.3
1937	88285	71663	11803	4123	4.7
1938	57663	45704	7425	3943	6.8
1939	72954	58532	9206	4451	6.2

附注：（1）不包括马来未联各邦。

（2）其他种族的矿工未列入。

来源：Federated Malay States Report of the Mines Department, Various Years.

以新加坡一埠而论，马来人在各部门工作的，在比例上也大见增加。这可从1937年和1946年的比较数字上，获得证实：

表9 新加坡劳工战前和战后分布的比较

1937年	华侨	印侨	马来人	总计	1946年	华侨	印侨	马来人	总计
政府机关和公用事业	3927	13141	3343	20411	政府机关和公用事业	7652	15885	6432	30969
工厂	38104	6074	1605	45783	工厂	54775	5915	9413	70103
大农场[a]	1112	496	1055	2663	大农场[a]	416	148	372	936

1937 年	华侨	印侨	马来人	总计	1946 年	华侨	印侨	马来人	总计
合计	43143	19711	6003	68857	合计	62843	21948	17217	102008
百分比	62.7%	28.6%	8.7%	100%	百分比	61.6%	21.5%	16.9%	100%

a. 以胶园为主。

来源：Annual Report of Singapore，1946.

印尼也是一个民族杂居的国家。外来劳工，以华侨为主。但华工人数，向来远不及印尼本地工人的人数，印侨人数更少。这是因为印尼的爪哇人口，自 19 世纪以来，增加很速，劳工需要，大部分可由本地居民供给。在 1930—1934 年间，印尼工厂工人中，印尼劳工人数，占 91%～92%，历年变动很少。1935 年后的数字未见发表[11]。农场上的劳工，印尼人也占多数。在外岛农场上，华侨工人的数量在早期占相当重要地位，但后来，也有逐渐下降的趋势：

表 10　战前印尼外岛农场劳工人数的变迁

年份	劳工总数	华侨工人		印尼工人	
		人数	百分比	人数	百分比
1931	359633	44416	11.2	306029	85.1
1934	231651	21804	9.4	203963	88.0
1937	339656	32339	9.5	299903	88.3
1938	332439	26067	7.8	294579	88.6
1940	330711	22101	6.7	296279	89.6

附注：其他工人未列入。

来源：Statistical Pocket Book of Indonesia，1941.

除了缅甸、马来亚、和印尼三国外，菲列宾的工人阶级，以菲岛本地的劳工为主。外来移民，以华侨占多数，但华侨以经商的居多，做劳工的较少。故菲岛劳动阶级，在国籍上的变动，不很重要。越南也有华侨劳工，但没有历年的数字，足资比较。泰国的华侨人数，在东南亚区域内，仅次于马来亚。华侨在泰国的职业，除经商外，做工匠的也很多。但泰国的劳工统计，极为缺乏，故历年变迁情形，无从知道。但近年来政府创办了一些工厂，雇用劳工，以泰人为主。1949年且通过了"职业保留法"，有好几种重要职业，都保留给泰籍人民做。所以，近年来，泰国的各种劳工职业中，原来是华侨专长的，也慢慢地有泰籍工人参加了。

综上所述，在东南亚区域内，各种职业，原来种族界限分明的，最近已被逐渐打破。这是各民族经过数十年的杂居，自然接触的结果。同时，也因上节所述内地小农经济的解体，大量失地和失业的农民流入都市，扩大了整个工人阶级的阵容，同时，也增加了工人阶级内的种族混合性。这个趋势的继续，无疑地将促进阶级意识的统一性。

第二个值得注意的发展，而实际上与上述趋势有关联的，是劳工运动的强大化。在资本主义国家，资产阶级玩弄代议制度的把戏，实施了改良性的劳工立法，其作用是在缓和阶级间的冲突。在这样圈套下，工人运动往往被诱导至纯粹以注意本身工资及工作条件的利益为限，而忘却了在社会制度的革新上劳工所肩负的基本使命。但在殖民地内，连这种狭义范围的工会运动，在早期也不被统治当局所欢迎。到了战前的最后十几年，东南亚的工人阶级力量增强了，工人的斗争情绪也提高了，于是工会运动才发展起来。在日本占领时期，很多的工人阶级分子参加了民族解放斗争，经过了这个宝贵的经验，他们的组织能力进步了，自信心也增加了。所以，在战事结束后，尽管在卷土重来的西洋帝国主义势力下，受到种种的压迫，工人运动还是如火如荼地展开着。兹将各国的战前和战后的工人运动，作一简单的叙述如下：

缅甸　缅甸的劳动阶级运动，最早由缅甸知识分子，在独立革命的号召下，在乡村发动的。1929 年成立的"德钦协会"（Thakin Association）可说是一个反抗英人统治的政治组织，后来有"全缅农民同盟"(All Burma Cultivator's League)，也是由革命志士领导的。真正的工人争斗，开始于1938年的总罢工，在那个时候，缅甸中央工会（后来成为"全缅工联"，A.B.T.U.C.），和全缅农民同盟在德钦协会的进步会员的领导下进行反帝的斗争。在日本占领期内，农工和一部分知识分子，参加反法西斯人民自由同盟（Anti-Fascist People's Freedom Lengae，A.F.P.F.L.），进行抗日工作。1945年日本投降后，"全缅工联"和"全缅农民同盟"立刻组织起来。1946年9月实行总罢工，通过了反对英人继续统治的决议案，使英帝国主义改变了对缅政策，决定在名义上退出缅甸。后来缅甸的对帝国主义妥协分子，另组织职工联合会和农民协会，以与全缅工联对抗。1949年3月，全缅工联在仰光号召总罢工，但遭政府武力压迫，工联会址也被封闭。现在全缅工联的工作是在缅甸内地展开着[12]。

越南　在战前的越南，正式工会的组织，在禁止之列。只有慈善救济性质的工人组织，以社会团体的名义活动，才不至受殖民政府的干涉。但1930年6月，越南共产党成立，是年9月，在Truong Thi的铁路工厂工人组织起来向政府示威；嗣后农民和工人在Nam Dan，Hueng Sen，Thanh Chueng三府起义，组织农工苏维埃，经过四个月的斗争后，被法帝国主义攻破。1935年，法国人民阵线成立，越南的工人阶级运动，才又蓬勃起来，但在第二次世界大战爆发前又告停顿。日本投降后，前进的工人分子组织了"越南工人救国协会"（Association of the Vietnam Workers for National Salvation），积极参加越盟阵线。1946年7月20日，越南劳工联合总会（General Confederation of Vietnam Workers）在河内正式成立。但是年12月法帝国主义进兵袭击河内，掀起了全越南的革命战争。越南劳工联合总会也被迫改变工作动向和组织方式，以便集中力量，直接参加反帝的武力斗争。到了1948年底，越南劳工联合总会拥有会员255000人，其中20%是工厂工人。在越盟的军队里，工人参加的，约占$\frac{1}{10}$ [13]。

泰国　战前泰国的工人，曾有几次罢工，但工人运动不很发达。在日本占领时期，工人阶级于1942年成立"抗日志愿军"，进行地下抗日工作。1944 年 11 月，曼谷工联（Bangkok Federation of Trade Unions）成立，成为当时地下活动的反日联盟的一分子。日本投降后，曼谷工联的活动公开起来，发展很快。1945 年 11 月火砻业（即碾米业）工人总罢工，在曼谷工联领导下，获得了胜利。1946 年 1 月，曼谷工联召开第二次代表大会，通过了许多决议案，决定筹设全国工联。4 月筹备委员会成立。1947 年 4 月，召开首次全国总工会代表大会，成立了全国工联。曼谷工联现有会员 3 万人，全国工联有会员 5 万人。1946 年罢工 59 次，1947 年罢工 67 次。1949 年 1 月，泰国全国工联加入了世界工联，是年 6 月，全国工联派代表出席世界工联大会时，泰国政府加以阻止。在泰国统治阶级的支持下，1948 年 4 月另有一个伪工会出现，但这个工会完全是受统治阶级操纵的[14]。

　　马来亚　马来亚的工人运动，开始于 1925 年，但到了 1938—1939 年后，才蓬勃起来。1938 年的三大罢工——电车工人、清洁工人和人力车工人——表现了工人阶级内各民族的团结一致精神。1941 年马来亚政府公布了公会法，想诱导工人运动走上英美资本主义社会里的工会方式。但不久太平洋战事发生，马来亚被日本占领，工人们大批地参加了抗日工作。"马来亚人民抗日军"（M.P.A.J.A.）的主力便是由工人阶级组成的。日本投降，英军接收马来亚后，马来亚工人阶级成立了"马来亚各民族总工会"（All Nationalitics General Labour Union of Malaya），团结了马来、华侨、印侨工人。1946 年，这个总工会改称"全马工联"（Pan-Malayan Federation of Trade Unions），拥有会员 63000 人。是年 6 月，加入了世界工联。1945 年至 1947 年，在新加坡共发生约 300 次罢工，其中也有政治性质的，例如码头工人同情印尼独立运动，拒运军火至荷兰占领区，充分表现了工人阶级反帝的情绪。英国当局开始时用缓和政策，任命了星埠和马来亚两地的"职工顾问"（Trade Union Advisor），"指导"工会运动，后来更邀请英国工党议员 S.S.Awbery 和工会职员 F.W.Dalley 马来亚调查工人情况和研究"改善"工会运动的方策[15]。但后来英当局看到马来亚工人力量的强大和人民解放运动的开展，于是采用高压手段，于 1948 年 6 月下令禁止全马工联活动，逮捕了很多的工会工作人员。全马工联就这样被迫进入地下，展开反帝的工作了[16]。

印尼　印尼的工人组织起源极早。1908 年已露萌芽，到了 1919 年底，全国 22 个工会，拥有 7.2 万会员，召开会议，设立了中央工会，1920 年印尼共产党也成立了。但后来，中央工会里，以发现右倾分子而宣告分裂。1926 年起，荷兰殖民政府开始干涉工运，印尼共产党和前进的革命中央工会都遭禁止。1935 年，工人阶级在印尼共产党领导之下，重新开始独立革命运动。1941 年 12 月，太平洋战事爆发后，印尼群岛被日军占领；但印尼人民在印尼共产党领导下，普遍展开了抗日斗争。1945 年 8 月日本投降后，印尼共和国即宣告成立，印尼工人阶级于是公开参加民族解放斗争，和当时进驻印尼的英军和后来的荷军周旋。1946 年 11 月 29 日，"全印尼工联"(Sentral Organisasi Buroh Solvruh Indonesia，简称 S.O.B.S.I.)成立，包括 28 个工会，会员人数达 120 万人，其中 100 万人为农场上工人。1947 年全印尼工联加入了世界工联。1948 年 7 月起，印尼共和国当局，决定和帝国主义妥协，开始压迫印尼共产党和全印尼工联。全印尼工联主席 Harjono 和许多领导分子都惨遭屠杀，但印尼工人阶级的反帝情绪，并不因此而动摇[17]。

菲列宾　菲列宾的工会法(*Philippine Commonwealth Act* No. 213.)于 1937 年公布。1938 年，比较前进的分子，在吕宋岛中部组织了"集体劳工运动"(Collective Labour Movement)，跟右倾的全国总工会(National Federation of Labour)反抗。后来经政府压力，成立了全国劳工委员会(National Commission of Labour)。到了次年，这个新组织又告解体。据 1941 年的统计，菲列宾经官方注册的工会，共计 438 个，拥有会员 101000 人，其中 95% 是产业工人。在这一年，还有许多未经注册的工业与农业劳工组织。菲列宾的农业劳工组织，相当发达。最早的是菲列宾农民协会(Philippine Confederation of Peasants)，有会员 6 万人，"血汗同胞会"(Kapisapan Ng Anak Pawis(Sons of Sweat))，有会员 8 万人，战时的人民抗日游击队(Hukbalahap)，也是农民组成的。这个团体迄今还在进行反帝的斗争，为实现新民主主义革命而努力。

从上面简略的叙述看来，可知东南亚的工人阶级在最近十年来，已有长足的进步，不特在数量上大增，而且在意识上，也有普遍的提高。他们在反帝的斗争中，已有实质的表现，今后在人民解放运动上，无疑地将继续肩负着领导的工作。

四、地域间的特殊性

我们在上述三节中已看到东南亚社会结构和阶级成长的共同趋势，但我们也不应忽视东南亚各地在发展阶段上所表现的差异。这种差异，不但见之于国与国之间，而且在同一国内的各地间往往也很显著。这种差异，在表面上，可分三方面看：一是经济生活方面，二是政治方面，三是民族方面。兹分述如下：

一、经济生活方面　东南亚以全区而论，是一个典型的殖民地经济，但因统治东南亚各国的宗主国本身经济情形不同，和东南亚各国的天然资源有差别，故各国所发展的生产重点也有不同。因生产重点的不同，人民生活方式也有不同。例如马来亚和印尼的种植制度，产生了很多的农场劳工，这种农场劳工的生活状态和情绪，当然和泰国或菲列宾的农民有相当的距离。又如越南的交趾支那区，是种植制度发展的地带，而东京区是小农和贫农集居的场所，这两区的农村结构，便有很大的差别。又例如缅甸、泰国、越南的稻米经济，和马来亚和苏门答腊的胶园经济，也有显著的不同，这种地方性的差异，在研究各国现阶段的社会发展上，是应该注意的。

二、政治方面　在东南亚区域内，泰国始终保持了政治上的独立。这独立给泰国人民获得了很宝贵的行政经验，并造成了很狭隘的国家观念。自从 1932 年政变后，泰国的皇族和贵族阶级衰落，代之而起的，是代表资产阶级和知识分子的官僚和军人集团。但泰国的工业，缺乏基础，文化发展很迟，故资产阶级和知识分子，比较世界上其他独立国家的，要脆弱得多。不过，比之东南亚其他五国的，无疑地是最有统治经验和最有自信力的一群了。以东南亚其他五国而论，各帝国主义国家在战前所采取的统治政策，也有差别。例如美国在菲列宾，老早就采取了培植本地资产阶级的政策，推行美化教育，也相当努力；所以，在战后玩弄承认独立的把戏时，在表面上，很是圆滑顺利，法国在越南，以往是尽量地采取榨取和高压的政策，英国在马来亚则以利用旧有的封建势力（各邦的邦主）为得计。结果，他们在战后，要想争取本地资产阶级和知识分子的支持，便感到狼狈周章了。荷兰战前在印尼的政策，也不很"开明"，但印尼的发展，历史较久，印尼的人口也较多，故在战后，想建立一个亲荷政权，也不是没有根据的。

三、民族方面　东南亚的种族问题，有外来移民造成的，也有国内原有杂居民族所产生的。外来移民以中国和印度移往的为主，国内杂居民族以缅甸、印尼两国较为复杂。以外来移民论，各国的情形也有不同。泰国和菲列宾的华侨，在经济上虽很占势力，但从近十年来的趋势看，是不难和泰人、菲人同化的。但马来亚的情形，便不同了。华侨和马来人因宗教和生活习惯不同，通婚的很少，故华侨与马来人之间，至今还有相当的距离，印度移民在缅甸、马来亚，也因宗教和生活习惯不同，很难和当地居民同化。至于国内杂居民族的差别，往往为帝国主义所夸大，以达到他们分化的政策。实际上，这种差别，大部分是由过去交通闭塞，相互接触机会不多所造成，在经济基础上，很少有基本不同之处。但在现阶段上，我们也不应否认民族间的差别，在某些国家，例如缅甸和印尼，还是值得注意的问题。

上述三方面的差异，造成了东南亚区域内的地方性的特殊性。但经济发展是人类一切发展的基础。只要经济发展的阶段和动向相同，政治和种族因素所造成的差别，只是暂时的和表面的。东南亚既是停留在殖民地经济阶段上，所以，在社会结构和阶级成长上，全区的共同性，远较各地的特殊性重要，不过，我们假如仔细研究各国的情形，这种特殊性，也是不容漠视的。

第四章 附注

（1）Jacoby, The Agrarian Unrest in Sontlieast Asia, pp. 142-143.

（2）Pelzer, Pioneer Settlement, Chapter IV.

（3）Jacoby, The Agrarian Unrest in Sontlieast Asia, pp. 142-143.

（4）U. S. High Commissioner to the Philippine Islands, Fifth Annual Report to the President and Congress of the United States, Covering the Fiscal Year ending June 30, 1941.

（5）Andrus, Burmese Economic Life.

（5a）Mills and Associates, The New World of Southeast Asia, p. 141.

（6）关于东南亚合作社的官方数字，和简单分析，见 ILO, The Development of the Co-operative Movement in Asia.

（7）Thompson, Labour Problems in South East Asia.

（8）Statistical Pockct Book of Indoncsia, 1941.

（9）Thompson, Labour Problems in South East Asia.

（10）Baxter, Report on Indian Immigration, 1941.

（11）Statistical Pocket Book of Indonesia, 1941.

（12）见缅甸代表出席 1949 年 11 月亚澳工联大会报告。

（13）见越南代表出席 1949 年 11 月亚澳工联大会报告。

（14）见泰国代表出席 1949 年 11 月亚澳工联大会报告。

（15）Awberry 和 Dalley 两氏回英后，曾发表了 Labcur and Trade Union Organisation in the Federation of Malaya and Singapore 报告。

（16）见马来亚代表出席 1949 年 11 月亚澳工联大会报告。

（17）见印尼代表出席 1949 年 11 月亚澳工联大会报告。

第五章　从复旧到停滞的战后生产能力

在第二次世界大战期间，东南亚各国先后都被日军占领。泰国和越南没有经过实际战事，仅在武力威胁下，被日本攫取。日本在表面上还承认泰国的独立和法国维琪政府在越南的统治权，所以，这两国的经济秩序，没有遭受很大的破坏，仅在解放期前，受到盟军的轰炸，被破坏了一些交通和工厂设备。马来亚和印尼都是经过军事行动而被日军占领的日军和英荷军队作战的情况虽不十分激烈，但英荷当局在撤退期间，都尽量采取焦土政策，以免资敌，所以，这两国的工矿和交通设备，损失很大。而且，马来亚和印尼的生产事业，本来大部分是靠外销的，而所需粮食，一部分是靠进口的。在日军占领期内，这两国与外界隔绝，而日本又不能充分吸收这两国的物资，结果，这两国的经济表现了极度的衰落。原来从事于生产树胶、锡砂、炼锡、和其他出口作物的劳工，不得不改种粮食，以资糊口；而农田有限，种子肥料，都感缺乏，即有改业耕种的，也是收获不多，很难维持个人与家庭的需要。结果，在"日治"的三四年期间，大部分居民在半饥饿状态下挣扎。但马来亚和印尼两国所遭受的不幸，还比不上缅甸和菲列宾。缅甸和菲列宾是第二次世界大战期间的激烈战场。在日军侵入和盟军解放的两个时期内，都经过了大规模的争夺战，居民生命财产被牺牲的不少。除了战争破坏外，这两国在日军占领期间所遭受经济上被窒息的痛苦，和马来亚印尼相似，工矿生产，都告停顿，居民生活，仅靠粮食生产维持。在菲列宾，原来耕种甘蔗的土地，日本当局曾设法改种棉花，但效果未见，而美军已反攻登陆了。

1945 年 8 月日本投降后，英美法荷四帝国主义都努力想法恢复在东南亚的统治权。菲列宾群岛本来已有大部分被美军收复，但岛内腹地，还有日本军队继续作战，到了日皇宣告投降后，才终止抵抗。泰国的独立，仍被盟国尊重，但在东南亚盟军总司令下，有少量英印军队，进驻泰国，监视日军撤退，和协助释放被俘的盟国人员。各帝国主义国家在企图卷土重来的过程中，都遭逢了东南亚各地人民解放运动的激烈抵抗，经济恢复因之不能如帝国主义者所想象的顺利。在解放区域，如初期越盟的控制区域和过去印尼共和国区域，都遭受帝国主义的封锁和武力的进攻。缅甸和菲列宾虽在名义上获得独立，但人民民主队伍仍在内地进行着民族解放斗争。在这样动荡的局面下，要获得一个战后东南亚经济的全貌，很不容易。本章和以下两章，都是根据英荷法殖民地当局所公布的材料，及缅甸、泰国、菲列宾的官方统计，作一推考。这种材料虽不很可靠，而且带有欺骗性，但我们至少可以看到在帝国主义势力所到达的东南亚区域内战后经济的动向。这些动向在有些场合，不能代表解放区域的经济，但在大体上，是可以帮助我们了解东南亚整个区域的经济前途的（下面各节所引用的关于越南的生产数字，是法方发表的，其中有几种如稻米等包括对解放区的估计，但这种估计，是不可靠的，所以，关于越南的数字，引用时更应加以保留）。

一、粮食生产的不足

在战争结束后，东南亚的农业，因耕畜的死亡，农具的毁坏，种子、肥料的缺乏，和劳工的散失，生产量都有锐减之势。但经过战后三四年的复兴，有几种农产品已达到战前的生产水准，在一二国内，甚且有超过战前产量之势。稻米是东南亚最主要的作物，在战后第一年（1946 年），全东南亚的产量，降至战前平均产量的76%，到了 1948—1949 年，全区的产量，才达到战前的 92% ～93%。其中泰国、马来亚和菲列宾都已超过了战前的产量，但缅甸和越南，跌落很大；印尼到了 1949 年，似已恢复战前水准。详细数字，见表11。

表 11　东南亚各国的米谷产量(系指谷子产量非白米产量单位千吨)

地名 年份	1934—1938 (每年平均)	1946	1947	1948	1949
缅甸	6971	3836	5429	5287	4170[a]
越南	6498	4286	4800[a]	5100[a]	5500[a]
泰国	4357	4642	5174	5506	5630
马来亚	513	435	553	495	645
印尼 爪哇与马都拉	6081	4338	5145	5402	6199
印尼 外岛	3906	3313	3448	3900	3788
菲列宾	2179	2198	2335	2491	2530[a]
总计	30505	23048	26884	29181	28462

a. 非官方估计。

来源：FAO, Food & Agricultural Statistics. Jun., 1949 和 Mar. 1950. EAO, Commodity Series No. 11；Rice Bulletin, Feb., 1949.

各国战后稻米产量减少的原因，一方面是稻田面积的缩小，另一方面是每亩产量的跌落。马来亚和泰国的稻田面积，自 1946 年起，菲列宾的稻田面积，自 1947 年起，都已超过了战前 1934—1938 年的平均面积。到了 1948—1949 年，只有缅甸和印尼的爪哇，还没有恢复战前的面积，但各国的每亩收获量，除菲列宾和 1949 年的马来亚外，却表现了普遍的下跌，见表 12 如下：

表 12　东南亚的稻米每公亩收获量(单位公担)

地名 年份	1934—1938 (每年平均)	1946	1947	1948	1949
缅甸	14.1	12.7	14.9	13.6	13.4

地名＼年份	1934—1938（每年平均）	1946	1947	1948	1949
越南	11.6	10.9	11.1	11.5	11.2[b]
泰国	14.3	12.7	12.6	12.8	12.7
爪哇[a]	15.8	13.3	14.4	14.5	…
马来亚	17.2	13.2	16.2	14.6	17.5
菲列宾	10.9	11.3	11.4	11.5	11.9[b]

a. 包括马都拉。b. 非官方估计。

来源：见表11。

在战后每亩收获量跌落的主要原因，是农田水利的失调，耕畜的减少和肥料的缺乏。其中值得注意的是马来亚。马来亚向来是粮食不能自给的国家，战后东南亚稻米产量跌落，米的进口数量大减，马来亚政府不得不在各都市实行部分的食米配给制度，以免米价飞涨而影响殖民地改权的稳定。同时为鼓励农民种植稻米起见，由政府发给垦荒津贴，每三英亩合叻币100元；农民出售谷米，由政府担保相当价格，不满这价格时，由政府给予津贴。在马来亚半岛的某些区域，并由政府出资垦荒[1]。在这几方面鼓励下，马来亚的稻田面积，在1948年为340000公亩，较战前约增14％，到了1949年，更增至368000公亩，每亩收获量，也有超过战前水准之势[2]。

东南亚的粮食生产，除稻米外，还有玉蜀黍、番薯等，但产量都不大。其中比较重要的为玉蜀黍，但越南、泰国、印尼、菲列宾四国的产量，在1948—1949年仅及战前1934—1938年平均产量的71％。东南亚战后粮食生产，既较战前减少，而战后人口较战前约增加8％。所以，战后粮食的不足，在这区域内，是相当严重的。

二、出口农作物的恢复和种植制度的重建

东南亚的农产品，除粮食外，出口作物在国民经济上，向占极重要地位(见第三章第二节)。出口作物中，在战前，以树胶和蔗糖为首。树胶以马来亚和印尼为主要产地，泰国、缅甸、越南次之。蔗糖系印尼和菲列宾的主要产品。菲列宾战前对外贸易，差不多全靠蔗糖对美输出维持的。东南亚其他次要的出口农作物为茶叶、烟叶、椰干、椰油和棕核、棕油，等等。战后，这几种出口农作物恢复的速度，很不一致。胶树因在日本占领期内，多年停割，战后产量特丰，而且，英美市场，久无天然树胶供应，一旦恢复，需要很大，这也刺激了东南亚的树胶生产。到了 1947 年，马来亚和英领北婆罗洲三处的产量，已超过了战前的最高峰。印尼 1948 年的产量也超过了战前 1934—1938 年间的平均量。各国详细数字列表如下：

表 13　东南亚树胶生产量(单位千吨)

年份	马来亚	印尼[b]	越南	沙勝越	泰国	缅甸
1934—1938	422.9	353.4	38.8[a]	21.0[a]	49.2	8.4
1939	365.9	384.3	69.1	12.7	…	…
1940	556.0	551.9	65.2	17.8	…	…
1946	410.4	177.7	20.3	9.1	13.8	…
1947	656.7	282.0	38.7	37.3	33.0	…
1948	709.4	439.2	44.5	40.3	98.0	9.0
1949	684.2	438.0	42.9	40.1	97.0[c]	8.0[c]

a. 出口数字。b. 大胶园产量和小胶园出品输出量。c. 估计。
来源：1934—8 年：FAO, Year book, 1948.
　　1939—40 年：Rubber Statistical Bullctin.
　　泰国，1946—7 年：FAO Year book, 1948；1948—9 年，Ecafe Survey, 1949.
　　缅甸，1948—9 年：Ecafe Survcy, 1949.
　　1946—49 年其他各国，Rubber Statistical Bulletin,

表上面的数字有值得注意的一点，是东南亚各国 1949 年的产量，呈普遍下跌的现象。跌落的数量，虽不巨大，但这趋势正表示东南亚树胶业的恢复，已到达顶点，将来能否继续发展，甚至能否保持现有的地位，要看今后世界市场的需要情形了（见下第七章第三节）。

蔗糖是印尼和菲列宾的主要生产品，但战后的复兴，很是迟缓。印尼 1948 年的产量才及战前 24%[3]。菲列宾糖产的恢复较为迅速，1948 年的产量，已达战前 78%。详细数字见表 14 如下：

表 14　东南亚蔗糖生产量（以原糖产量计算：单位千公吨）

年份	爪哇[a]	菲列宾	缅甸	越南	马来亚
1934—1938 年	1153	952	71	45	…
1946 年	25[b]	167	36	41	…
1947 年	150[b]	452	36	20	22
1948 年	272	744	20	18	10

a. 包括马都拉。b. 以大农场为限。

来源：FAO Year book，1948—1949.

　　　FAO，Food & Agricultural Statistics，Sept.，1949.

东南亚的驰名特产，尚有椰子产品和棕油。在战前，印尼、马来亚和菲列宾三国的椰干产量，占全世界产量的 60%，其余部分由印度锡兰等地供应。由于战时的荒废，战后椰子和棕油产量锐减，但在 1947—1948 年，恢复很快。菲列宾的椰干产量，已超过了战前五年的平均产量。1948 年因气候不宜，收成欠佳，但也超过了战前产量。印尼、马来亚和菲列宾三国的战前和战后产量，列表如下：

表15 印尼、马来亚、菲列宾的椰干、棕核、棕油生产量(单位：千吨)

	椰干（以油量计算）			棕核			棕油		
	印尼	马来亚	菲列宾	印尼	马来亚	菲列宾	印尼	马来亚	菲列宾
1934—1938年	620	110	450	20	10[a]	…	250	85[a]	…
1947年	400	100	755	5	6	…	5	40	…
1948年	475	95	585	5	9	…	55	46	…
1949年	555	110	600	（1—6月）11	（全年估计）100	…	（1—6月）45	（1—9月）37	…

a. 1939年份。

来源：FAO, Fats & Oils(Commodity Series, Bulletin No.13）. Aug, 1949; Annual Report of Malayan Union, 1947. U. K. Colonial Office, British Dependencies in the Far East, 1945—49. (Cmd. 7709).

除上述产品外，木材也是东南亚的主要产品，但我们没有战前和战后的可靠数字足资比较。其他次要的出口农作物为印尼和马来亚的茶叶，菲列宾和印尼的烟叶，菲列宾的麻，和马来亚的波罗蜜。茶叶和烟叶的产量如下：

表 16 东南亚茶叶和烟叶的产量

	年份	印尼	马来亚	菲列宾	越南	泰国	缅甸
茶叶（吨）	1934—1938 年	75200	376		10208[a]		
	1946 年	1500[f]	200		…		
	1947 年	2800	563		8000		
	1948 年	12900[b]	1024[c]		10000		
	1949 年(1—6 月)	12155					
烟叶（千吨）	1934—1938 年	111.3[d]	…	34.7	13.0	9.1	45.2
	1946 年	…	…	22.1	91	7.0	45.0[e]
	1947 年	4.2	1.2	29.1	7.5	7.7	410
	1948 年	5.1[c]	1.3	31.8	8.2	10.0[c]	…

a. 1934—37 年平均数。b. 爪哇马都拉和苏门答腊的大农场产量。c. 大农场产量。d. 苏门答腊只包括大农场。e. 估计。f. 出口数字。

来源：

茶叶：印尼，1934—8 年：FAO Year book，1948—1949.

1947 年：International Tea Committee Bulletin of Statistics，Dec. Supplement，1949；

1948 年：Ecafe Survey，1948；

1949 年：（1—6 月）：Economic Review of Indonesia，Jul-Sept.，1949.

马来亚，1934—8 年，1946，1947 年：FAO Year book，1948—1949.

1948 年：International Tea Committee Bulletin. 同上；

越南，FAO Yearbook，1948 & 1949；Ecafe Survey，1949.

烟叶：FAO Yearbook，1949. United Nations，Statistical Year book，1948.

麻是菲列宾的特产，战前以日侨农场中种植的居多，大部分是在明答那蛾(Mindanao)岛上。战前，菲列宾有日侨约 3 万人，其中 1.8 万人住居在明答那蛾岛的达伏(Davao)省，从事麻产[3a]。1934—1938年间，菲列宾的每年平均产麻量约为 170000 公吨(不包括供本地消费的未包装量)。战时，农场设备破坏很多，战后更遭荒废，产量锐跌，1946 年约 50000 公吨，1947 年约 101000 公吨。1948 年遭遇飓风，收成不佳，产量跌至 74000 公吨，1949 年上半年的产量也不过36000 公吨。

马来亚的罐头波罗蜜产量，战前仅次于檀香山，约占全世界产量 27%。经营此业的，几乎全部是华侨。战前每年出口的，平均约有 275 万箱(每箱装四打)，价值叻币 900 万元，共有工厂 15 所。但在日军占领期内，波罗蜜树，被大量砍伐，改种番薯。1940 年底，种植波罗蜜树的面积，约有 60000 英亩，到了日本投降时，只剩2000 英亩。1947 年渐恢复至 11920 英亩。1946 年的出口数量，只872 箱，1947 年增至 86516 箱。1949—1950 年产量，预计当可超过250000 箱[4]。

综上所述，可见东南亚的树胶和椰干，已恢复了战前的产量；树胶的生产量，且超过了战前许多。但其他出口农作物，还没有完全恢复战前的地位。我们在前边已经讲过，东南亚农业的重要特征之一是种植制度的流行(见上第三章第三节)，除菲列宾外，各国的重要出口农作物，都以大农场生产为主。在日本占领时期，这些农场，有的被荒废着，有的改种了粮食。战事结束后，这些农场不能立刻恢复生产，故在初期内，出口农作物，反以小农所生产的为主要来源。但随着殖民地政府的重建，大农场的资本家们也回来了。他们仗着财力的雄厚，和殖民地政府的保护，很迅速地收复了他们原有的土地，重新建立了种植制度，到 1947—1948 年，大农场已渐渐地恢复战前的优势了。试以大小胶园的产量百分比为例，我们可以看到 1947 年以来的明确趋势如下：

表 17　马来亚、印尼大小胶园产量的百分比

年份	马来亚		印尼	
	大胶园%	小胶园%	大胶园%	小胶园%
1938	71	29	54	46
1939	68	32	52	48
1940	61	39	51	49
1946	43	57	…	…
1947	56	44	4	96
1948	58	42	24	76

附注：面积在 100 英亩以上者，称之为大胶园；不满 100 英亩者，算作小胶园。大胶园差不多是在"种植制度"下经营的。

来源：Rubber Statistical Bulletin.

在现行的技术条件下，树胶的生产，不需要大规模经营。故在生产效率上东南亚的大胶园，未必胜于小胶园（见上第三章第三节）。随着人口的增加和新土地的开辟，小胶园的产量，在 1934 年 5 月以前很是蓬勃，但自 1934 年 6 月实行国际限制树胶生产计划后，小胶园受到不公平的束缚，产量在比例上降低了。到了 1938 年后世界树胶需要增加，小胶园才有复苏的趋势。战后初期，小胶园恢复生产较易，在产量上竟压倒了大胶园。在经过了三年的殖民地政府保护，马来亚的大胶园，已差不多恢复了战前的优势了；就是印尼的大胶园，也有长足的进展。越南种植制度的恢复，也有很大的成就。战前，越南胶园在种植制度下经营的，和在小农手里种植的，所占面积的比例为 94 对 6[5]。战后 1948 年，越南树胶产量为 44500 公吨，其中由大胶园生产的占 98%，而小农生产只达 2%[6]。胶园面积的比例，未必和产量比例符合，但大致相差不远，因大小胶园的生产效率，是没有很大差别的。所以，从这两项数字看，我们可以相信，越南的大胶园，大概也已恢复了战前的地位了。越南的大胶园，98% 是在交趾支

那和柬埔寨两区。越南的人民革命势力在这两区还未充分发展的地方，法帝国主义无疑地正继续进行它的经济榨取工作。

除了树胶以外，有战前和战后的生产数字可以比较的，有茶叶一项。马来亚大农场所产茶叶，在战前进展甚速，由 1934 年的 156 公吨增至 1941 年的 729 公吨，而小农生产的，据估计在 1939 年以前，每年约达 113 公吨，1939 年以后，每年减至 109 公吨。战后小农生产量没有估计，但大农场生产的茶叶，在 1948 年，达 1024 公吨，已远超过战前的最高纪录。这可见大农场战后扩充势力之速了[7]。印尼的战前茶叶产量，据 1934—1938 年平均数字，大农场和小农的比例，为 83.6 对 16.4。战后，与胶园情形相同，大农场的产量跌落很大。1948 年下半年大农场和小农产量的比例，为 57.7 对 47.3，但到了 1949 年上半年，大农场产量增至 66.8%，而小农产量退至 33.2%[8]。这个趋势，在目前有利于帝国主义的政治环境下，大概还将继续吧。

从上面的几个例子看来，可见东南亚的种植制度，在战后已渐复旧观。这是表示西洋帝国主义势力的卷土重来，和东南亚经济的继续受人宰割。

三、工矿业发展的迟缓

东南亚的工矿业，在 1938 年以后，受着中日战争和欧洲战事的刺激，很有显著的进展。但后来在日本进攻和占领时间，所受损失很重；盟军反攻时，破坏也很大。战后，矿场设备的修复，和机器零件的配购，都需要相当时间。所以战事结束后三四年来，东南亚工矿生产的恢复，比农业生产迟缓许多。到了 1949 年，许多工矿生产品，非但赶不上 1938 年以后备战繁荣期间的生产量，而且也没有达到 1938 年以前的平时生产水准。在矿产中，最重要的，而战后复兴也最见迅速的，当推锡矿。但到了 1949 年，东南亚全区的锡产还没有赶上战前的数量。详细的数字见表 18 如下：

表18　东南亚的锡砂产量（单位：长吨）

年份	马来亚	印尼	泰国	缅甸	越南
1936	66769	30729	12678[b]	5087	1381
1937	77266	39134	16494[b]	5209	1577
1938	43375	27298	14704[b]	4947	1599
1939	47416	27896	16970[b]	5964	1474
1940	83000[a]	43338	17447[b]	4531	1475
1946	8432	6419	1056	342	…
1947	27026	15915	1401	1792	…
1948	44815	30562	4240	1147	30
1949	54910	28965	7635[a]	1906[a]	60[a]

a. 估计数字。b. 出口数字。

来源：International Tin Study Group, Statistical Bulletin, Feb., 1950

　　东南亚锡矿复兴迟缓的原因，约有二端：一、矿场设备的修复不易；二、电力供应的不足。马来亚殖民政府，为了鼓励锡矿复兴起见，特拨款8250000镑，举办复兴贷款，到1947年底，已贷出4400000镑。印尼的锡矿在邦加（Banka）和贝立顿（Billiton）两岛。邦加的矿，由前荷印政府经营；贝立顿公司的股本，多数亦在前荷印政府手里。据调查，贝立顿矿场设备，在战时损失达2000万盾，战后的修复费已耗用4000万盾。1948年，这两13352长吨[9]。

　　东南亚不仅在锡砂产量上占世界领导地位，而且在炼锡产量上也执世界的牛耳。战前马来亚的炼锡厂生产能力远较其他国家大。战时马来亚被日本占领，炼锡的来源断绝，但美国在德士古州（Texas）已预先建立了一个规模宏大的炼锡厂。战事结束后，马来亚炼锡厂恢复不易，故1946年，美国的炼锡产量还占世界首席。但到了1948年，马来亚的炼锡产量，已超过了美国，恢复了世界领导地位。马来亚1948年的炼锡产量，约5万长吨；1949年的产量，达

62677 长吨[10]。

石油在东南亚经济上也占极重要地位。缅甸、印尼、英领婆罗洲都有巨量的石油生产。战后，缅甸的石油矿，因受战时破坏，一蹶不振。缅甸独立后，英商石油公司曾受英国政府津贴，进行修复工作，但终以缅甸国内秩序未复，工程进行困难，故于1949年底暂告停顿。印尼的石油生产，复兴较为顺利。1948年的产量，已达1937年的60%，照1949年1月至4月的产量估计，1949年的全年产量，可能达到1937年的75%。最值得注意的，是英领婆罗洲的石油产量，在战后有惊人的发展。据目前的估计，每年产量可达350万公吨，在英领共和联邦内，占据第一位。英领婆罗洲内主要产油地为勃罗奈，战后已新凿了62口油井。兹将东南亚各国的战前和战后的石油产量，列表如下：

表 19　东南亚的石油(原油)产量(单位千吨)

年份	缅甸	印尼	勃罗奈	沙膀越
1937	1077	7262	576	213
1938	1035	7398	707	203
1939	1081	7949	781	168
1940	1063	7939	869	151
1946	2	270	290	…
1947	8	1030	1728	25
1948	…	4326	2845	
1949	…	(1—4月) 1828		

来源：U. N. Statistical Yearbook, 1948.

1948—1949 年，印尼，Economic Review of Indonesia, Apr. May Jun. Jul. Aug. & Sept., 1949.

菲列宾在 Bondoc 和 Cebu 有油苗，已在战后经勘采证实。菲政府已组织"菲列宾石油开发公司"（Philippine Oil Development Co.）从事开采，但大概要租让给美商公司的。所以，实际上，无疑地仍是美国资本家的掌中之物。

东南亚的矿产，次于锡和石油的为煤铁两项。煤矿在越南矿产中占首要地位，印尼、马来亚和菲列宾也有出产。印尼的煤矿是在苏门答腊和婆罗洲两岛上。战前马来亚政府为保护国内煤业起见，曾规定马来亚铁路用煤，须用本国产品。战后，各国的产煤量除菲列宾外，都见下落。菲列宾的本国煤产，本不敷国内消费，战前依赖进口，战后外国煤不易购到，故发电厂已有改用柴油的。各国的煤产量，列表如下：

表 20　东南亚的产煤量（单位：千吨）

年份	越南	印尼	马来亚	菲列宾
1937	2308	1373	639	26
1938	2335	1457	486	41
1939	2615	1781	448	47
1940	2500	2009	794	…
1946	262	157	228	…
1947	247	299	230	45
1948	355	538	382	88
1949	376	647[a]	394	123

a. 1—10 月引申数。

来源：UN, Statistical Yearbook, 1948.

　　　　UN, Monthly Bulletin of Statistics.

　　　　Ecafe Survey, 1949.

铁和有色金属的产量，战后跌落也很大。马来亚在 1939 年产铁砂达 120 余万吨，都是由日人开采，运往日本的。战后，铁矿恢复极缓，1949 年据传曾计划开采 60 万吨，但是实际产量只达 8500 吨[11]。菲列宾的铁砂，也是由日人开采，运往日本的，1939 年的产量为 65 万吨。战后生产几完全停顿。1948 年 9 月，菲政府在盟军统帅麦克阿瑟同意下，曾和日本政府订立合同由菲列宾以铁砂 20 万吨向日本交换钢料 8500 吨，其中第一批铁砂将以存货运往日本，嗣后开始新砂供应。1949 年的新砂产量，已达 370000 吨[12]。东南亚各国还产有色金属如锡、铅、锰、锌、锑、铝、黄金等，但战后的产量，大多一落千丈。东南亚各国战前和战后的黄金产量如下：

表 21　东南亚的黄金产量(单位：公斤)

年份	菲列宾	马来亚	印尼	沙勝越	泰国
1937	22777	1068	1730	598	428
1938	28715	1172	2378	576	424
1939	32939	1174	2525	537	395
1940	34861[a]	1032	2798	382	383
1941	32986	707[b]	2562	…	…
1946	311	13	…	…	…
1947	2045	165	…	…	…
1948	6504	…	…	…	…
1949	8957	…	…	…	…

a. 1—10 月。b. 1—9 月。

来源：UN, Statistical Yearbook 1948. International Financial Statistics, Apr. 1950.

缅甸战前在摹敦(Bawdwin)拥有世界最大的铅矿，年产量约达 9 万吨，战后迄今还没有恢复。缅甸战前产钨砂也很多，1938 年达 4074 吨，但战后 1949 年，才不过 703 吨。

东南亚的制造工业，很是落后。值得一提的水泥工业，战后产量，也跌落了许多。兹将各国战前和战后的产量比较如下：

表 22 东南亚的水泥产量（单位千吨）

年份	越南	印尼	菲列宾	泰国	缅甸
1935—1939 （每年平均）	266	211	150	100	50
1947	40	168	134	59	…
1948	97	…	115	84	…
1949	154	…	203[a]	127	…

a. 1—10 月引申数。

来源：Ecafe Survey，1048 & 1949；

　　　UN Monthly Bulletion of Statistics.

　　　Bulletin Economique de l'Indochine，Mars-Avril，1950.

东南亚的纺织工业，尚在萌芽时期，全区的需要，差不多仰给于外来进口。菲列宾、缅甸、泰国、越南，现在都有小规模的纱布工厂。菲列宾的工厂，是由政府创办的"国家开发公司"（National Development Co.）经营的；泰国的工厂，系由泰政府和中国资本合办；缅甸的工厂，系由缅政府创办，机件还在装置中。这三厂的生产能力，尚无详细报告发表，但全部开工后的产量，恐怕也不过供给国内需要的很小一部分罢了。

四、从生产力的消长看国民经济

从以上三节所引的统计看来，东南亚各国的经济本质，经过这次大战后，没有起重大的变化。一般说来，全区的生产力还没有完全恢复。有几种生产品如树胶、锡和椰干虽已接近或超过了战前的纪录，但到了 1949 年，产量的增加，已没有过去的迅速，甚至有稍见跌落的，这表示这几种物产已接近了最高的生产点，而渐趋于停滞的境界了。从经济资源看，东南亚是世界上一个新兴的区域。在第二次世界大战前的 50 年间，无论在人口上、生产上和贸易上，这区域都表现了迅速的发展。这发展的途径固然不是朝着本区人民幸福方向走的，但在历史发展的过程中已经完成了很重要的使命。第二次世界大战爆发后，一方面本区的人口继续增加，另一方面，生产因受战争破坏，反趋下落，这样造成了国民经济的衰落，和人民生活水准的降低，同时，也更暴露了殖民地制度的罪恶，进一步唤起了争取民族解放和争取人民民主的要求。但在战后五年中，东南亚各国的客观环境，不尽相同，因之战后复兴的迟缓和停滞，对于各国经济的影响，也有程度上的差别。从这程度上的差别，我们可以把东南亚六国区分成三类讨论：

一、马来亚和泰国　在这两国内，足以代表整个生产事业的树胶、锡、和稻米，在产量上，已赶上了战前的纪录，而这三种商品，在国际市场上的价格，比较上虽不算很高，但还未十分恶化，所以，这两国的国民经济，可说已恢复了战前的水准。这表现在物价上是比较的稳定。但随着殖民地、半殖民地制度的重建，和剥削关系的加深，一般劳动阶级的收入，更见微薄了；失业的增加了，有业的也以工资低，物价高，而实际所得降低了。因之大部人民的反帝情绪已较前高涨了，民族解放运动的基础也比前扩大了。可是从另一方面看，正因为这两国的生产情况表面上比其他没有完全恢复的国家好些，不免引起一部分资产阶级和小资产阶级苟安的心理和满足于现状的错觉。这种苟安的心理和满足于现状的错觉，是足以削弱反帝的统一战线的。

二、菲列宾　菲列宾的生产力，除稻米和椰子外，都没有恢复到战前的水准。但美帝国主义于 1946 年在名义上准许菲列宾独立后，为维持菲列宾的亲帝政权和扩张美帝在菲的经济势力起见，曾给菲律宾许多经济上的"援助"。这些"援助"，名目繁多，其中最重要的如下：(一)战时损失赔偿金。美国国会于 1946 年菲列宾复兴法案内，通过了给予菲列宾战时损失赔偿金，总数达四亿美元。凡在菲列宾境内，遭受战时损失的，都可向特设的赔偿委员会申请。到 1948 年 11 月底为止，这项赔偿金已由美政府付出的，达 8000 余万美元。事实上，领到巨额赔偿金的，大多数是在菲列宾的美商。所以这个复兴法案，名义上是复兴菲律宾经济，实际上是帮助美商在菲律宾扩充势力。(二)借款，例如美国建设金融公司(美国政府办的)于 1946 年借给菲政府的 1 亿 4000 万比索(合 7000 万美元)。总计自战事结束后到 1949 年底，美国政府给菲列宾的援助，达 5 亿 6800 万美元(参见第六章第二节表 29)。此外，美国在菲列宾驻扎军队和建筑军事根据地，所耗费的很大，其中在菲境内支出的，1946 年达 5 亿 7900 万比索，1947 年达 4 亿 8350 万比索，1948 年达 5 亿 200 万比索[13]。以上三年合计为 15 亿 6450 万比索(合 7 亿 8225 万美元)。这样庞大的美援接济和美元耗用，引起了大量的美货进口，窒息了菲列宾本国的工业，但也造成了买办经济一时在表面上的繁荣。菲列宾货币"比索"能在战后恢复到战前的二比索合一美元的比价，完全是靠这大批"美援"和美元耗用的力量。随着比索对外汇价的钉住，国内物价在战后的一个时期内，呈下落之象。马尼剌的生活指数以 1937 年为基期，1946 年为 585，1947 年 12 月跌至 417，1948 年 12 月为 410，1949 年 6 月为 391，物价水准这样下落，对生产事业是不利的。但菲列宾的经济，在战后四五年间，是十足的寄生经济和买办经济。美政府在菲列宾的挥霍，养肥了美国的商人和资本家，也使很少数菲列宾买办发了横财，但从菲列宾人民立场看，却是阻碍了国内经济建设的推进。这种全部依赖外援的经济，是无法维持长久的。所以菲列宾政府到了 1949 年，已暴露了捉襟见肘之象，进口管制不得不逐渐加紧，而比索对美元比价，在黑市场上，也开始贬值了。

　　三、缅甸、越南和印尼　这三国在战后复兴上，都比不上马来亚和泰国，在农业方面，稻米的产量，都还没有恢复到战前的水准，而矿产品除锡外，更是落后。不过越南是在解放过程中，法国官方所发表数字，当然不能代表越南民主共和国解放区内的情形。但法帝国主义占领区内的经济，和缅甸在缅政府统治区域内的经济，可以从西贡和仰光两地的生活指数窥见一斑：

表 23 仰光、西贡的战后生活指数

		仰光 1937 = 100	西贡 1939（1—6 月）= 100
1947 年	6 月	430	2378
	12 月	371	2802
1948 年	6 月	359	3291
	12 月	364	3966
1948 年	6 月	529	4240

来源：UN，Monthly Bulletion of Statistics.

上表值得注意的是，仰光物价自 1948 年 6 月以后的恶化，这表示缅政府在应付国内局面上的狼狈。西贡物价的不断上升，更表示法帝国主义的无力维持现状。

印尼无适当的生活指数或批发物价指数发表。从荷方所公布的片段的物价指数上，看不出旧时荷方在统治区内的实际物价情形[14]。但印尼的大宗生产事业蔗糖，还是衰落得很；石油产量，迄今也仅及战前的 70%。只从这些生产数字看，便可推知国民生计比前还不如了。

以上大体上是从生产数字和物价水准比较东南亚各国战前和战后的国民经济情形。当然用这些笼统的统计的数字来判断东南亚各国的情形，是很不精确的。东南亚各国既然是殖民地区域，所以我们应该进一步知道的，是帝国主义在东南亚的势力战前和战后有什么变化。以下第六章、第七章和第九章，便是对这个问题，作一个比较详细的研究。

第五章　附注

（1）Annual Report of Malayan Union，1947.

（2）FAO，Food & Agricultural Statistlcs，September，1949，& March，1950.

（3）印尼战后生产数字，似不包括共和区，但因此低估之数，不至太大。

（3A）Mills and Associates，The New World of Southeast Asia.

（4）Annual Report of Singapore，1947；与 U. K. Colonial Office，British Dependencies in the Far East，1945—1949.

（5）Robequain，The Econonlic Development of French Indo-China，p. 207. 凡胶园在 40 公亩以下的，算作小农胶园；满 40 公亩的，算作种植制度下的胶园。

（6）Far Eastern Economic Review，Nov. 11，1949.

（7）International Tea Committee，Bulletin of Statistics，June 1949，Dec. 1949，Supplement.

（8）Economic Review of Indonesia. Apr. May June Jul. Ang. & Sept. 1949.

（9）Tin Magazine，Feb.，1949.

（10）International Tin Study Group，Staitstical Bulletin，Feb.，1930.

（11）Ecafe Survey，1949.

（12）同上。

（13）International Financial Statistics，Apr，1950. p. 176.

（14）荷兰殖民政府在战后曾在巴达维亚（现称甲喀达）编制三种物价指数：（一）自由市场食物价格指数；（二）出口物价指数；（三）进口物价指数，但这三种指数都不能代表国内的物价水准。

第六章　对外经济关系的演变

一、战前的商品出超和帝国主义的经济榨取

我们已看到东南亚经济特征之一，是以输出为目的的生产活动（见第三章第二节）。和这特征有密切关系的，是东南亚各国在对外贸易上的出超现象。

东南亚在战前 15 年间的商品出超升降情形，可分四个时期：第一时期是 1927—1929 年，这是资本主义国家比较繁荣时期，各国币值稳定，国际贸易旺盛，东南亚各国的出超额也达到很高的纪录。第二时期是 1930—1934 年，在这时期内，资本主义国家遭逢空前的经济恐慌，各国货币相继贬值，国际贸易极度萎缩，但东南亚各国，除马来亚外，还能维持商品出超，不过，出超额跌落很大。马来亚在 1930—1932 年，每年商品入超约值叻币 5000 余万元，但自 1933 年起，又恢复出超了。第三时期是 1935—1938 年，这是资本主义国家的经济恐慌经各国政府施行统制方案和开始作备战准备后，稍有转机的时期。在这几年内，国际贸易量也稍见上升；但到了 1938 年，美国经济又告逆转，影响所及，各国贸易量也见下落。第四时期是 1939—1941 年，这是第二次世界大战的初期，美国和东南亚尚未卷入战局，但欧洲的英法荷各国，为适应战时的需要，竭力设法扩充东南亚殖民地的生产能力，结果，造成了东南亚的战时景气。在这三年内，各国贸易总值增加了，除菲列宾外，出超额也增大了。以上四个时期的东南亚各国出超额，见表 24 如下：

表 24 战前东南亚各国的商品出超额（单位百万）

每年平均 出超额	缅甸[a] （卢比）	越南 （法郎）	泰国[b] （铢）	马来亚 （叻币）	印尼 （盾）	菲列宾 （比索）
1927—1929 年	309.0	291.5	54.7	27.8	552.5	51.6
1930—1934 年	269.2	32.1	33.4	(−)10.9	185.5	38.4
1935—1938 年	306.9	764.8	53.8	114.0	299.0	34.7
1939—1941 年	309.1	1316.3	92.4[c]	207.0	392.7[c]	(−)16.3[c]

（−）符号表示商品入超额。

a. 指财政年度，每年自 4 月 1 日起至次年 3 月 31 日。

b. 指财政年度，每年自 10 月 1 日起至次年 9 月 30 日。

c. 1939—40 年平均数。

来源：League of Nations，Statistical Yearbook，1942—1944；

缅甸 1937 年以前数字，系根据 Statistical Yearbook of British India 算出，见第七章附注(1)说明。League of Nations 数字，与他书所载数字，稍有出入，但大体上相差有限。

除了商品出超外，东南亚各国在战前还有黄金输出。黄金的输出，在菲列宾和印尼都很重要（菲列宾和印尼的黄金产量，见上第五章第三节）。在 1939—1940 年，菲列宾的商品贸易表现了入超约 32600000 比索，但这两年中的黄金出超额，达 143400000 比索，可见菲列宾的国际收支，在这两年内，并不逆转。东南亚六国战前的金银出超额，见表 25 如下（东南亚的白银输出入为数很少，故下表数字，实际上代表黄金的净输出额）：

表 25 战前东南亚各国的金银出超额（单位百万）

每年平均数	缅甸 （卢比）	越南 （法郎）	泰国[a] （铢）	马来亚 （叻币）	印尼 （盾）	菲列宾 （比索）
1927—1929 年	…	(−)56.3	(−)4.2	(−)14.7	(−)15.6	3.8

续表

每年平均数	缅甸	越南	泰国ᵃ	马来亚	印尼	菲列宾
	（卢比）	（法郎）	（铢）	（叻币）	（盾）	（比索）
1930—1934 年	…	(－)145.7	12.0	20.5	40.9	9.2
1935—1938 年	…	40.4	10.3	0.6	21.1	32.2
1939—1940 年	…	(－)36.7	(－)30.2	8.1ᵇ	(－)40.3ᵇ	71.7

(－)符号表示入超额。

a. 指财政年度。

b. 1939 年。

来源：League of Nations, Statistical Yearbook, 1042—1044.

　　商品出超和金银出超是东南亚各国在对外收支上的收入项目。这两项收入项目，是东南亚各国用来对付历年支出项目的。在东南亚各国的支出项目中，最重要的也有两项：一是欧美资本家在东南亚所拥有的公司、农场等所赚的钱，每年以股息红利等名义汇回本国的数目。这笔支出，在国际收支上，叫作"投资所得"（Investment Income），是表示各国资本家在国外投资所获得的报酬，实际上，这种投资是否真的付了代价？所获得的报酬，是否合理？我们看到前章和本章以下所引用的材料，便可知道怎样回答了。二是在东南亚各国的外国侨民以工资收入的一部分，汇回本国的款子，这叫作侨汇。在东南亚各国侨汇中，以华侨和印侨汇款为主，但西洋侨民汇款也不少，后者虽然人数不多，但他们的薪金很高，而且有退职金、休假费用等等名目的收入，所以，每年汇回本国的总数也是不小。除了以上两项经常收入和经常支出项目外，还有一项重要的项目，是"资本移动"，这是各国资本家历年在东南亚投入的新资本，或从东南亚提去的旧资本。从东南亚各国对外收支账上言，这也是一个重要项目。东南亚各国战前的对外收支数目，有较详细的估计的，有尼印和越南两国（泰国也有一些统计发表，但太粗疏，无裨实用）。兹把重要项目归纳列表如下：

表 26　战前印尼对外收支估计（单位百万盾）

年份	商品和黄金出超ᵃ	投资所得支出ᵇ	休假和退职金ᶜ	家属汇款ᵈ	其他劳务项目	长期和短期资本移动	差额ᵉ
1929	(+)326	(-)316	(-)26	(-)15	(-)134	(+)79	(+)86
1930	(+)268	(-)259	(-)28	(-)12	(-)118	(+)79	(+)70
1931	(+)207	(-)147	(-)31	(-)10	(-)89	(+)80	(-)10
1932	(+)209	(-)114	(-)34	(-)8	(-)99	(+)104	(-)58
1933	(+)180	(-)104	(-)36	(-)7	(-)72	(+)48	(-)9
1934	(+)270	(-)103	(-)34	(-)6	(-)51	(-)26	(-)50
1935	(+)231	(-)102	(-)27	(-)6	(-)50	(-)29	(-)17
1936	(+)341	(-)118	(-)28	(-)16	(-)45	(-)88	(-)46
1937	(+)493	(-)146	(-)32	(-)19	(-)66	(-)66	(-)164
1938	(+)217	(-)201	(-)32	(-)19	(-)56	(-)31	(+)123

a. 此系根据贸易统计加以修正后的数字，故与表 24 和表 25 所载数字不符。

b. 此系净数，即支出减去收入后的数字。

c. 此系给西籍职员的酬报。

d. 1929—1935 年，不包括华侨汇款，1936—1938 年包括华侨汇款，每年估计约 10000000 盾。

e. 此系代表不可考项目和估计错误的数目。

来源：League of Nations, Balance of Payments, 1931—1938.

表 27　战前越南对外收支估计（单位百万法郎）

年份	商品和黄金出超[a]	投资所得支出[b]	休假和退职金[c]	家属汇款和储蓄汇款[d]	其他劳务项目	资本移动	差额[e]
1934	(+)197	(−)516	(−)25	(−)166	(+)71	(+)429	(+)10
1935	(+)460	(−)483	(−)17	(−)151	(+)125	(+)80	(−)14
1936	(+)796	(−)641	(−)13	(−)157	(+)73	(−)44	(−)14
1937	(+)1119	(−)839	(−)15	(−)183	(+)201	(−)337	(+)54

a. 此系根据贸易统计加以修正后的数字，故与表 24 和表 25 所载数字不符。

b. 此系净数，即系支出减去收入后的数字。

c. 此系给西籍职员的酬报。

d. 以经过银行汇出的为限。

e. 此系代表不可考的项目和估计错误的数目。

来源：League of Nations，Balance of Payments，1931—1938.

在表26和表27里，我们可以看到外国资本家在印尼和越南的投资所得——即是外国资本家每年从这两国囊括而去的钱——为数很大。实际上，外国资本家在这两国所赚到的钱不止此数，因为以上两表所列的数字，只限于每年从印尼和越南汇出的已分派的股息和红利；还有一部分未分派的盈余，留在印尼和越南作再投资用的，没有计算在内。这笔未分派的盈余，据印尼的估计，在1925年，约占已分派的股息和红利的30%。而且除了代表"投资所得"的股息和红利外，这两国在历年对外收支账上，还须担负假期和退职酬劳金的外汇支出。这是差不多全部给殖民政府的西籍官吏，和外国公司机关的西籍职员。这类西籍人员，人数不多，休假和退职的，在比例上更小，但历年的休假和退职金在对外支出上所占的数目，也是相当可观。由此可见这些帝国主义国家人员在殖民地待过的优厚，和享受的豪华了。这也可说是帝国主义在生产事业以外的一种剥削。上面两表所列的家属汇款，印尼的，自1936年起，才包括华侨汇款；而越南的，全部以经过银行汇出的为限。我们知道华侨汇款，大部分不经正式银行汇出的（见下第八章第二节），所以上面两表所列的数字，大部分也是代表西籍侨民的汇款。据雷穆氏（C. F. Remer）的调查（见下第八章第二节），1930年自印尼汇至香港的华侨汇款，约为港币29400000元；自越南汇至香港的华侨汇款，约为港币5000000元。把这两个数目折成荷盾与法郎后，印尼的华侨汇款，约为23600000盾，越南的华侨汇款，约为44000000法郎。而1930年，西洋资本家从印尼汇出的仅"投资所得"一项，已达259000000盾；越南的1930年数字不详，但1934年——经济情况比较衰落的一年——汇出的"投资所得"一项，达51600000法郎。可见我们几十百万华侨从血汗换得的工资中，把节衣缩食所剩余下来汇回本国的数目，还远不及少数西洋资本家囊括而去的利润之大。1930年是不景气的一年，大批华侨携款回国，所以，这一年的华侨汇款比较大些（见下第八章第二节），但和这一年外国资本家的"投资所得"比较，还不到 $\frac{1}{10}$，其他各年份就相差得更远了(印尼 1936—1938 年的华侨汇款,据荷方估计,每年约为 1000 万盾,三年平均计算,等于"投资所得"汇款的 $\frac{1}{15}$,但这个估计,也许太低些)。在东南亚其他国家内,缅甸和菲列宾的华侨汇款数目不大。但马来亚和泰国的华侨汇款却很重要,在远两国的对外收支上,华侨汇款和外国资本家的"投资所得"汇款的比例,也许要比印尼和越南大些,可惜这两国缺乏详细的估计,我们无从悬揣。[1] 不过,无论在东南亚那一国,外国资本家的"投资所得"汇款的大于外侨汇款,大概是毫无疑问的。由此可见过去一部分东南亚人民把侨汇认为他们经济上的漏卮,而作为他们排斥华侨或印侨的借口之一,但对外国资本家每年搜括的"投资所得",反不加注意,这未免是见小而遗大了。

二、战后贸易差额的转变

战时东南亚各国生产力所受的破坏,很是严重,一时恢复不易,故战后的出口贸易,跌落很大,而各帝国主义国家,企图在东南亚重振旗鼓,曾下了不少本钱,进行复兴工作,故在进口方面,工矿器材,和衣食所需物资,源源而来,这样,在贸易差额上,造成了和战前相反的商品入超现象。从下面表 28,可以看到在 1946 年,缅甸、泰国、印尼和菲列宾四国,都表现了商品入超现象;越南和马来亚,虽然获取了小额的出超,但这是暂时的现象,因为这两国在战时有大量树胶存储,无法输出,战事终止后,这批存货,马上被运出,那时,天然树胶的价格很高,故所占出口价值很大。到了 1947 年,东南亚各国,除缅甸外,都表现了商品入超。缅甸的出超,是由食米输出增加所造成的,但出超额很小。1948 年,泰国因食米输出的增加,和树胶、锡砂、木材输出的逐渐恢复,重新造成出超纪录;缅甸的出超也因食米输出增加而上升,其他四国继续表现了入超现象,但马来亚和印尼的入超额都较 1947 年下落。1949 年泰国和缅甸继续出超，其中缅甸的出超增加是进口大量减少所致。印尼的进出口总值，差不多平衡了。其他三国——越南、马来亚和菲列宾——继续表现了入超。马来亚在 1949 年的树胶输出，未见减少，炼锡的输出，却有增加，但出口总值反见跌落，这是主要输出品树胶的价格在 1949 年开始下跌所致。

以东南亚全区而论，1947 年的进出口总值折成美金计算，较 1946 年增加很多；1948 年的进展速度已经减少了；到了 1949 年，全区的进出口总值，开始表现了停滞的现象。但 1949 年的进出口物价一部分已开始下落，故实际进出口数量，也许仍有增加，可惜各国的进出口物价指数的编制，很不完备，我们无法推算进出口数量的确数。[2]在上面第五章内，我们曾看到东南亚好些种生产品，战后产量由恢复而达到停滞之境；我们现在又看到进出口贸易总值的类似现象，可见这两方面的连带关系了。从另一方面看，1949 年是美国战后经济开始不景气的一年。美国经济的衰落，不特直接减少了美国的外货输入量，而且也拖累了其他资本主义国家的贸易能力。东南亚各国 1949 年出口贸易的停滞，受美国不景气的影响也很大。关于这一点，下面第七章第一节还要讲到。

以国别而论，东南亚区内战前对外贸易总值最大是马来亚，其次是印尼，最小是泰国。战后 1947 年，马来亚已恢复了战前的首席，菲列宾因美国经济势力的膨胀，跃居第二位。越南和泰国的贸易都是很小。到了 1949 年印尼已超过了菲列宾，缅甸却退居了末席。但在这里所引用的数字，都是官方的统计。印尼的数字，只包括旧时在荷兰控制下的区域，旧时共和区不计入内。如把旧时共和区贸易计算在内，印尼的贸易总值，要大得多。[3]泰国的走私贸易，据说很是猖獗，故实际贸易额，也许要比官方数字大得多。越南的贸易统计，是由法方西贡当局编制的，不包括解放区域，但解放区域对外交通不便，所以对外贸易大概还没有开展。

表 28　战后东南亚各国输出入贸易额

甲、本国币值额（单位百万）

		缅甸[a] 卢比	越南[c] 越币	泰国 铢	马来亚 叻币	印尼 印盾	菲列宾 比索
1937 年	进口	244[b]	156	112[b]	686	498	216
	出口	512[b]	259	167[b]	899	992	300
	差额	(+)268	(+)103	(+)55	(+)213	(+)494	(+)84
1946 年	进口	…	310	548	508[d]	281	592
	出口	…	390	456	510[d]	155	128
	差额	…	(+)380	(-)92	(+)2	(-)126	(-)464
1947 年	进口	473[c]	972	1110	1368	775	1023
	出口	479[c]	468	968	1296	349	529
	差额	(+)6	(-)504	(-)142	(-)72	(-)426	(-)494
1948 年	进口	563	2364	1723	1788	1134	1136
	出口	805	1176	2016	1728	1040	638
	差额	(+)242	(-)1188	(+)293	(-)60	(-)94	(-)498

续表

	缅甸[a] 卢比	越南[e] 越币	泰国 铢	马来亚 叻币	印尼 印盾	菲列宾 比索
进口	365	3931	2292	1842	1429	1190
1949年出口	702	1136	2808	1678	1445	529
差额	(+)337	(-)2795	(-)716	(-)164	(+)16	(-)661

a. 系最近修正数字，见 UN, Monthly Bulletin of Statistics, Mar. 1950.

b. 1937 年 4 月 1 日至 1938 年 3 月 31 日。

c. 1946 年 10 月 1 日至 1947 年 9 月 30 日。

d. 8—12 月。

e. 战后指法占领区。

来源：UN, Monthly Bulletin of Statistics.

乙、折成美币额（依各国官价计算：单位百万美元）

	缅甸[a]	越南	泰国	马来亚	印尼	菲列宾	总计
进口	91.4[b]	61.7	49.3[b]	391.0	274.0	110.0	977.4
1937年出口	191.6[b]	102.4	73.6[b]	514.0	545.0	153.0	1579.6
差额	(+)100.2	(+)40.7	(+)24.3	(+)123.0	(+)271.0	(+)43.0	

续表

	缅甸[a]	越南	泰国	马来亚	印尼	菲列宾	总计
进口	…	44.0	54.8	239.2[d]	105.6	296.0	
1946年 出口	…	98.0	45.6	240.6[d]	56.3	64.0	
差额	…	(+)54.0	(-)9.2	(+)1.4	(-)47.3	(-)232.0	
进口	142.6[c]	137.8	111.0	645.3	291.3	511.5	1839.5
1947年 出口	144.4[c]	66.4	96.8	611.3	131.2	264.5	1314.6
差额	(+)1.8	(-)71.4	(-)14.2	(-)34.0	(-)60.1	(-)347.0	
进口	169.7	193.3	172.3	843.5	426.3	568.0	2373.1
1948年 出口	242.6	96.1	201.6	815.1	390.9	319.0	2065.4
差额	(+)72.9	(-)97.1	(+)29.3	(-)28.4	(-)35.4	(-)349.0	
进口	99.8	269.9	217.9	766.2	489.6[f]	595.0	2438.4
1949年 出口	201.7	79.7	267.2	688.0	488.6[f]	264.5	1989.7
差额	(+)101.9	(-)190.2	(+)49.3	(-)78.2	(-)1.0	(-)330.5	

a—e 见上甲表。

f. 以印盾计算，印1949年1月至9月系入超，10月至12月系出超，全年总计，有小额出超（见上甲表）；但10月至12月间，印盾已贬值，如折成美金计算，10月至12月间出超额，小于1月至9月（上半月）间之入超额，故全年总计，反成小额入超。

附注：上列数字和Ecafe Survey，1949（200页）所载的，稍有出入，系所用折合率略有不同所致。

　　战后东南亚各国既有巨额的商品入超现象，我们现在要研究的，是这些巨额入超是用什么方法支付的？本节在开始时，曾说过各帝国主义国家战后在东南亚重振旗鼓，曾下了不少本钱，这些本钱是以协款、补助金、剩余物资垫款、信用借款等名义，供给东南亚各国化用的。从东南亚各国看，这些"外援"款项不但是财政上的补助，而且是外汇上的收入，可以抵补商品入超的。更正确地说，这些外汇收入是造成大量商品进口的原因。因为没有这些收入，东南亚各国在战后出口萎缩的情形下，是没有力量购买这么多的外国货的。这些"外援"款项，可以分成两类：一是由宗主国政府拨给殖民地政府支用的，其目的是在维持战后治安和复兴经济能力，这样可以巩固帝国主义在东南亚的统治权，或在准许独立的名义下，保持原有的优势地位。二是由其他资本主义国家供给的。在其他资本主义国家中，最主要的是美国。美国政府的战后大量花钱，一方面是兔死狐悲，妄想挽回原宗主国的颓势，另一方面是想扩张自己在东南亚的经济势力。总计从战事结束时起到 1948—1949 年间，东南亚六国所接获的"外援"，据很粗疏的估计约 15.2 亿美元。详细数字，见表 29 如下（1950年的"美援"数字，见第九章第三节表 68。）：

　　上列数字当然不能完全解释商品入超现象，因为一个国家的对外收支，还有许多其他的正负项目，我们都须加以考虑。例如菲列宾 1946—1949 年的商品入超额合计，约达 10.59 亿美元之巨，而在这四年中菲列宾所接获的美国借款和补助金总数为 5.68 亿元，但除此以外，美国在菲列宾驻军和建筑军事根据地所耗的费用，在 1946 年至 1948 年三年间，便达 782 亿美元（见上第五章第四节）。这两项合计，便足以抵补商品入超而有余了。

　　战前在东南亚各国对外收支上的重要项目，还有私人资本输入，和"投资所得"的汇出。战后私人资本输入的数目，还没有完备的统计（美国私人投资数目，参见上第三章第一节），但总数大概不大。东南亚的生产事业受战事破坏很重，战后不能很快地恢复赚钱能力；即有赚钱的，西洋资本家也情愿把大部分的盈利留作修理或补充工场设备的费用。因此战后几年来的"投资所得"汇往国外的，为数也不大。

表29 战后东南亚各国的国外补助金和借款收入[a]

国名	来源	款项性质	数额[b]（百万美元）
缅甸	英国	1945—1946年信用借款	51.6
	英国	1946—1947年免息借款	120.9
	美国	军政府补助金	62.5
	美国	剩余物资信用借款	5.0
		共计	240.0
缅甸	美国	1946年剩余物资信用借款	6.2
	印度	复兴物资借款[c]	15.0
		共计	21.2
越南	法国	复兴战时受损工业借款	27.4
	法国	工业借款	4.9
	法国	1948年贸易差额垫款	75.5
		共计	107.8
马来亚	英国	战时损失补助金	80.6
	英国	殖民地发展与福利金	25.4
	英国	治安协款	32.2
		共计	138.2

续表

国名	来源	款项性质	数额b（百万美元）
印尼	荷兰	1947年底为止 1945年，1946年，1947年份预算信用借款	272.5
	美国	剩余物资信用借款	62.6
		进出口银行借款	15.0
		经济合作总署拨款d	59.5
	加拿大	商品借款	14.1
	澳洲	信用借款	19.0
		共计	442.7
菲列宾	美国	民用物资补助金	28.0
		善后复兴总署	8.0
		战事损失赔偿金与复兴补助金	452.0
		剩余物资信用借款等	9.0
		其他借款	71.0
		共计	668.0
		合计	1517.9

a. 菲列宾算至1949年底为止，其他五国都算至1948年底为止。

b. 各国货币都依官价折成美金计算。

c. 已全数清偿。

d. 系至1948年底实际动用之数，拨款总额不止此数。

来源：Ecafe Survey, 1949，并参考 Michael Lee "Review of the Trade of the Far East" Foreign Commerce Weekly, Jun. 13, 1949.

据估计，印尼 1946 年的"投资所得"汇出额为 5000 万盾，1947 年为 2500 万盾；菲列宾 1946 年为 300 万比索，1947 年为 110 万比索；泰国 1948 年为 700 万铢(但泰国数目似只指政府外债利息而言，不包括私人投资所得)；这些数字，比较战前，小得多了。[4]但这是战后暂时现象，今后如果帝国主义势力盘踞不去，每年被剥削去的利润，无疑地要增加的。

帝国主义国家在战后供给东南亚各国大量款项，不仅造成了各国的商品入超，而且也加强了帝国主义在东南亚的贸易地位。这个现象，我们可以分两方面看：一是宗主国贸易优势的保持，二是美帝国主义经济势力的膨胀。以下两节，便是从数字上看这两个趋势。

三、宗主国优势地位的保持

在东南亚各国对外贸易上，宗主国向占优势地位。在战前，美国对菲列宾，和法国对越南，他们的优势地位，最为显著。英国在新加坡采自由贸易政策，而新加坡又以地势关系，成为国际商品的转运口岸，因之英国在马来亚的对外贸易上，所占百分比并不很高。印尼很靠近马来亚，大部分物产是经过新加坡转口的。这样，印尼和马来亚间的贸易额很大，而荷兰和印尼的直接贸易，在相对上，倒反见低下了。除了这两个特殊的情形外，东南亚各国的贸易受宗主国的控制，是有悠久的历史的。在早期的时候，宗主国获取贸易上优势的主要武器，是关税的差别待遇。各种商品从宗主国运入殖民地时，获得免税或特惠税率的待过，从其他国家运入时，则课以很高的关税。反之，殖民地物产运入宗主国时，也享受免税或特惠税率待遇，而同样物产从其他国家运入时，则课以较高的关税。进口的免税或特惠待遇所造成宗主国制成品在殖民地市场上充斥的现象，凡曾到这些殖民地旅行的人，都很容易感觉到的。在出口方面，造成殖民地依赖宗主国的最显著的例子，是菲列宾货物的运往美国。在 20 世纪开始的时候——即美国占领了菲岛不久的时候——菲列宾有 80% 以上的出口货是运往亚洲其他国家和欧洲国家的；只有 13%，是运往美国的。美国为促进美菲贸易起见，于 1909 年通过的关税法案内（*The Payne-Aldrich Tariff Act of* 1909），规定了在某种条件下，美菲间的商品，可以免税来往。这个法案实施后，到了第二年，菲列宾对美贸易便增加了 40%。菲列宾的蔗糖运美，尤其有飞跃的进展。在 1920 年到 1934 年间，菲糖的生产量自 410000 长吨，增至 1400000 长吨。实际上这种特惠待遇，大部分不是便宜了菲列宾的人民，而是优待了美国的资本家，因为美国资本家见有利可图，便纷纷投资于菲列宾的炼糖业了。

据估计，在 1935 年，美国资本控制了 $\frac{1}{3}$ 的菲列宾炼糖厂，西班牙人控制了 16%，其余为菲列宾人、归化的西班牙人和华侨所有。自 1936 年起，美国规定了菲糖进口的每年限额为 850000 长吨，嗣后，菲列宾的蔗糖，便根据了这个限额生产的。战后美国在菲列宾独立法案内，还保留了少数菲列宾货物如糖、绳索、米、椰油等的免税进口限额，所以，菲糖在美国市场上将继续保持优越的地位。由于菲糖运美的进展，菲岛的出口货物，自 1935 年起，有 80%，是运往美国的。

利用关税武器控制殖民地贸易的例子，在英国对付马来亚产品上也可以看到。英国为独占炼锡业起见，自 1903 年起，对马来亚的锡砂输往英帝国以外的地区时，课以约合当时货价 40% 的出口税。这样，其他国家如果要靠马来亚的锡砂提炼锡块，便将因锡砂成本太昂贵，无法和建立在英国本土或建立在马来亚的炼锡厂竞争。但后来，其他地带（如印尼等）也产锡砂，英国终于无法阻止荷兰等国的发展炼锡业。但英本国和马来亚的炼锡工业，在战前，始终保持了世界上优势的地位。1948 年 7 月起，在美帝国主义压迫下，日内瓦关税减让协定付诸实施，英政府不得不宣告取消了这项税目。

除了关税政策外，东南亚殖民地和宗主国间在货币上的联系，也是促进双方贸易关系的一个重要因素。在旧时外汇自由移转的情形下，这种币制的联系，对贸易还没有多大的帮助，但在第二次世界大战前的几年，和战时及战后的时期内，各国外汇都受了政府控制，宗主国的外汇管理政策，往往在殖民地内同样适用。结果，从殖民地向国外汇款，须向殖民政府申请，申请后也未必获准，而从殖民地汇往宗主国的，可以获得种种便利。由于殖民地和宗主国间汇款的方便，两国间的黑市汇率也不易发生，因之，殖民地货币和宗主国货币间的相对价值，也较为稳定。这几种有利情势，自然可以促进双方的贸易。马来亚叻币的钉住在英镑上，越南的越币（Piastre）的钉住在法郎上，印尼盾（Guilder）和荷兰盾的维持同值，都是显著的例子。缅甸和菲列宾虽已独立，但缅甸的卢比仍和英镑联系，成为英镑集团的一分子；菲列宾的比索是规定合美元五角，而且，据美国给与菲列宾独立时的条件，菲政府今后非经美总统的同意，不能更改比索对美元的汇价（见上第二章）。所以，英缅和美菲间的贸易，仍占比较有利的地位。

和货币联系有密切关系的，是贸易管理制度。在第二次世界大战后，东南亚各国因物资供应困难和外汇头寸缺乏，先后都实施贸易管理制度。缅甸的进口管制办法，和其他英镑集团国家的管制办法相似。1947年底起，自英镑区域进口物品，也须向政府请领进口执照。1948年，缅甸政府分给仰光的缅、英、印、华四商会进口总限额，由这四商会商定分配给各进口商后，再向政府请领进口执照。但缅政府也直接输入一部分重要物资。越南法占领区的外汇限额由法方组织的中央供应委员会（Central Supply Committee）拟定，送往法国政府审核，由法政府决定最后数额。1948年，对法国及其属地进出口的商品，除重要物资如米、油、种子、金银外，都不需要进口执照。食米和玉蜀黍的出口，仍受法方的"越南食米玉蜀黍委员会"（Indochinese Rice and Maize Committee）管制。如向法国及其属地以外的国家进口物品时，须能证实这些物品不能在法国及其属地获得或须等候很久时间才能获得，才能被准许进口。马来亚在战后初期，重要物品出口，须向政府请领执照，但自1947年后，除少数物品外，已恢复自由输出了。进口方面，自英镑区域及其他"软币"国家进口，没有限制；但向美元区域输入物品，须请领执照。印尼的前荷兰殖民政府所实施的对外贸易管理制度，规模较大。有些重要进口物资由荷方政府自行经营；出口物资如椰干、石油、奎宁等，都由荷方政府设立机关经营。菲列宾为保留国内复兴物资起见，于1946年实施出口管制法令，

1948 年年底期满，菲总统曾下令延长时效，但被菲最高法院判决认为不合法，故自 1949 年 8 月 26 日起，出口管制已停止实施，但美菲间于 1946 年 7 月 4 日所签订之行政协定中规定了几种物品如糖、绳索、米、椰油等的限额，这些物品出口时，仍须请领出口执照。进口方面，菲列宾政府到了 1948 年底才实施管理制度：一部分非必需品，由政府规定了限额，进口商须向政府请领执照，才能进口，菲政府实施进口管制的原来目的，是减少外汇的消耗，但在实际运用这项法令时，不免偏袒美货，并含有保护国内工业作用，例如香港制造的帆布胶底鞋、布疋、棉纱等进口时，菲政府有时不发给进口执照。菲列宾进口管制法案，于 1949 年底满期，但可能要被延长。

以上各国所实施的进出口贸易制度，虽然表面上是政府想减少外汇支出，保持对外收支的平衡，但在实行上，往往是有利于已占优势的进出口商。而这批占优势的进出口商，以属于美英法荷四国的居多，故进出口贸易制度的实施，无异于巩固了帝国主义国家在东南亚各国对外贸易上的优势地位。而且，如越南法占领区和马来亚的进口管理办法，更明目张胆地以奖励自宗主国输入物品为主旨，故其结果对宗主国的有利是不可否认的。越南、马来亚、印尼对宗主国的战前和战后贸易关系比较，见表 30 如下：

表 30 越南、马来亚、印尼战前和战后对宗主国的贸易关系比较

	法国占越易总值的	南对外贸百分比[d]	英国占马贸易总值	来亚对外的百分比	荷兰占印易总值的	尼对外贸百分比
	进口	出口	进口	出口	进口	出口
战前						
1913 年	42.7[b]	25.6[b]	14.5[a]	28.8[a]	33.0	28.0
1928 年	42.6	20.5	16.4	11.6	18.1	16.7
1929 年	46.7	21.7	16.5	14.3	17.8	16.0
1932 年	55.3	36.2	14.6	16.0	15.7	19.2

续表

	法国占越易总值的	南对外贸易百分比[d]	英国占马贸易总值	来亚对外的百分比	荷兰占印易总值的	尼对外贸百分比
	进口	出口	进口	出口	进口	出口
1933 年	53.8	47.5	14.2	13.8	12.4	18.5
1935 年	55.4	33.0	15.8	16.2	13.4	22.5
1936 年	53.0	55.6	15.1	8.8	16.7	23.6
1937 年	53.8	46.3	15.7	11.1	20.3	19.6
1938 年	52.3	47.2	18.4	14.2	22.2	20.4
战后						
1946 年	37.4	51.0	12.8	30.1	10.2	43.7
1947 年	56.3	46.2	19.3	16.1	13.1	40.8
1948 年	6.26	43.7	19.0	13.6	19.3	35.7
1949 年	72.5	49.1	20.8	12.2	21.5	33.5

a. 只指海峡殖民地。

b. 包括其他法属殖民地。

d. 战后指越南法占领区。

来源：League of Nations, Memorandum on International Trade and Balance of Payments, International Trade Statistics, Various Years, Ecafe Survey, 1947—1948 Annuaire Statistique de l'Indochine, 1941—1942, 1943—1946. Haut-Commissariat de France en Indochine Affaires Economiques, Bulletin Economique de L'Indochine, Janvier-Fevrier, 1950. Summaries of Malayan Foreign Trade, Dec. 1949. International Financial Statistics, Apr. 1959.

从上表，可知法国在越南和荷兰在印尼对外贸易上的地位，在战前已有逐渐加强之势，英国以新加坡自由港关系，在马来亚对外贸易地位上，没有很大变化。到了战后，在 1946 年，英法荷三国本国的生产能力，还没有恢复，物资运往殖民地的不多，故在越南、马来亚、印尼的进口贸易上，这三国个别所占的地位，都较战前退步；但这三国需要原料的补给很是迫切，所以，从殖民地输入了大量的物资，使这三国在越南、马来亚、印尼出口贸易上个别所占的百分比增加了不少。到了1947年以后，国际贸易渐趋正常，宗主国的生产能力也渐恢复，对殖民地的输出，也逐渐恢复了原来的地位，而从殖民地输入的商品，在相对上，也逐渐减少了。但越南的情形，稍有不同。法国从越南输入的数量，已恢复了战前的百分比；而对越南输出的百分比，有继续增加之势，这无疑地是法国在越南占领区实施外汇种贸易管理的结果了。

缅甸和菲列宾在战后很早即获独立，但英国在缅甸的进口贸易上，美国在菲列宾的进口贸易上，都较战前所占的地位，更见优越。在缅甸方面，英国的保持优势地位，是因上述的卢比和英镑的联系和缅甸的贸易管理制度有利于英缅贸易所致。而且，英国曾供给缅甸不少借款和协款使缅甸有力量继续向英国购买货物。菲列宾的情形，也颇相似。菲币的和美元联系，和美国在菲大量化钱，造成了美国在菲列宾进口贸易上独占的地位。在出口方面，美国对菲列宾主要产品——糖、椰油、绳索等，——虽继续给予免税的限额[5]，但因菲列宾生产恢复的迟缓，故美国在菲列宾出口贸易上的地位，在战后反稍见下降。详细数字见表31如次：

表31　英缅和美菲战前和战后贸易关系的比较

	英国占缅甸对外贸易总值的百分比[d]		美国占菲列宾对外贸易总值的百分比	
	进口	出口	进口	出口
战前[a]				
1913 年	…	…	51.2[b]	34.7[b]
1928 年	24.0	7.9	62.6	74.8
1929 年	23.0	8.5	63.4	75.9
1932 年	21.5	7.9	64.8	86.9

	英国占缅甸对外贸易 总值的百分比[d]		美国占菲列宾对外贸易 总值的百分比	
	进口	出口	进口	出口
1933 年	22.0	9.0	65.0	86.6
1935 年	23.0	11.0	63.9	79.8
1936 年	19.0	11.0	61.1	80.6
1937 年	20.1	14.2	58.3	81.9
1938 年			68.4	77.6
战后				
1946 年	16.9[c]	8.6[c]	87.1	60.8
1947 年	33.4[c]	7.1[c]	86.2	57.9
1948 年	46.2[c]	8.9[c]	80.5	65.8
1949 年	28.1[c]	5.3[c]	80.2	72.3

a. 缅甸战前指财政年度，每年自 4 月 1 日起至次年 3 月 31 日。

b. 包括对檀香山贸易。

c. 上年 10 月 1 日起至本年 9 月 30 日。

d. 缅甸 1928—1936 年，不包括经印度输往英国或经印度自英国输入的货物。

来源：League of Nations, International Trade Statistics;

Ecafe Survey, 1947, 1948, 1949.

Foreign Commerce Weckly June 20, 1949.

International Financial Statistics Apr. 1950.

此外，泰国在战前是东南亚唯一的独立国家，但英国势力在泰国很大。泰国和马来亚最为接近，故对外贸易，以马来亚所占的百分比最大，但战前英货在泰国的市场也很重要。兹将英国和马来亚在泰国对外贸易上的百分比列表如下：

表 32　泰国对英国和马来亚的贸易关系

	英国占泰国对外贸易总值的百分比		马来亚占泰国对外贸易总值的百分比	
	进口	出口	进口	出口
战前				
1913—1914 年	21.5	5.0	17.1	38.7
1928—1929 年	17.6	1.2	20.6	52.1
1929—1930 年	16.5	1.5	16.9	55.3
1932—1933 年	13.7	0.5	19.8	41.1
1933—1934 年	11.7	0.8	22.6	50.1
1934—1935 年	11.3	1.0	22.6	48.3
1935—1936 年	11.6	0.8	21.7	53.8
1936—1937 年	10.1	2.2	24.7	56.2
1937—1938 年	12.2	1.6	27.2	66.5
战后				
1946 年	2.4	0.4	30.5	42.2
1947 年	0.9	1.8	21.4	35.3
1948 年	6.8	2.7	33.0	23.3
1949 年	8.4	4.4	12.6	18.7

a. 1—9 月数字。

b. 系根据不完全总计的估计数字。

来源：同上表 31。

四、美国势力的膨胀

在东南亚的对外贸易上，除了宗主国以外，美国也占很重要地位，这不仅是因为美国在世界商业上占领导地位（在第二次世界大战前，美国对外贸易总值，次于英国，但战后已跃居首席），而且也是因为美国是东南亚好些特产如树胶、锡、椰子产品等的最大主顾。在表33内，我们可以看到美国在马来亚和印尼的战前出口贸易上，所占的百分比很高，这是因为这两国的树胶、锡和椰子产品，历年销美的数量很大。战后最堪注目的，是在东南亚各国的进口贸易上，美货所借的百分比，除缅甸外，已普遍地提高了。其中印尼的大量增加，是美国在印尼大量放款的结果。印尼所获得的美金中，有一部分（1948年）是美国在欧洲复兴法案下援助荷兰的款子，由荷兰政府挪用到印尼来，巩固荷帝国主义在印尼的经济地位。越南法占领区的能够增加美货进口；也是因为法国能够挪用一部分美援来维持法帝国主义在越南摇摇欲坠的统治权。缅甸自战后1946年至1949年间还没有获到"美援"（除去战后500万美元的剩余物资借款外），所以美货在缅甸进口贸易上，没有显著的增加。详细数字，见表33如下：

东南亚美货市场的扩大，引起了今后东南亚的美元收支是否平衡问题。在旧时，一个国家，除了发生对外收支是否平衡的问题外，没有另外所谓某一种外币的供给是否敷用的问题。这是因为在旧时，外汇交易比较自由，甲国对乙国入超所需的乙国外汇，可以拿它对丙国出超所获得的丙国货币，在国际市场上购买乙国外汇来偿付。但在战后，各国差不多都有严格的外汇统制：甲国对乙国出超所获得的乙国货币，往往只能存在乙国供将来向乙国购买货物之用，而不能用以换购丙国的外汇，清偿对丙国的欠款。在战后几年来，各国对美贸易都有巨额入超，造成了对外收入不平衡现象，这不平衡现象，复因其他各国外汇不能在国际市场任意换取美汇而增加其严重性。这便是战后在资本主义国家所闹着的所谓"美元缺乏"（Dollar Shortage）或"美元缺口"（Dollar Gap）问题。在本章第一节内，我们已看到东南亚各国，在战后最初两年内，已由战前的商品出超转变为商品入超；到了1949年，才有半数国家，恢复了出超。但英法荷诸国的货币，已不能在市场上自由换购美元，故东南亚各国对外贸易的出超或入超额，已不是一个单纯的数目，而是由不同种类货币的出入超额在书面上相加而成的，实际上，这几种货币间未必能自由变换。在这几种货币中，

表33　东南亚各国对美贸易关系^A（美国占东南亚各国进出口贸易总值的百分比）

	缅甸		越南[f]		泰国[e]		马来亚		印尼	
	进口	出口	进口	出口	进口	出口	进口	出口	进口	出口
1928年	…	…	4.6	2.2	3.5	0.4	3.4	41.5	10.2	12.8
1937年	4.3	0.2[b]	3.3	6.9	5.0	0.7	2.3	44.2	10.0	18.7
1946年	3.2[c]	4.3[c]	21.9	99.2	5.9	12.5	1.8	35.9	51.3	44.9
1947年	4.0[d]	0.1[d]	19.3	7.9	28.2	5.9	6.1	33.9	38.9	18.5
1948年	3.6	1.0	12.6	2.3	10.3	22.2	11.7	26.6	22.5	17.5
1949年	3.6	0.8	9.0	1.0	15.5	12.9	10.0	25.0	25.3	15.7

a. 菲列宾对美贸易见上表31。

b. 1937年4月至1938年3月。

c. 1945年10月至1946年9月。

d. 1940年10月至1947年9月。

e. 战前和1947年都系各国财政年度。

f. 战后指越南法占领区。

来源：Foreign Commerce Weekly, Jun. 20, 1949. Bulletin Statistique Mensuel, Février, 1950.
Annuaire Statistique de l'Indochine, 1941—42. Summaries of Malayan Foreign Trade, Dec. 1949.
Ecafe Survey, 1949.

既然以美元最为重要，我们试一查东南亚各国的过去对美贸易出入超情形怎样？表34是依据美国贸易统计，对历年美国对东南亚进出口贸易的价值，作一比较[6]。

从下表，我们可以看到在东南亚区域内，马来亚、印尼、菲列宾和越南，在战前对美贸易都是出超。到了战后，除马来亚保持对美出超，泰国自对美入超，改变为出超外，其他各国，都是对美入超。这个现象，到了1949年还未改变，而马来亚和泰国的对美出超，反有减少之势。还有一点值得注意的，是战后马来亚的全部对外贸易至今还是入超，但对美贸易，却始终是出超，这显示了马来亚在对美贸易上所获得的盈余，已贴补了对其他国家的亏损。在其他国家中，造成马来亚入超的，有英国、印尼、泰国等，但印尼和泰国运入马来亚的货物，大部分是以转口或复出口为目的，因之，这两国所造成的入超额是表面的，实际上无损于马来亚的国际收支平衡。在马来亚对外入超最重要的国家是英国。马来亚对英入超，1947年约合美金2600万元，1948年增至美金4900万元，1949年达美金7700万元。[7]除了贸易差额外，英国在马来亚还有大量的"投资收入"，所以，马来亚的对美商品出超足以贴补对英的入超，这是对英帝国的一个很重大的帮助（关于这一点，下第九章还要讨论到）。

和马来亚情形不同的是印尼。印尼自1949年起，进出口已趋平衡，但对美国继续表现了小量入超。这是因为美国在印尼有大量放款，而美国在欧洲复兴法案下给荷兰的钱，也有一部分购买美货运入印尼。实际上，印尼产品运往美国的，在1949年也有大量增加。所以，美国在印尼的势力已大见扩张了。

1949年东南亚各国对美贸易差额的恶化，也反映了英、法、荷三宗主国对美地位的不利。1949年9月英、法、荷的贬低币值，正是表示了这许多较为削弱的帝国主义国家对美帝国主义的屈服。随着英、法、荷货币的贬值，缅甸、越南、泰国、马来亚和印尼也贬低了币值。但贬低币值的影响，在1949年的对美贸易上，还没有看到。究竟东南亚各国对美贸易能否因货币贬值而减少入超或增加出超，须俟1950年的数字公布后，才能获得结论。

表 34　美国对东南亚各国的贸易额(单位百万美元)

		缅甸	越南[a]	泰国	马来亚	印尼	菲列宾	总计
1937	出口	…	2.5	3.7	8.8	25.1	85.0	125.1
	进口	…	6.6	0.5	242.9	115.2	126.1	491.3
	差额	…	(-)4.1	(+)3.2	(-)234.1	(-)90.1	(-)41.1	(-)366.2
1946	出口	2.5	8.1	7.6	14.6	73.3	297.4	403.5
	进口	1.1	41.8	5.9	126.8	33.8	39.7	249.1
	差额	(+)1.4	(-)33.7	(+)1.7	(-)112.2	(+)39.5	(+)257.7	(+)154.4
1947	出口	5.6	23.7	13.3	65.8	103.6	439.5	651.5
	进口	0.4	4.3	17.8	284.1	33.6	161.7	501.9
	差额	(+)5.2	(+)19.4	(-)4.5	(-)218.3	(+)70.0	(+)277.8	(+)149.6
1948	出口	4.5	14.3	16.4	82.0	92.1	467.7	677.0
	进口	1.7	3.3	49.5	269.9	75.5	227.6	627.5
	差额	(+)2.8	(+)11.0	(-)33.1	(-)187.9	(+)16.6	(+)240.1	(+)49.5
1949	出口	1.9[b]	18.4[b]	31.6	38.8[b]	124.3	439.1	654.1
	进口	1.3[b]	1.1[b]	48.1	195.6	120.2	206.7	573.0
	差额	(+)0.6	(+)17.3	(-)16.5	(-)56.8	(+)4.1	(+)233.4	(+)81.1

附注：出口指美国对东南亚的输出，进口指美国自东南亚输入。
a. 包括法属印度，战后指法占领区。b. 1—11 月引申数。

来源：Foreign Commerce Weekly, Jun. 20, 1949; U. S. Department of Commerce Bureau of the Census, Summary of Foreign Commerce of the United States Jan. –Sept. 1949.

五、中、日、印三国地位的升降

中国、印度、日本是东南亚区域的三大邻邦。在1929年资本主义国家发生经济恐慌以前，这三国和东南亚的贸易关系，除印度对缅甸外，不很密切。这是因为东南亚经济，是照殖民地方式发展的，一方面是生产原料和食物，供宗主国使用，另一方面，是向宗主国购买制成品，供国内消费。所以，其他各国在东南亚的贸易上不易插足。印度和缅甸间的贸易频繁，也是因为在1937年以前，印、缅同受英国印度总督管辖，两国间的贸易，被视为国内贸易，而且印度孟加尔省，向为缺粮区域，而缅甸产米，年有增加，正可供孟加尔省的需要。故在1929年以前，印度在缅甸的进出口总值上，占40%~45%之多。

到了30年代，日本的轻工业，尤其纱布等，有迅速的发展。同时日本军阀开始用武力侵略中国，积极扩充重工业，作为作战的基础，需要大量金属原料。这样，东南亚区域，便成为日本轻工业产品的市场，和重工业原料的补给线了。结果，日本对东南亚的贸易有突飞猛进之势。其中印尼、菲列宾和泰国的日货输入更有长足的进展，缅甸、马来亚和越南的日货输入也有增加，但不如上述三国的大。在东南亚对日输出方面，马来亚、印尼、菲列宾、缅甸都见增加，泰国无很大变化，越南却有跌落之势。到1938年，中日战事已趋扩大，日本在军事上消耗增加，出口能力大为削弱，所以，在这一年内，日本对东南亚的输出，呈普遍下跌的现象。战后日本对东南亚贸易，到了1948年已有相当的恢复，1949年的数字不全，但缅甸、泰国、马来亚和菲列宾都显露了很大的增加[8]。日本在东南亚对外贸易上所占百分比的变迁，见表35如下：

战前中国在东南亚各国的对外贸易上，除越南外，所占百分比都不大。越南和中国间贸易的比较发达，一部分是因地形接壤关系。中国占东南亚各国进出口贸易的百分比，详见表36如下：

表 35　东南亚各国对日本的贸易关系（日本占东南亚各国进出口贸易总值的百分比）

	缅甸		越南c		泰国b		马来亚		印尼		菲列宾	
	进口	出口	进口	出口	进口	出口	进口	出口	进口	出口	进口	出口
1928 年	6.2[a]	1.5[a]	2.0	7.8	2.9	2.4	2.3	4.0	9.9	3.6	9.6	4.5
1935 年	11.0[a]	3.0[a]	2.9	4.2	25.6	2.0	6.4	9.1	30.1	5.5	14.2	5.7
1936 年	11.0[a]	4.5[a]	3.0	4.6	25.7	2.8	6.4	7.6	26.7	5.6	13.1	5.7
1937 年	9.0	2.0	3.2	4.2	19.8	3.5	5.8	6.7	25.0	4.5	14.8	6.0
1938 年	…	…	2.9	3.0	15.1	1.3	2.2	9.3	15.0	3.1	9.6	6.5
1946 年	…	…	…	…	…	…	…	…	…	…	…	…
1947 年	…	…	0.2	…	…	…	0.5	1.1	7.9	1.3	0.2	0.9
1948 年	0.7	0.1	0.4	2.8	2.3	0.3	0.7	1.1	16.2	2.4	0.4	4.8
1949 年	3.9	2.1	0.4	2.0	8.2	6.1	2.1	1.7	7.1	2.3	2.9	0.9

a. 各财政年度。

b. 战前指各财政年度。

c. 战后指法占领区。

来源：League of Nations, International Trade Statistics; Foreign Commerce Weekly, Jun 20, 1949; Summaries of Malayan Foreign Trade Dec 1949; Ecafe Survey, 1949.

表36 东南亚各国对中国的贸易关系(中国占东南亚各国进出口贸易总值的百分比)

	缅甸		越南c		泰国b		马来亚		印尼		菲列宾	
	进口	出口	进口	出口	进口	出口	进口	出口	进口	出口	进口	出口
1928年	0.9a	...	9.5	5.0	6.6	2.1	3.5	1.5	2.0	3.8	4.9	2.3
1935年	...	...	7.8	15.2	3.7	1.6	4.3	0.6	1.8	2.0	3.3	1.0
1936年	0.3a	0.6a	9.3	3.0	4.0	0.8	4.3	0.7	2.1	1.8	2.7	0.7
1937年	...	...	7.3	5.4	3.2	0.4	4.0	0.6	1.7	1.4	3.0	0.6
1938年	...	...	7.2	2.7	...	...	4.3	0.6	1.7	1.5	2.3	0.8
1946年	...	...	...	...	6.5	2.7	12.3	1.8	...	...	1.6	7.7
1947年	...	...	5.2	2.4	5.2	1.8	8.9	0.7	4.8	...	2.8	0.5.
1948年	2.8	5.9	4.5	2.1	7.7	12.9	6.4	0.9	2.4	...	4.0	0.6
1949年	8.7	13.2	3.3	0.6	4.3	3.1	5.1	0.5	1.9	...	1.8	0.2

a. 1928—1929与1936—1937财政年度。

b. 战前指各财政年度。

c. 战后指法占领区。

来源：同上表31。

中国在东南亚各国进口贸易上的地位，到了 30 年代，显示着普遍的下落，这是受了日货竞争的影响。唯一例外是马来亚：中国货物输入马来亚的，在比例上，稍有增加，但马来亚货物输往中国的。在比例上，跌落颇大。1937 年，中日战争发生后，中国在东南亚贸易上地位，更见衰落。战后，日本受盟国管制，对外贸易不立即开放，当时是中国轻工业产品向东南亚市场发展的千载一时的良好机会。可惜中国工业在国民党贪污集团统治之下，生产效率跌落，出品数量减少，而且在不合理和腐败的贸易管理制度下，出口困难，因之，战后中国货物在东南亚市场没有很大的进展（中国对东南亚贸易的详细分析，见下第八章第三节）。

中国对东南亚贸易有一部分是经中国香港地区转运的。战后，由于香港地区轮运的方便和走私贸易的活跃，中国输出入贸易经香港转口的，特别增多。上表 36 所载中国所占的百分比也许失之过低。从表 37 我们可以看到马来亚、印尼、泰国战后从香港输入的货物，在比例上，有显著的增加。泰国 1947 年的进口货有 38%，是从香港来的，我们可以相信其中至少有一部分是中国货物经香港地区转运去的。[9]

表 37　越南、泰国、马来亚、印尼对香港地区的贸易关系

（香港地区占上列各地区进出口贸易总值的百分比）

	越南[b]		泰国[a]		马来亚		印尼	
1928 年	19.5	30.4	15.0	24.5	4.4	1.9	0.7	3.2
1935 年	8.0	17.3	8.9	17.0	0.9	0.9	1.3	2.0
1936 年	7.3	8.5	9.2	14.3	1.1	0.7	1.6	2.4
1937 年	8.8	11.3	7.6	12.5	1.4	0.9	1.4	1.6
1938 年	7.5	9.9	…	…	1.5	1.3	1.4	2.0

续表

	越南[b]		泰国[a]		马来亚		印尼	
1946 年	9.9	6.5	38.1	11.3	5.2	3.7	…	…
1947 年	2.6	18.1	38.0	17.8	4.4	3.8	2.9	1.9
1948 年	0.6	11.5	…	…	2.6	2.3	2.2	1.9
1949 年	0.4	13.9	17.4	7.4	2.6	3.9	2.4	0.8

a. 指历年财政年度。

b. 战后指法占领区。

来源：League of Nations, International Trade Statistics;

Statistique Annuaire de l'Indo-Chine, 1936—1937;

Summary of Malayan Statistics, Various Nos.; Summaries of Malayan Foreign Trade, Dec. 1949;

Foreign Commerce Weekly, Jan. 20, 1949. Bulletin Statistique Mensuel, Jévrier, 1950; Ecafe Survey, 1949.

菲列宾对香港的贸易，战前在菲列宾贸易总值上占不到1%，战后，也很微小。缅甸自香港地区输入的货物，在1936—1937年，约占进口总值的1%强，对香港输出更是微小不足道，战后数字不详，大概也是很小的。

印度的工业，在战时未遭破坏，且为适应战时需要，生产力曾有很大的扩充。但印度战后对东南亚的贸易除泰国和马来亚外（见表38），似乎很少进展。印缅间的贸易原来是很大的，战后第一年——1946年——因近水楼台关系，缅甸的进出口贸易，差不多集中和印度来往。结果，缅甸有60%的输入是由印度供给的，68%的输出是运往印度的。但印度的压倒优势，没有维持长久。到了1947年，印度货物，在缅甸进口贸易上的地位，跌落了许多；缅甸输往印度的货物，在百分比上，也减少了。1948—1949两年中的统计，也表现了下落(这两年，由于巴基斯坦与印度分治，缅甸对巴基斯坦贸易不包括在印度贸易内，印度数字的减少，可能受到这影响，但这绝不是主要原因)。但以上都是百分比的变化。缅甸的进出口贸易总值，在这

表 38　东南亚各国对印度的贸易关系（印度占东南亚各国进出口贸易总值的百分比）[a]

	缅甸[b]		越南[f]		泰国[e]		马来亚		印尼		菲列宾	
	进口	出口	进口	出口	进口	出口	进口	出口	进口	出口	进口	出口
1928 年	40.2	48.7	4.0	...	7.5	1.2	8.0	3.5	4.8[c]	11.1[c]	2.2[d]	0.8[d]
1935 年	43.0	63.0	0.8	3.0	3.3	7.1	7.4	3.9	3.4	3.9	2.0	0.5[d]
1936 年	50.2	56.9	3.0	1.7	4.3	3.3	2.4	3.4	3.1	1.4	1.8[d]	0.4[d]
1937 年	49.2	50.0	2.5	0.2	3.9	1.2	2.5	2.7	2.6	0.7	2.2[d]	0.4[d]
1938 年	...	67.6	2.9	0.2	...	...	2.9	3.7	3.8	1.4	2.2[d]	0.6[d]
1946 年	59.5	...	...	...	...	...	3.4	3.9	...	...	...	...
1947 年	36.2	43.7	2.0	0.5	1.6	4.9	2.7	3.9	2.0	...	0.8	0.9
1948 年	24.8	40.0	1.2	2.4	2.0	9.9	1.9	3.6	1.2	0.1	1.2	0.5
1949 年	31.6	39.5	2.1	0.2	7.0	13.3	3.7	3.6	1.2	0.4	0.9	0.8

a. 战前各年和战后 1946—1947 年，都包括现时的巴基斯坦，1947 年 9 月印度、巴基斯坦分治后，巴基斯坦对东南亚的贸易很小，故影响统计数字的一贯性不大。

b. 指财政年度。

c. 包括锡兰。

d. 指英属东印度，包括印度、缅甸、马来亚等。

e. 各财政年度。

f. 战后指法占领区。

来源：同上表 37。

三年来增加了不少，所以，对印度的输出入在价值上，未必有显著的跌落。百分比的下降，不过表示缅甸和其他国家的贸易，有更大进展罢了。

印度对东南亚各国的贸易，战后缺乏进展，主要原因是由于印度轻工业生产，不能迅速增加，以适应国外的需要。事实上，印度的工业设备，在战时被过度的使用，损耗很大，战后，急需修理和补充。但在短期内，这种修理和补充的机件无法向国外购到，故战后生产力一时跌落很大。据印度官方统计，以 1937 年为基期，工业生产指数，在 1943 年和 1944 年为 117，1945 年上升至 120，但 1946 年跌至 109，1947 年为 102，1948 年稍见恢复，也不过 114。以纺织工业而言，由于日本战时的损失，印度的纺织业已跃居亚洲首要地位。1944 年印度棉布产量达 44 亿公尺，但 1946 年跌至 37.8 亿公尺。1947 年印度与巴基斯坦分治后，1948 年印度产棉布 40 亿公尺，巴基斯坦产 8200万公尺[10]，两者相加，还赶不上 1944 年最高纪录，而在这时期内，印度人口却有增加，所以，国内的需要，有增无已，这样，在资本主义自由竞争制度下，印度棉布的外销，当然不能有很大的进展。今后，印度对东南亚贸易的前途，要看印度国内工业生产的进展速度如何了。

六、操纵对外贸易的航业

东南亚对外贸易，除泰国与马来亚间有小量陆路运输外，差不多都是靠海运的，中国和越南缅甸接壤，但中国的云南和广西边境跟缅甸和越南的贸易，数量不大。东南亚各国虽然依赖海洋交通，但航运业却操纵在外国轮船公司手里。外国轮船公司中，以英国船只势力最大。但荷兰船在印尼，法国船在越南，都倚仗特殊便利，占据了领导地位。战前，日本轮船势力，也发展很速，日轮在东南亚来往的总吨数，仅次于英国。战时日本商轮损失殆尽，因之 1947 年日本对外贸易开放后，日轮行驶的很少。但最近两年来，日本在美帝国主义扶植下，造船业已开始复兴，日轮从事海外贸易的，吨数已大见增加了。战前外轮操纵东南亚各国对外贸易的情势，可从表 39 得知梗概：

114

表 39　战前东南亚各国进出口商轮的国籍分布

国别	越南[a]		泰国[b]		马来亚[c]		印尼[a]		菲列宾[a]	
年份	1936	1938	1936—1937	1937—1938	1936	1938	1936	1938	1936	1938
吨位总数(千吨)	5551	5470	2703	2222	45531	45145	31743	34071	2234	2370
国籍分布的百分比	%	%	%	%	%	%	%	%	%	%
英国	22.5	35.2	22.5	26.4	41.2	43.4	28.3	30.7	33.6	31.0
荷兰	5.8	7.6	10.3	13.4	18.5	20.3	24.2[d]	25.8[d]	6.8	7.1
德国	3.7	1.3	4.0	1.8	6.7	5.9	3.4	4.7	8.3	8.6
法国	24.6	25.5	…	0.1	3.9	4.1	—	—	…	…
美国	1.7	1.1	0.7	0.4	1.7	0.8	0.8	0.7	15.9	10.0
挪威	6.1	5.3	28.5	25.6	5.2	5.8	11.2	9.4	9.4	10.1
日本	16.1	9.6	16.0	14.3	15.9	10.3	5.2	2.9	16.4	21.6
中国	5.4	0.7	2.8	0.8	0.3	0.1	0.9	0.8	2.1	1.1

a. 外洋进口商轮总吨数。

b. 商轮进出曼谷口岸吨数总和。

c. 75 吨以上船只自海峡殖民地五口岸结关吨数总和。

d. 不包括印尼籍船只。1936 年印尼籍船只占 20.8%，1938 年占 20.0%。

来源：Katrine R. C. Greene, An Economic Survey of the Pacific Area, Part Ⅱ. Transportation.

从上表可知战前美轮的势力很小，但战时欧洲各国轮船遭受损失很大，独美国以造船力量庞大，船只数量，大见增加。战后美轮因之到处活跃，但到了1948—1949年，随着荷兰挪威等国抗业的恢复，美轮的相对地位已稍见跌落。兹将战后马来亚进出口商轮的国籍分布列表如下：

表40 战后马来亚各口岸进出口商轮的国籍分布

年份	1947	1948	1949 (1—6月)	年份	1947	1948	1949 (1—6月)
吨位数（千吨）[a]	17851	22119	13137				
国籍分布的百分比	%	%	%	国籍分布的百分比	%	%	%
英国	48.2	42.8	43.9	中国	1.0	1.3	1.8
荷兰	16.9	21.8	22.8	日本	0.2	0.4	2.0
法国	5.4	4.8	3.7	菲列宾	0.8	0.8	0.6
美国	15.6	12.3	9.1	泰国	0.1	0.2	—
挪威	4.1	4.7	5.9	缅甸	—	0.1	0.2

战后，东南亚其他各国的数字不详。但除菲列宾、印尼、泰国、越南的对中、日、美贸易和缅甸的对欧洲和印度贸易外，东南亚其他各国进出口船只，都须经过新加坡的，故马来亚的商轮进出口统计，可以反映东南亚轮运的一大部分情形。上表的数字，表现了英轮的优势，较战前增加，美轮也较战前进步，而东南亚各国的本国航业，至今还渺小得很，这也是值得警惕的。

第六章 附注

（1）泰国战前亦有对外收支数字发表，但对外国私人投资所得一项，未有估计。华侨汇款的估计，也极不确定，泰国的对外收支数字见 League of Nations, Balance of Payments；华侨汇款估计，见下第八章第二节。

（2）据越南法方西贡当局所发表的进出口"实际数量"（Quantum）指数——即以进出口物价指数除进出口值所得之结果——，进口数量在 1949 年续见增加，出口数量则见下落。详细数字如下：

对外贸易"实际数量"指数

年份	进口	出口
1937	100	100
1947	77	22
1948	118	37
1949（1—2 月）	155	27

据马来亚政府统计（百万美元）

年份	马来亚自印尼输入	马来亚对印尼输出
1937	127.6	20.1
1949	112.8	21.4
1947	123.3	59.2
1948	165.8	91.0

（3）印尼共和区有很长时间受荷兰海军封锁，共和区对外贸易，大多偷运至马来亚。我们只须比较马来亚的贸易统计数字，和印尼（荷兰殖民政府）的贸易统计数字间的差异程度，便可知道印尼官方（荷兰）数字的不可靠了。兹将战前和战后的两国间的贸易折成美元后，比较如下：

据印尼荷方统计(百万美元)

年份	印尼对马来亚输出	印尼对马来亚输入
1937	106.9	22.2
1946	3.8	6.8
1947	27.3	18.4
1948	66.9	11.4

由此可见在战前,两国的数字,很是接近,这证实了两国统计的可靠性;但战后,荷方数字要小得多,这表示共和区直接和马来亚的贸易数量很大,而荷兰海军的封锁显然没有很大的成效(以上数字系根据 Foreign Commerce Weekly, Jun. 20, 1949 所折算的)。

(4)印尼、菲列宾和泰国的战后对外收支估计,见 International Monetary Fund, Balance of Paymenta Yearbook, 1938, 1946, 1947 和 International Fiaancial Statistics, Various Numbers.

(5)战后菲货运美数量远在美国限额之下,详细数字,见下表:

货品	美国规定菲货运美的每年限额	1948 年菲货实际运美数量
糖	952000 短吨	243000
椰油	200000 长吨	41089
绳索	60000000 磅	2247666
雪茄	200000000 文	1324258
烟末	6500000 磅	42091
蚌壳珠钮扣	850000 罗	378769

见 Far Eastern Dconomic Review. Oct. 27, 1949.

(6)如依据东南亚各国贸易统计,照官价汇率折成美元,所得结果,和美国统计所列数字,大致相差不远。唯一例外是泰国;美泰间贸易,据美国统计,1947 年系入超,但据泰国统计,1947 年,美货输泰多于泰货输美。据外间报道,美国在战后向泰国购买大量锡砂,故美国统计所载对泰入超,似较可靠。

(7)马来亚对英国贸易在一九四六年是出超,这是因为马来亚战时存储的树胶等物大量运英所致。同时,英国战后生产能力,还未完全恢复,故运马来亚的英货也不多。

(8)据日本贸易统计,战前和战后日本对东南亚各国的贸易额(千美元)如下:

国别	越南	缅甸	泰国	马来亚	印尼	菲列宾
自日本输出:						
1930—1934		…	4477	12137	35857	9456
(每年平均) 1945 年 9 月—1946 年 12 月	…	837	…	…	…	…
1947	241	5697	6132	4115	23457	1176
1948	334	1490	5367	6230	56764	4172
1949(1—4 月)	…	579	3383	2908	11525	2717
日本自东南亚输入:	…					
1930—1934			3875	13850	19329	4340
(每年平均) 1945 年 9 月—1946 年 12 月	…	…	25	…	…	…
1947	…	…	…	5052	1304	2317
1948	1910	1432	129	10713	1941	9862
1949(1—7 月)	…	…	9194	11362	9827	10133

(表内战后的越南指法占领区)

日本自泰国和菲列宾的输入额,在 1949 年的大见增加,是因日本向泰国购买食米,向菲列宾购买铁砂所致。

(9)战前泰国政府所发表的贸易统计数字和国际联盟的数字相差很大(见 Statistics Yearbook of Thailand. 1936—1937 1938—1939)。表 37 的战前百分比录自国际联盟编制的各期贸易统计年鉴。兹根据泰官方发表的数字，推算东南亚各国所占百分比如下：

年份	中国所占百分比		印度所占百分比		香港所占百分比		日本所占百分比	
	进口	出口	进口	出口	进口	出口	进口	出口
1936—1937	10.9	1.1	6.2	3.3	0.4	14.3	28.2	2.8
1937—1938	8.5	0.6	5.3	1.2	0.7	12.4	21.5	3.5
1938—1939	12.5	0.7	7.6	0.6	0.8	10.5	15.6	1.2

以上百分比中，中国进口数字较国际联盟发表的较高，香港进口数字则较低，这也许是泰国官方统计，已经把中国货物经香港转口一部分，从香港数字中除出，并入中国数字里了。

（10）见 UN，Monthly Bulletion of Statistics 和 Ecafe Survey，1948。

第七章　资本主义国家经济波动与
东南亚主要产品的关系

一、资本主义国家经济危机对东南亚贸易的影响

东南亚的主要生产品既以农产品和工业原料为主，而这些农产品和工业原料在战前几全部在资本主义国家的市场上出售，因之，东南亚经济可说是完全依赖于资本主义国家的。我们知道，资本主义国家本身的经济是危机四伏，极不稳定的，经常发生经济恐慌和不景气情势。在战前十多年间，资本主义国家的工业生产普遍地下降，所需要的工业原料，也随之减少，同时，人民的收入减少，对农产品的消费，也因之跌落，这样，造成了东南亚产品在世界市场上过剩的现象。这反映在贸易上，是东南亚输出总值的极度下跌。而影响所及，使东南亚各国内部经济也陷于不振之境。人民购买力既因不景气而下落，外国货物的进口，也随之减少。而进口的锐减，和人民收入的下落，也使政府租税收入减少，而发生财政困难的情形。所以，依据战前的经验看，资本主义国家的经济危机，是很容易和很迅速地传递到东南亚区域来的。马来亚和印尼是东南亚区域内供给工业原料的两个主要国家，这两国的经济，受资本主义国家经济危机的影响因之也最大。从下面的插图(图1)内，我们可以看到马来亚和印尼出口总值的波动和世界出口贸易总值的波动，在第二次世界大战期内，保持着密切的关系：[1]

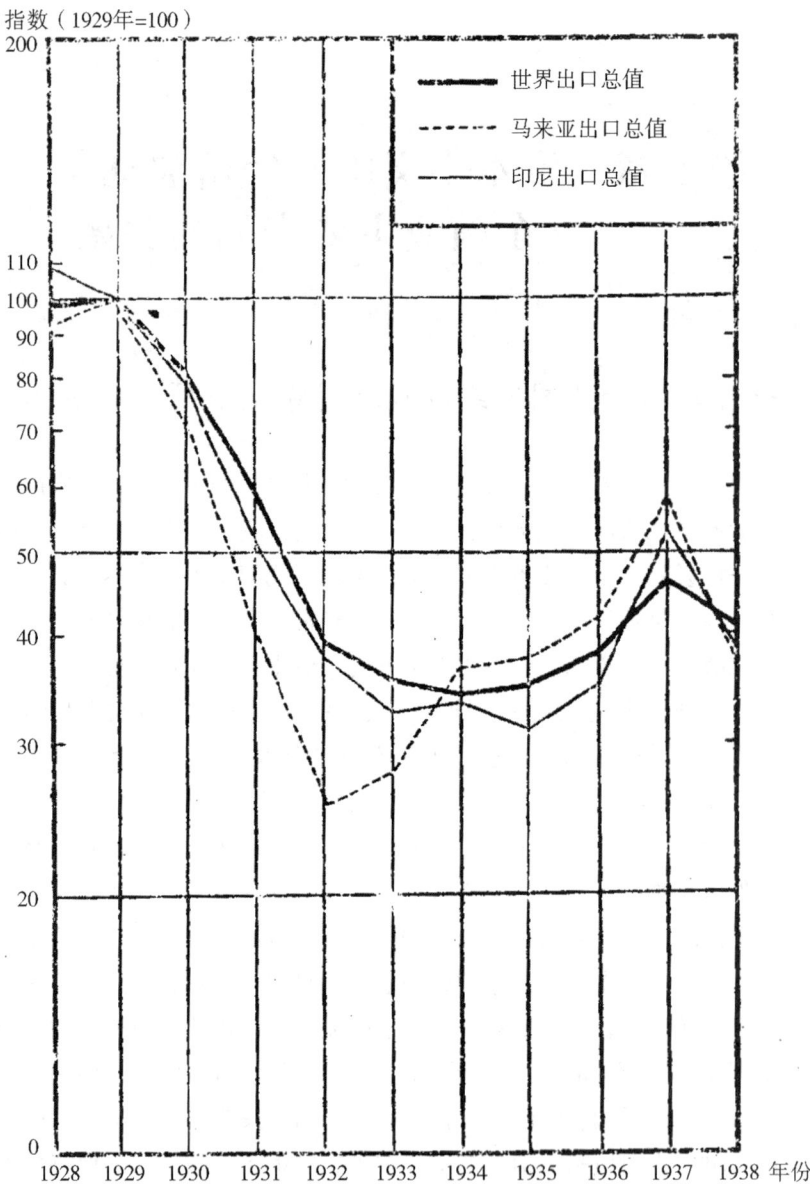

指数（1929年=100）

图 1　战前马来亚、印尼出口总值与世界出口总值的升降比较

　　两次大战期间，苏联因社会主义经济建设的迅速发展，已不复依赖国外市场，故对外贸易额不大。所以，上图和以下各图所载的世界进出口贸易总值，绝大部分是代表资本主义国家的进出口贸易额。资本主义国家的经济繁荣或衰落，往往在对外贸易上立刻表现出来。战前，世界进出口贸易总值的升降，因之也很正确地反映资本主义国家的经济波动。在图（1）内，我们可以看到马来亚和印尼的出口总值，在1930—1933年间，较世界出口总值的跌落更大，但1934年后，马来亚情势好转，1937年的复兴，马来亚和印尼都较世界总值优胜，而1938年的反跌，马来亚和印尼的情形，也较世界总值恶劣。由此可知在资本主义国家经济危机暂时缓和的时期，这两个国家的出口业比较旺盛；而在资本主义国家经济衰落的时期，这两个国家的出口业吃亏也特别大。

　　东南亚三个产米国家——缅甸、越南、泰国——的出口贸易也受资本主义国家经济波动影响很大。但它们的出口总值自1932年以后，跌落的程度，不如世界出口总值的大，而后来回涨的情形，也较有利，这是因为这三国的主要输出品不是工业原料，而是食粮。食粮的需要，比较少伸缩性，故在经济恐慌期间，价值跌落，不如工业原料之大。菲列宾出口贸易的升降情形，也较世界出口总值优胜。这是因为菲列宾的出口以蔗糖为主，而菲糖在美国有固定的市场（参见上第六章第三节，和本章下第三节），在经济衰落时候，消费量减少极有限，故菲列宾出口总值的跌落，不如其他国家之大。以上四国出口值与世界出口总值的升降比较见图2。

　　各国出口贸易的萎缩，当然影响了进口的能力。自1929年以后，东南亚六国，除菲列宾外，进口贸易总值跌落的程度，都较世界进口总值的跌落程度恶劣。其中缅甸、泰国、印尼的进口值自1929年以后，始终在世界贸易水准以下，见图3。

　　越南的情形也是如此，但在1933—1935年间，比较接近世界贸易水准。菲列宾的情形，最为有利，1929年后的进口值，都是在世界贸易水准之上，即在最坏的几年，也和世界水准很接近。马来亚1929年后的进口贸易，也跌落在世界水准之下，不过1937年的复兴

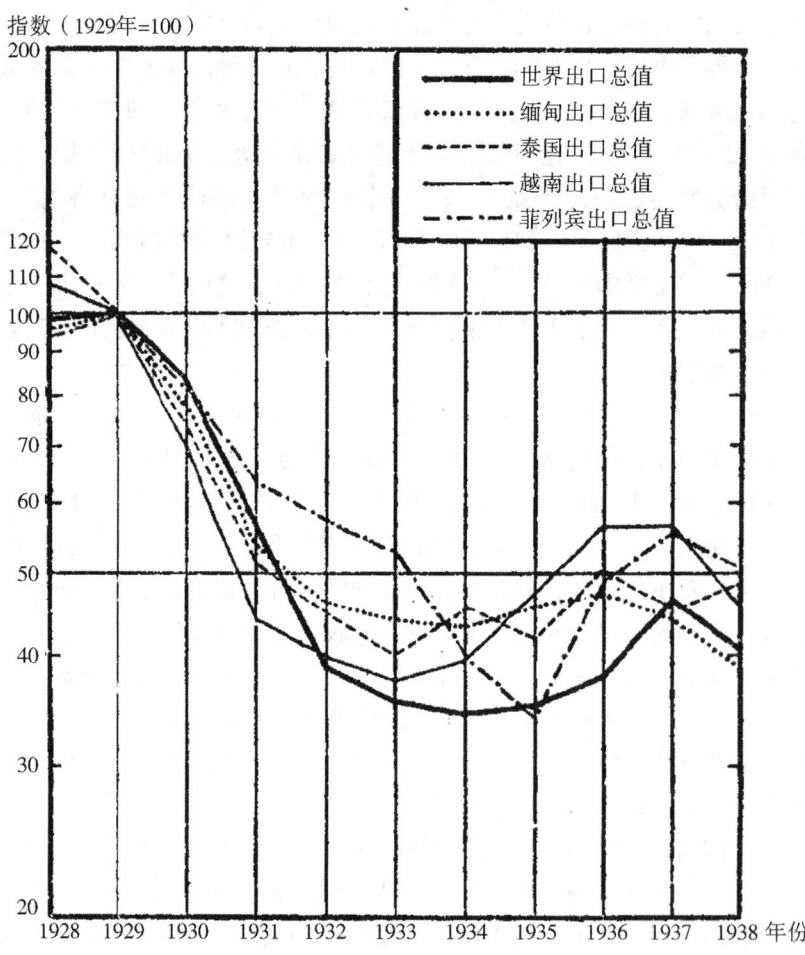

指数（1929年=100）

图 2　战前缅甸、越南、泰国、菲列宾出口总值与世界出口总值的升降比较

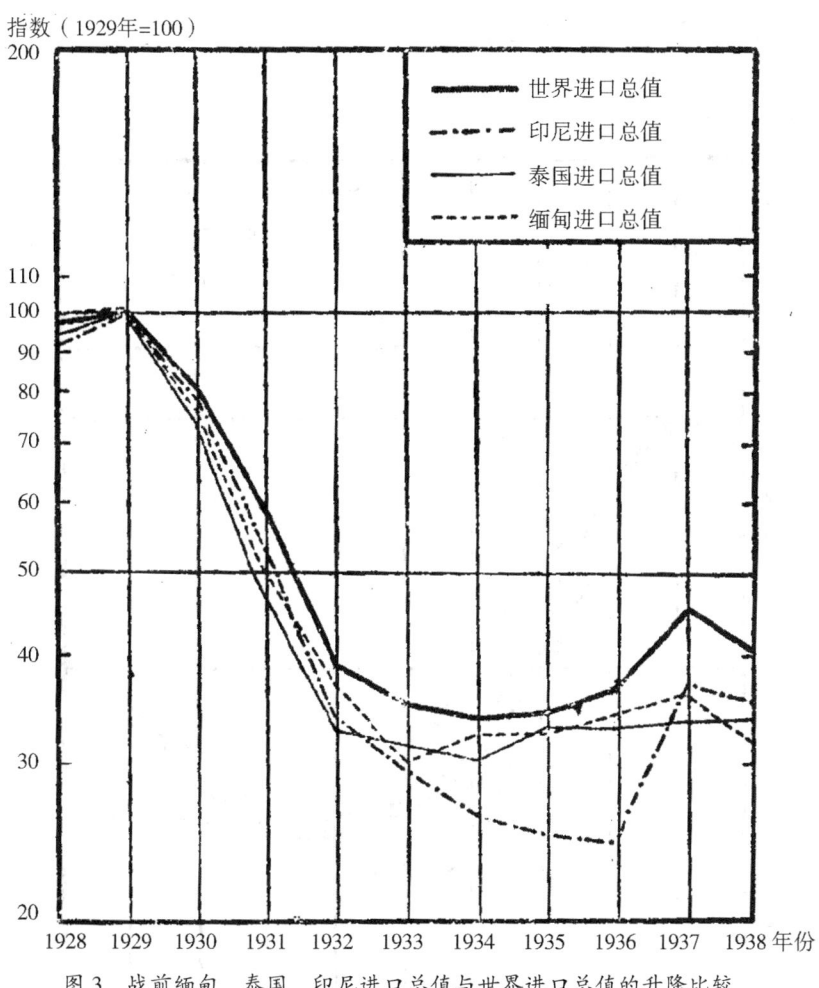

指数（1929年=100）

图3　战前缅甸、泰国、印尼进口总值与世界进口总值的升降比较

很是可观。假如把马来亚 1937 年进口值的上升速度和尼印同年的上升速度(见图 3)合并观之,我们可以看到这两国对国外经济波动的反响特别锐敏,而且进口与出口之间的连带关系也特别密切。菲列宾、越南、马来亚进口值和世界总值的升降比较见图 4。

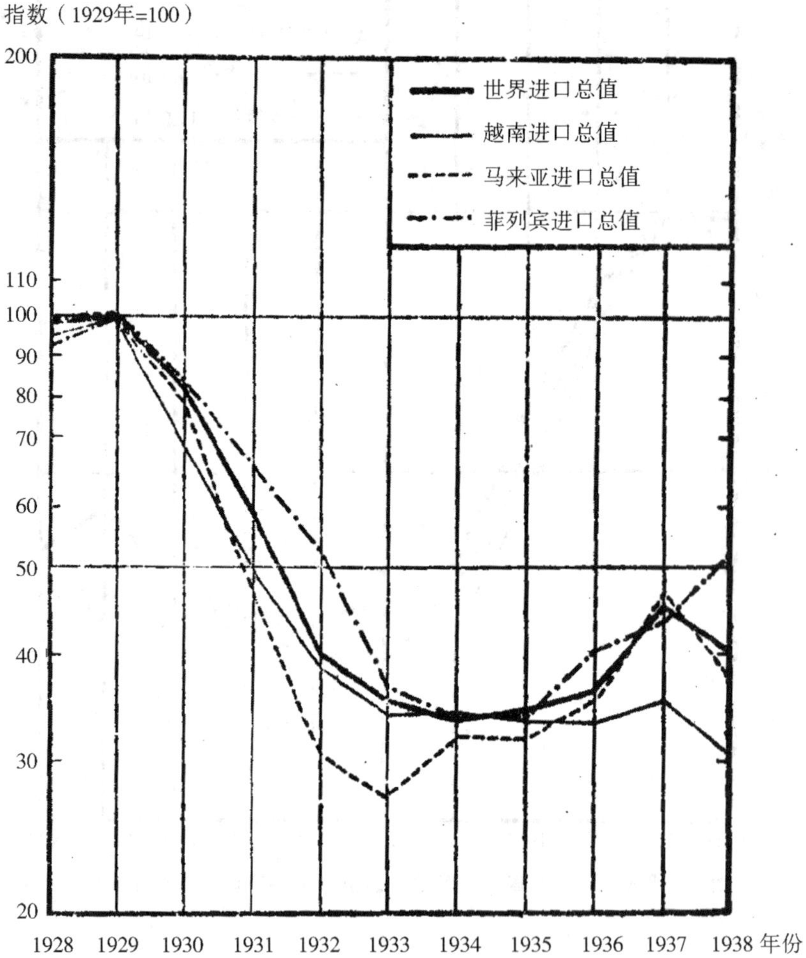

指数(1929年=100)

图 4　战前菲列宾、越南、马来亚进口总值与世界进口总值的升降比较

图 1 至图 4，都是依据进出口贸易总值，折成同一货币（1934 年贬值前的美元）后，计算历年指数后绘制的。我们知道造成进出口贸易价值变动的，有两个因素：一是货物价格的涨落，一是进出口数量的增减。要剔除价格变动影响，推算一国的历年进出口数量变动的情形，通常用两种方法：一是把历年各种货物的进出口数量，用"固定价格"（或称"基期价格"），计算总值结果所得的总值就只表示数量的变动了；二是依据当时流行价格计算进出口总值再以进出口物价指数除之，所得结果，通常叫作"贸易容量"（Volume of Trade）。前国际联盟，曾用第二方法计算各国的"贸易容量"，再把"贸易容量"化成指数后，称之为"贸易容量指数"（Quantum of Trade）。战前国际联盟为东南亚各国计算"贸易容量指数"的，只有越南、马来亚、印尼三国的出口贸易；其他三国因缺乏进出口物价指数，没有编制这项数字。兹将这三国"贸易容量指数"绘图如下：

从图 5，我们可以看到马来亚和印尼的出口容量的指数，在这时期内，始终是在世界指数之上，如果把图 5 与图 1 和图 2 比较一下，我们可以发现下列不同之点：

1. 图 5 所载的马来亚出口容量指数于 1930 年表现上升，而据图 1，马来亚这一年的出口总值指数却告下落。

2. 图 5 所载的印尼出口容量指数于 1932 年和 1935 年表现上升，而据图 1，印尼这两年的出口总值指数却告下落。

3. 图 5 所载的越南出口容量指数于 1932 年起开始上升，而图 2 所载的越南出口总值指数却于 1934 年起才开始上升。

从这几个现象，我们可以推断如下：

1. 马来亚和印尼两国的出口贸易，自 1929 年后，数量的减少，不如价值跌落之大。

2. 马来亚、印尼和越南，这三国有一个时期，出口数量增加了，而出口总值反告下跌。这两个推论，都说明东南亚各国的出口商品，在资本主义经济衰落时间，吃价格跌落的亏，要比受销路呆滞的影响大得多。本来，价格的惨跌，是食物和原料品在资本主义危机期内的普遍现象。战前，东南亚经济既然依赖食物和原料品输出的成分很

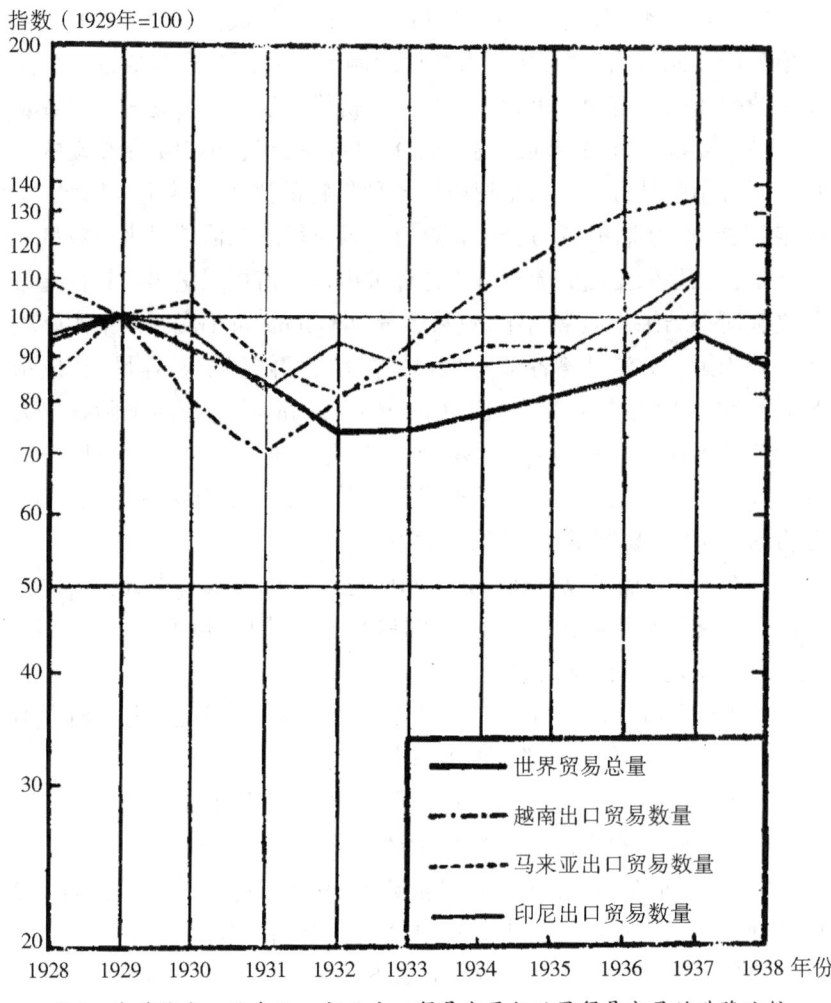

指数（1929年=100）

图5　战前越南、马来亚、印尼出口贸易容量与世界贸易容量的升降比较

大，因之，碰到资本主义国家经济危机加深，东南亚各国便受累不堪了。

第二次世界大战后的时期虽然还只短短五年，我们已看到美帝国主义1949年的危机加深怎样引起了其他资本主义国家经济的不安。在1949年1月至9月的9个月时期内，美国的进口总值，较1948年同期，跌落约达 7%；出口贸易因有"欧洲复兴法案"（即"马歇尔计划"）的大量输出，跌落较小，只达 1% 强。进口总值的跌落既大于出口总值的跌落，于是美国的出超额，在这 9 个月间，较 1948 年同期，增加了 2 亿 5000 余万美元。（1949 年 1 月至 9 月间出超额为 45 亿美元，1948 年同期为 42 亿 4000 万美元）。（1a）这样，扩大了资本主义国家间的"美元缺口"恐慌，而迫使英镑贬值，西欧国家的货币也不得不相继贬低它们的价值。在东南亚方面，我们也可以看到 1949 年资本主义国家经济危机所波及的影响，缅甸、越南（法占领区）、马来亚和菲列宾四国的出口总值都跌落了（见上第六章第二节表 28）。缅甸的出口贸易萎缩，大概是国内局势不安所致；越南的出口减少，更是反映了越南民主共和国力量的扩大和法帝控制区域的缩小。但马来亚和菲列宾的出口贸易不振，无疑地受资本主义国家经济萎缩，原料品销路呆滞的影响。印尼的贸易数字，不很可靠（见第六章第二节附注（3）），我们可以暂置勿论。泰国 1949 年的出口增加，主要是食米输出增加所致。食米的销路，是在日本、印度和其他东南亚缺粮国家内，所以，没有受到资本主义国家经济萎缩的影响。至于进口贸易方面，东南亚各国除缅甸和马来亚外，1949 年都见增加，这是因为英法荷帝国主义勾结了美帝国主义在东南亚倾入了大量金钱，造成了外货的倾销。这样用人为的方法，扩充了外货的市场，是和东南亚各国本身的进口能力，没有直接关系的。

1949 年资本主义国家经济萎缩，既以美国最为恶劣，我们还可以从美国对外贸易数字，看东南亚各国所受的影响。1949 年 1 月至 9 月间美国对东南亚六国的进口总值较 1948 年同期，减少了 2900 万美元，而出口总值，才减少 400 万美元。换言之，在美国危机加深时期，东南亚货物在美国的销路，大见跌落，而美国货物在东南亚市场上，依然很是活跃。以个别国家而论，受美国经济恶化影响最大的是马来亚，其次是菲列宾。美国从马来亚输入的货物，在 1949 年 1 月至 9 月间，共值 1 亿 4900 万美元，较 1948 年同期，减少了 4700 万美元，约减少了$\frac{1}{4}$。美国从菲列宾输入的货物，在 1949 年 1 月至 9 月间，共值 1 亿 6400 万美元，较 1948 年同期，减少了 1300 万美元，约减少了 7%。这些数目从美国经济看，不算很大；但从马来亚、菲列宾等国家看，不能不算重要的了(1b)。

从上面简单的分析，可见第二次世界大战后东南亚各国的经济依然受资本主义国家经济的牵连很大。所不同的，战前东南亚各国的进口贸易，也受资本主义国家经济波动的影响很大；而这次战后，由于帝国主义国家内独占资本家控制政府力量的加强，各帝国主义国家用政府名义，不惜以大量资金继续倾入殖民地区域内，这样，支持了殖民地的进口贸易，使进口和出口贸易间的有机关系，已不像旧时的密切了。关于这一个新趋势，下边第九章中还要讨论到。

二、构成东南亚对外贸易的主要商品

在上节内，我们已看到战前和战后资本主义国家的经济波动对东南亚对外贸易的密切影响。造成这种密切影响的，是帝国主义在东南亚所发展的殖民地性质经济，而这种殖民地性质经济表现在东南亚对外贸易上，是大宗农产品和工业原料的输出，和种类繁多的机制物品的输入。但在这大轮廓下，东南亚区域内各国的表现，也有不同之处。大别起来，马来亚和印尼构成一类，缅甸、越南、泰国、菲列宾又构成一类。这两类国家的所以有不同的表现，是因它们出口商品的性质有很大的区别。缅甸、越南、泰国的输出，以食米为主，菲列宾以糖为出口大宗；而马来亚和印尼的出口贸易集中在工业原料如树胶、锡等几种货物上面。这两类国家的区分，在战前二十年间，大体上都可以适用。所值得注意之点，是爪哇糖的产量本来是很大的，后因世界糖产过剩，各国实行减产计划，爪哇糖业才被迫收缩，于是爪哇糖在出口贸易上的重要性，渐为树胶和锡赶上或超过了。其次是在战前数年间，各国的矿产品如铁砂、石油等渐见发展，在出口贸易上的重要性，也渐见增加，但在价值上，还赶不上农产品。这次大战后，各国的出口贸易都很萎缩，而矿产品因生产恢复的困难，更见跌落。但到了1948年，各国出口贸易的商品结构，大体上已恢复了战前的形态。这种恢复原状的倾向，正和第五章所述生产的恢复旧观相吻合，这表示东南亚的战后经济复兴，在帝国主义的控制下，仍不脱战前的窠臼。东南亚各国主要出口商品在出口总值上所占的百分比，列表如下（表41）：

表41　东南亚主要出口商品的百分数比较（占出口总值的百分比）

	1937 年（%）	1948 年（%）
缅甸[a]		
食米	43	77
木材	7	13
石油	27	…
金属及金属制品	13	2
树胶	1	1
越南[d]		
食米	45[c]	38
树胶	14[c]	26
煤	5[c]	2
锡砂	2[c]	…
泰国[b]		
食米	46	50
木材	6	6
树胶	19	17
锡砂和炼锡	22	4
马来亚		
树胶	54	51

续表

	1937 年(%)	1948 年(%)
锡	21	12
椰干	3	2
椰油	1	3
棕油	1	2
印尼		
树胶	23	24
石油	24	25
锡	5	14
茶叶	8	2
糖	7	2
椰干	6	15
棕油	2	4
菲列宾		
糖	39	6
椰干	11	49
麻	14	10
碎椰子	4	9
椰油	14	6

a. 1937 年指 1937—1938 财政年度；1948 年指 1947 年 10 月至 1946 年 4 月。

b. 1937 年指 1937—1938 财政年度。

c. 1936 年份。

d. 1948 年指法帝占领区。

来源：Foreign Commerce Weekly, June 20, 1949。

以进口贸易而论，马来亚、印尼和菲列宾是缺粮的国家，每年粮食进口数量很大。在这三国的进口总值上，粮食进口，战前和战后所占的百分比如表 42：

表 42　粮食在马来亚、印尼、菲列宾进口总值上所占的百分比

国名	1938 年(%)	1947 年(%)	1948 年(%)
马来亚	10	11	16
印尼	7	9	8
菲列宾	7	10	7

从上表，可知这三国对进口粮食的依赖性，在战后没有减轻。不过，以上是相对的价值，在数量方面，马来亚和印尼的食米进口，在战后均见减少，而菲列宾则有增加(见下第三节)。这三国进口的粮食，既以米为大宗，所以，在经济上，它们对缅甸和泰国的食米出口，依赖很大。

除粮食外，东南亚各国对纺织品，差不多全部仰赖于外来的供给。纺织品在各国进口总值中所占的百分比如下：

表 43　纺织品在东南亚各国进口总值上所占的百分比

国名	1937 年(%)	1948 年(%)
缅甸	32[a]	29[b]
越南[d]	33	25
泰国	21	…
马来亚	8	16
印尼	22[c]	25
菲列宾	18	21

a. 1937—1938 财政年度。

b. 1947 年 10 月至 1946 年 4 月。

c. 1938 年数字。

d. 1948 年指法帝占领区。

来源：同表 41。

战后纺织品在各国的百分比有增的，也有减的。但这是以价值比例而言，在数量上，较战前增减如何，我们无法推断。

在东南亚区域和食米供求情形，有些相似的，是石油产品。战前，印尼、英领婆罗洲和缅甸是石油输出的地带，而其他四国经常是输入石油的。但跟食米情形不同的，有两点：一是印尼和缅甸虽产石油，但国内的炼油设备不够，所以，同时也输入石油产品如煤油、汽油等；二是其他四国的石油输入，大部分不是从本区的印尼和缅甸来的，而是从美国或近东供给的。

战前缅甸输入重油的另一原因，是缅甸本国所产石油，含油蜡成分很高，拿来提炼柴油供燃料用，很不合算，所以，国内所需的柴油，向来以自国外输入为主。表 44 是石油产品在各国进口总值所占的百分比。

表 44　石油产品占东南亚各国进口总值所占的百分比

国名	1937 年(%)	1948 年(%)
缅甸	5.9[b]	7.3[c]
越南[d]	5.5	2.4
泰国	10.0	…
马来亚	12.4	7.9
印尼	1.7[a]	6.9
菲列宾	5.9	6.0

a. 1938 年数字。

b. 1937—1938 财政年度

c. 1947 年 10 月至 1948 年 4 月。

d. 1948 年指法占领区。

来源：同表 41。

车辆的输入，也是东南亚进口贸易上的重要项目。随着公路的发展，车辆及配件的进口地位，在战后有增加之势，详细数字见表 45。

钢铁材料和机器的进口，因各国的分类方法不同，无法比较。东南亚经济很是落后，所需工业材料和工业设备的数量不大，但因全部供给须仰赖于外来，这类商品，在各国进口总值上所占地位，也很重要。缅甸的钢铁及钢铁制品在战前约占进口总值的 10%，1947 年 10

月至 1948 年 4 月间增至 12%。菲列宾的钢铁材料(不包括机器)在战前约占进口总值的 10%，1948 年降至 5%。马来亚的机器进口，在战前约占进口总值的 2.5%，1948 年和战前相差不远。越南法占领区的机器进口，由战前的 4.6%，增至 1948 年的 8.5%。印尼的金属和金属制成品输入，战前占进口总值的 13%，1948 年却跌至 8.6%。[2]泰国的数字不详。

从上面的分析，可见东南亚各国的对外贸易，在出口方面，以粮食和工业原料为主；在进口方面，以粮食、纺织品、燃料、车辆、钢铁及钢铁制成品为主。进口商品，既然是偏重于消费方面，这些商品的进口数量因之受国内经济繁荣变化的影响很大，而国内经济繁荣的变化，却大部分取决于出口贸易的盛衰。所以，出口贸易在过去，是东南亚经济的关键。东南亚的出口贸易既然这样重要，我们应该进一步研究东南亚主要出口商品在世界市场上过去和目前的产销情形，这样，我们对东南亚经济的前途，可以获得深一层的了解了。

表 45 车辆及配件在东南亚各国进口总值上所占的百分比

国名	1937 年(%)	1948 年(%)
缅甸	3.2[c]	11.8[d]
越南[e]	4.3	10.1
泰国[a]	2.1	…
马来亚	3.0	4.3
印尼[a]	2.9	4.0
菲列宾[b]	5.5	5.6

a. 只指汽车车辆及配件。

b. 汽车车辆及配件及轮胎。

c. 1937—1938 年财政年度。

d. 1947 年 10 月至 1948 年 4 月。

e. 1948 年指法占领区。

来源：同表 41。

三、东南亚主要商品在世界市场上产销情形

东南亚主要出口商品为稻米、树胶、锡、糖、椰子与棕产品、石油、木材、茶叶等。我们现在选择其中最重要的六种：稻米、树胶、锡、糖、椰子与棕产品和石油，逐一检讨如下：

稻米　东南亚区域内，缅甸、泰国、越南为三大输出食米的国家。战前每年平均输出量三国合计，约有四百七八十万公吨。重要输入食米的国家，都在亚洲。战前输入量最大的为印度，其次为日本、中国、马来亚、锡兰等国。战后，缅甸、泰国、越南的输出量，跌落很大。最堪注意的是越南，随着越南人民解放斗争的开展，法帝国主义无法利用越南解放区的产品，所以，在法帝统治区域内，越米的输出量，不及战前的$\frac{1}{10}$。世界主要国家(地区)的食米输出和输入数量，见表46如下：

表 46　世界主要国家历年输出和输入的食米数量(千吨白米量)

年份	1934—1938 (每年平均)	1946	1947	1948	1949
世界出口总量：	8564	2235	2548	3484	3513
主要出口国家(地区)输出量：					
缅甸	3070	424	805	1230	1190
泰国	1388	450	390	812	1215
越南[d]	1290	98	43	172	94
巴基斯坦	260[a]	300	331	145	…
美国	68	374	437	384	530
巴西	50	208	182	213	4
埃及	97	175	197	336	309

年份	1934—1938（每年平均）	1946	1947	1948	1949
主要进口国家(地区)输入量：					
印度	1961	662	790	943	801
日本	1757	16^c	3	35	160
中国	855	205	269	384	150
锡兰	530	274	243	401	401
马来亚	548	284	275	480	510
印尼	282	98	117	207	348
菲列宾[b]	44	222	37	102	130
香港	175	89	86	114	82
北婆罗洲	51	14	31	32	26

a. 战前系印度之一部，这里数字指未分治前，自巴基斯坦区域运往印度其他部分的数量。

b. 净进口量，即进口量减去出口量所得之数。

c. 包括南朝鲜。

d. 战后指法占领区。

来源：FAO，Food & Agricultural Statistics. Apr.，1950.

战后食米输入减少最著的，是日本、中国、印度三国。中国的粮食生产，因收成的好坏，每年的伸缩性很大。所以，过去中国的洋米输入数量上落也很大。战后 1946—1948 年间，在国民党反动统治下，中国粮食生产有减无增，而洋米输入，却跌落很大，可见在解放前，中国缺粮区域的食米供给情形是很坏的。解放后的中国，由于地主剥削制度的取消，农民生产情绪的高涨，和交通的恢复和改进，中国粮食已能自给，无需再输入洋米了。战后印度和日本弥补食米输入减少的方法，是一面继续实施粮食配给制度，一面以输入小麦和面粉作为替代。这两国战后小麦和面粉输入量的增加，很足惊人，详细数字见表47如下：

表 47　亚洲各国(地区)战后输入的小麦和面粉数量(千吨同等麦量)

年份	1934—1938 (每年平均)	1946	1947	1948	1949
印度 巴基斯坦	(-)226	1321	867 …	1554 44	1711 19
日本	(-)97	750[a]	1277	1127	2094
中国	760	585	175	175	68
锡兰	25	308	460	220	246
马来亚	77	297	239	193	100
印尼	105	42	101	96	88
菲列宾	107	238	226	249	260
香港	24	115	47	44	92
越南[b]	26	5	12	19	6

(-)指净输出量

a. 包括南朝鲜输入量

b. 战后指法占领区

来源：FAO, Commodity Series No. 10, Grain Bulletin, January, 1949.

FAO, Food & Agricultural Statistics, Apr., 1950.

小麦和面粉的来源，以美国、加拿大、阿根廷和澳洲四大产麦国为主。日本在盟军占领下，小麦和面粉是由美国供给的。美国的小麦，在战后初期，因世界粮产的不足，当时成为很宝贵的商品，但在战前，却是过剩的产物。美国政府为维持粮价起见，须经常在粮价下落时在市场上收购，以维持法律规定的最低价格。在第二次世界大战前，政府收购的小麦，囤积在仓库里的，满坑满谷，无法处置。第二次世界大战爆发后，各国粮产减少，美国过剩的小麦才获得出路。今后各国粮产恢复，美国的小麦，在资本主义盲目生产下，不免又要发生过剩的现象。过剩的小麦将来恐怕要在国际市场上和东南亚的稻米，竞争销路。印度和日本的粮食供给，一部分已经由小麦代替了。将来缅甸、泰国、越南的稻米产量增加后，第一个问题是怎样恢复这已失去的市场。日本自 1948 年起已开始向东南亚大量购运食米，但 1949 年的食米输入量，才及 16000 公吨，较战前的数量，还不及 $\frac{1}{10}$。印度的食米输入量，于 1949 年反见减少。要增加东南亚食米的销路，目前的米价，恐怕不能维持。事实上，缅甸和泰国的米价，于 1949 年下半年起已有下跌之象。纯粹从人体需要上讲，东南亚的稻米不应发生过剩的现象，因为亚洲以米为粮食的人口，增加很速，而且这一部分人口，过去或目前在政治和社会剥削制度下，都是在饥饿线上挣扎。只要他们获得解放，生产力提高，收入增加，他们的粮食消费，自然会增加的。但这里边还包括一个经济问题，那是今后怎样减低稻米的生产成本，使粮价下跌，在国外市场上，可与小麦、面粉竞争，而增加销路，同时又因劳动生产率的提高，使谷贱不至伤农。

树胶　战前世界树胶生产量，1938—1940 年间的每年平均数，为 1100000 长吨。马来亚占 38%，印尼占 37%，越南占 5.8%，其他亚洲国家如印度、锡兰也有生产。亚洲各国的总生产量，约占世界产量的 96%。战时，东南亚被日本占领，树胶来源断绝，盟国所需树胶，大部分靠人造树胶供应。美国在战时扩充人造树胶的制造相当成功，最高时，年产量可达 850000 长吨。战后东南亚树胶的产量，恢复很快。1946 年的世界总产量，约达 837500 长吨，1947 年便增至 1260000 长吨，1948 年，更增至 1520000 长吨，1949 年稍见跌落，约达 1482500 长吨。马来亚的树胶生产在 1948—1949 两年间，占世界产量的 45.6%，印尼占 28.7%，越南占 2.9%。各国的输出量百分比，也和上述数字相差不远。详细输出数量见表 48。

表 48　东南亚各国历年树胶输出量(净输出量单位千公吨)

年份	1938—1940 每年平均	1946	1947	1948	1949
世界出口总量	1080	963	1233	1458	1438
马来亚	414	367	640	679	679
印尼	402	230	287	432	422
越南[b]	63	135	51	41	41
泰国	42	24	53	96	94
英属北婆罗洲[a]	40	29	53	62	60
缅甸	8	6	9	9	8

a. 包括勃罗奈与沙勝越

b. 战后指法占领区

来源：International Rubber Study Group, Rubborstatistical Bulletin, Feb. 1950. Ecafe Survey, 1949.

　　世界树胶的消费量，于 1938—1940 年间，每年平均约为 1060000 长吨，和生产量很是接近，但这是生产受了国际协定限制的结果(见下节)。战后的世界消费量，1948 年为 1420000 长吨，1949 年为 1427500 长吨，较战前增加约达 40%，但生产量始终在消费量之上。美国是世界最大的树胶消费国家，战前美国的消费量约达 560000 长吨，占世界消费量的 53%，战后，1948 年美国的消费量，为 627300 长吨，1949 年因经济衰落，降至 574500 长吨，在绝对数量上，虽较战前增加了许多，但在世界消费量的百分比上却跌落很大。1948—1949 两年美国的消费量约占世界消费量的 42%，较战前的百分比小得多，这是因为他国的需要增加而美国国内有人造树胶供应，代替了一部分天然树胶的需要。英国的消费量，在战前占世界的 12%，战后 1948—1949 两年，占世界的 13%。

　　在过去几十年间，世界树胶的需要，因汽车工业的发达，而有迅速增加之势。据估计，世界树胶消费量的 70%，是用来制造汽车轮胎的。但在生产方面，胶树在热带区域，极易培植，所需固定资本，又极有限，故增产极易。在战前世界树胶因之常有生产过剩的倾向，而迫使各国采取限制生产和限制输出的计划（见下节）。战后，除了生产过剩的可能性将重见外，更受到人造树胶竞争的威胁。从东南亚区域言，更有人怕中南美地带天然树胶的增产而夺去美国市场。先以人造树胶而论：目前生产人造树胶的主要国家，除苏联外，为美国和加拿大。1945 年的产量，美国为 820400 长吨，加拿大为 45700 长吨。战后，美国政府曾规定凡制造商需用树胶时，须用一定比例的人造树胶，故美国人造树胶的产量在 1949 年，尚达 393700 长吨，加拿大是年的产量，反增至四 6600 长吨。人造树胶的价格，Neoprene 型，在 1938 年，每磅约为美金六角五分，1949 年跌至三角二分；GR-S 型 1942 年每磅为五角，1949 年为一角八分半，Butyl 型，1942 年，每磅为三角三分，1949 年为一角八分半。这个价格已和天然树胶相去不远（见下），但天然树胶的品质也许有比人造树胶优胜之点。据 1950 年 1 月间美总统向国会的建议，今后美国生产人造树胶的数量，应以相当于全国树胶需要量的 $\frac{1}{4}$ 或每年 25 万吨为限。这样，美国的天然和人造树胶的销路，已不再取决于价格的竞争，而是照政府规定一定的比例，由两者间分摊了。

至于中南美地带的树胶业，在战时，确曾受到美国的注意，产量由 1941 年的 27000 长吨，增至 1944 年的 50000 长吨，但战后已开始萎缩。1948—1949 两年，每年平均产量，不过 25000 长吨罢了。按胶树割胶时，需用大量人工，而中南美各国，人工缺乏，要发展树胶业，以与东南亚竞争，在短期内是很难办到的。

在目前的资本主义国家供求情形下，世界的树胶产量，也许已达到饱和之点。纽约树胶（烟花片 Smoked Sheet）的批发价格，1938 年每磅为美金一角四分六厘，战后最高时，于 1948 年 7 月涨至二角四分二厘八毫，但到了 1949 年 6 月跌至一角六分三厘六毫，1949 年全年平均，也不过一角七分五厘六毫。新加坡的烟花片批发价格，1938 年每磅为叻币二角四分六厘，1948 年全年平均为四角二分一厘五毫。

1949 年 6 月跌至三角二分二厘一毫。9 月间英镑贬值，叻币也随之贬值，但纽约的树胶价格，不因之而下落。受刺激的，却是新加坡价格，由 8 月间的每磅叻币三角四分六厘涨至 10 月间的四角三分九厘八毫，11 月间的四角五分七厘二毫，12 月间的四角八分四厘四毫。新加坡战后的树胶价格，比起其他战后物价来，本来是偏低的，所以，战后树胶生产的大量增加，没有造成马来亚特殊繁荣的局面。1949 年间叻币的随英镑而贬值，刺激树胶价格的上升，暂时改善了生产者的地位（所谓生产者，实际上，是经营胶园的资本家和经营树胶的中间商人，真正在胶园工作的劳工，继续在低廉工资压迫下，在饥饿线上挣扎）。但世界树胶产量，还有继续增加之势，纽约的树胶市价，能否长期维持，很成问题。1950 年 4、5 月间，纽约和新加坡树胶价格曾告回涨，据说是印尼生产跌落所造成，但其中不免受投机者的影响，这个对生产者有利的局面，能够维持多久，很成疑问。

目前在树胶市场上，有一因素未可预卜的，是美国的囤购"军略物资"政策。美帝国主义为积极备战起见，已开始囤购美国本国所不能生产的重要物资如树胶、锡等。美国政府究竟计划囤积多少树胶，局外人无从知道。但这个计划已给美国政府一个重要工具，足以操纵世界树胶市场，同时也变成美国政府用来压迫和引诱英荷当局的利器了。

从远处看，美国的囤购树胶，是有止境的。东南亚如欲继续发展树胶业，必须另找出路才对。世界树胶的需要，无疑地还将继续增加，但英美等已经高度工业发展的国家，树胶的消费量，将来所可能增加的已属有限得很。所以，东南亚的未来希望，是在新兴的国家，如东欧新民主主义国家等。日本在将来经济发展途径中，不管向哪一方面走，也将需要大量树胶的。此外，苏联也是很重要的可能主顾。苏联自产的人造树胶和在高加索所植的胶树的产量，大概可以自给，故在战前输入树胶量很少，但战后 1948 年，苏联向马来亚输入的树胶，达 103593 长吨，1949 年，也达 63400 长吨。所以，苏联的树胶输入还有发展可能。至于中国在工业化过程中，所需树胶量也将增大，但中国可以在海南岛发展胶园达到自给的程度，将来对东南亚树胶的需要是很有限的。

除了上述可能的基本出路外，东南亚在目前的国际市场上，还可在另一方面寻求发展。过去世界各地的树胶生产，偏重于烟花片的制造，但最近英美市场对树胶液（Latex）的需要激增。树胶液的制造，是把从胶树收来的胶汁，除去过度的水分后，加入某种化学品，使液体不凝固硬化。这样装运出口，在市场上销售，购买者可以拿来任意制造各种树胶制品。据估计，世界树胶液消费量，1946 年不过 8825 长吨，1947 年达 25000 长吨，1948 年更增至 47000 长吨。世界树胶液总进口量，1938 年为 23500 长吨，1947 年达 32500 长吨，1948 年更增至 53300 长吨，1949 年也达 54854 长吨。以马来亚而论，树胶液的出口，1938 年，才达 15000 长吨，1948 年增至 40000 长吨，1949 年为 45700 长吨。由此可知，即在目前的世界市场情况下，树胶液的需要还可能有很大的进展。不过，树胶液的制造，仅占世界树胶产量的一小部分而已，今后即使有很大的前途，对整个树胶业的影响也还是有限的[3]。

锡　锡在金属中是比较昂贵的一种。在战前，纽约的锡价，约等于铝价的两倍半，铜价的四倍余，锌价的八倍，铅价的九倍余，生铁价的 48 倍。锡砂的主要产地是东南亚的马来亚、印尼、泰国、南美的玻利维亚、非洲的那吉利亚和比属刚果。其中马来亚的锡产，占世界领导地位。1939 年，马来亚、印尼、泰国、玻利维亚四国产量，共占世界产量的 71%。中国也是主要产锡国之一，在战前占世界第五位，但中国的锡产，过去在反动派统治下，历年增加很少。在第二次世界大战期间，东南亚的锡产来源断绝，盟国不得不努力发展玻利维亚和非洲的锡矿，同时，在国内厉行用途的节约。在战时，玻利维亚的年产量，较战前增加了 1 万多吨；比属刚果，增加了 5000 多吨，跃居了世界第二位；那吉利亚所增不多。战事结束后第一年，玻利维亚、北属刚果和那吉利亚还占世界产锡国的前三位。但马来亚和印尼的锡矿恢复工作，进行很是积极。1947 年，这两国的产量已超过了比属刚果和那吉利亚，而列居世界第二和第三位。到了 1948 年和 1949 年，马来亚恢复了战前的首席，但产量还没有到达战前纪录。

玻利维亚还维持战时庞大的产量，占第二位；印尼占第三位。1948
年的世界产量为 156000 吨，1949 年为 164000 吨，较战前的最高纪
录——1937 年——210000 吨，还只及 $\frac{3}{4}$。

　　马来亚不但在产锡砂上占世界首席，同时，也是熔炼锡块设备最
大的国家。马来亚的炼锡量，1937 年为 96000 吨，约占世界炼锡量
的 48%。第二次世界大战爆发后，马来亚的炼锡产量，在 1940 年，
被扩充至 128000 吨，约占世界产量的 60%。当时英国本国产量占世
界第二位，年产约 25000 吨(不包括再生锡)，荷兰占第三位，年产
约 20000 吨。美国在第一次世界大战时，曾在国内设立炼锡厂，但战
后因成本太高而停止。第二次世界大战期间，马来亚被日军占领，荷
兰也沦陷德军之手。美国于是又在国内设立炼锡厂，厂址在德士哥州
的德士哥城(Texas City)，由政府津贴创办的，有年产 52000 吨的设
备。战后 1946 年，美国还保持世界炼锡产量的第一位，产量为
44000 吨。但马来亚复兴很快，到了 1948 年，产炼锡 50000 吨，重
据世界首席，1949 年更增至 63700 吨。美国的炼锡业，因工资和煤
价的高昂，无法和马来亚竞争，故战后的产量，已渐收缩，1948—
1949 两年每年只出了 37000 吨。但美国为了备战起见，大概将由政
府继续津贴维持德士哥炼锡厂的一部分产量。

　　战前和战后世界主要国家输出和输入的锡砂和炼锡量，见表 49
如下：

表 49　世界主要国家历年输出和输入的锡砂和炼锡数量(长吨)

	1937 年	1940 年	1946 年	1947 年	1948 年	1949 年
锡砂的输出：						
印尼	25854	22187	4923	15625	32521	30459
泰国	16494	17447	…	5277	5651	7652[a]
缅甸	1992	2936	724	1774	1835	1389[a]
越南[c]	1554	1638	…	11	33	…

续表

	1937 年	1940 年	1946 年	1947 年	1948 年	1949 年
玻利维亚	25024	37940	37619	33259	37255	33337
比属刚果	6535	4600ᵃ	10190	11309	10250	9774
那吉利亚	10468	10257	9995	10217	8783	9189
世界总计	99500	99500	64500	78500	97100	93000
炼锡的输出：						
马来亚	93106	130935	7619	32072	47214	54783
中国	12870	6249	1535	4050	3850	…
英国	28016	14827	20605	3909	2203	4187
荷兰	25332	2239	266	4771	12258	19247
比利时	8205	1310	2780	12346	10119	9763
比属刚果	2321	7800ᵃ	3901	3588	3811	4469
世界总计	184000	169000	52000	67000	82000	96200
锡砂的输入：						
马来亚	22302	45573	490	3326	3517	65600
美国	151	3000	38138	28365	37492	38247
英国	32300	52500	28440	23736	28777	25227
荷兰	28147	159	963	11524	17681	17376
比利时	6217	—	3900	11147	10781	8503
炼锡的输入：						
美国	88115	124810	15263	24953	48954	60222
法国	9431	11907	6910	9299	7618	4411
德国	10157	7667	—	—	1844ᵇ	4139ᵇ

a. 估计数字

b. 英美占领区，1948 年 12 月 15 日后包括柏林法占领区。

c. 越南指法占领区。

来源：International Tin Study Group, Statistical Bulletin, Feb. 1950.

锡的主要用途，为制造马口铁，其次为制造焊锡。美国是世界上锡的最大消费者，每年约占世界消费量的$\frac{2}{5}$至$\frac{1}{2}$。1939年美国所消费的锡，44%用以制造马口铁，21%用以制造焊锡。过去几十年来，由于罐头业和其他工业的发展，马口铁和焊锡的需要激增，世界锡的消费量，因之也不断上升。在1922—1925年间，全世界共吸收了538000吨的锡，1926—1929年间的吸收量增至665000吨（约增至$\frac{1}{5}$强）。在1931—1934年间，资本主义国家经济危机加深，锡的吸收量跌落很大，但较1922—1925年度还是稍高。

在1922—1929年间，世界锡的消费量迅速上升，锡的产量也受需要的刺激和机械开采方法的进步[4]而有迅速增加之势。但自1927年起，锡的产量超过了锡的容纳量，锡价开始下落。到了1929年经济恐慌发生后，各主要国家的"原始锡"（Virgin Tin 即新开采的锡）消费量自1929年的180000吨跌至1932年的108000吨。伦敦和纽约的锡价，也于五年之内跌落一半。各资本家为了挽救锡价下跌的危机，曾于1929年起，开始作国际合作限制锡产的呼吁。1931年起，"国际锡产管制方案"成立，于是世界的锡产开始受到国际间的统制。以后这个方案曾修订数次，但直到第二次世界大战爆发时，统制办法在基本上没有变更（详情见下节）。

在第二次世界大战期间，盟国方面的锡产，是由盟国政府在华盛顿组织的"联合锡产委员会"（Combined Tin Committee）管理的。这个委员会，名义上是一个国际组织，实际上是由英美把持的。当时，英美为节约锡的用途起见，在国内曾厉行配给办法。战后，因锡产恢复的需时，锡的配给制度继续施行。到了1949年，世界锡产渐见恢复常态，美国政府才于8月25日起，停止"管制锡的用途"（End-use Control），12月1日起，对罐头业用锡的限制，也完全撤销。锡的价格，原来也由"联合锡产委员会"规定的，但自1949年11月15日起，英国政府准许伦敦金属交易所复业；同月16日起，新加坡锡的自由市场也重新开张。"联合锡产委员会"也于同月14日宣布已建议各政府把这委员会予以结束。所以，自 1949 年 11 月 15 日起，世界锡的交易已恢复战前自由状态了。

过去数年间，锡产还未完全恢复，锡的用途，由英美政府管制，因之，到目前为止，我们还不能确切知道资本主义市场上锡的供求形势如何。在英镑贬值和锡的自由交易开放前，英美政府所定的锡价，在美国为每磅一元三分，在英国为每长吨 572.5 镑。1949 年 9 月英镑贬值后，英国锡价由英政府提高至每长吨 750 镑；美国锡价，跌至每磅九角五分左右。1949 年 11 月 15 日伦敦金属交易所恢复营业后，是月底，锡价跌至每长吨 618 镑。1950 年 1 月间，更跌至每长吨 600 镑；纽约市价每磅只达七角四分半。今后的趋势似乎锡的产量将继续增加，而锡价也许要继续下落。但过去锡的消费量，由英美各国控制的，到了 1949 年 11 月后，锡的自由交易恢复后，锡的消费量，可能要增加些。在战时，因锡的来源减少，英美两国，都尽量利用其他金属代替锡的用途，或避免利用包扎品的锡装。今后如锡的供应充裕，至少有一部分工业要恢复利用锡做原料。但战时美国工业因节约用锡，已开始大量用电化镀锡方法(Electrolytic Process)制造马口铁。旧时是用"热浸方法"(Hot-dipping Process)。用电化方法，可以把马口铁的外边锡层涂成很薄，这样可以节省用锡。1946 年美国用电化镀锡的方法制造马口铁约 800000 长吨，到了 1949 年增至 1800000 长吨。在同一时期内，用热浸方法制造的马口铁，自 1546000 长吨，反跌至 1520000 长吨，这可见电化方法的风行了。但有许多装置食物的罐头，还得用镀锡较厚的马口铁，以免发生化学作用，故节约用锡，也是有一定限度的。

从锡的前途看，锡价的下落，在资本主义市场上，很难大量促进锡的需要。因锡是附属品，在消费商品上所占成分极少。例如制造马口铁所需用的锡，只占马口铁售价的 20%，而用以包装食品的马口铁，大抵只占罐头食品售价的 $\frac{1}{10}$。假如锡价跌落 50%，马口铁的成本只跌落 $\frac{1}{10}$，而罐头食品的成本只跌落 1%，这对于购买罐头食品的消费者，影响很小。又如美国制造私人汽车，每辆约需用锡 2.88 磅，战前锡价每磅不过美金半元左右，最近也不过九角左右，即令锡价增加一二倍，对汽车价格可说是丝毫不发生影响。所以，依照过去的经验，锡的消费量增加，还是要靠世界各国一般经济情形的进步。从长期看，正和树胶的情形相似，英美等国的工业发展，已达极成熟的阶段，以后锡的消费量：所增已属有限，所以，锡的未来市场，恐怕也要期待于新兴国家的发展了。在 1937 年，美国的"原始锡"消费量，较 1927 年增加 30%，英国在同一时期内，增加 4%，而苏联在同一时期内，增加了 5.6 倍，日本也增加了 87%。今后印度如能迅速发展工业，东南亚的锡产，也可以获得一个很大的主顾。不过，依目前情形而言，东南亚的锡产，还须仰赖于英美和欧陆的市场。而最近美国所实行的囤购军略物资的政策，也是决定世界锡的需要量的一大因素。美国国内不产锡，战后美国政府已开始囤购了不少的锡。据传说，美政府决定囤积 250000 吨的锡，到了 1949 年 10 月底，已囤购了 85000 吨[5]。今后三四年内，世界锡产大概不至发生过剩现象，美国的囤购，是一个很重要的因素。但美国囤购锡的数量，不是无尽的。假如东南亚继续全部依赖英美市场作为锡的出路，那么，英美资本主义经济的崩溃，将使锡的销路剧跌，而东南亚经济也将无法避免地被牵入漩涡了[6]。

糖 世界的糖产有两大类：一是由甘蔗制成的，一是由甜菜制成的。欧洲各国，大多靠本国甜菜制成的糖供应国内市场。甘蔗糖产生在热带区域，大部分的产量是输出的。在 1939—1940 年间，全世界甘蔗糖产量为 19700000 吨，甜菜糖为 11500000 吨。苏联、德国、美国、法国、捷克、英国、义大利、波兰是产甜菜糖的主要国家，其中捷克、波兰和德国，在战前有剩余出口。产甘蔗糖的主要国家为印度、古巴、印尼(爪哇)、巴西、菲列宾、澳洲、保多利哥、夏威夷等，中国的台湾也产大量的甘蔗糖。主要产蔗糖国家中，有大量输出的，为古巴、印尼(爪哇)、夏威夷、保多利哥和菲列宾。

糖的市场在战前，也可分成两类：一是特殊市场，一是"自由市场"。特殊市场是指欧美各国在关税差别待遇或进口限额制度下被保护的国内市场，在这市场内，糖的需要，一部分由国内甜菜糖供应，一部分由殖民地或特殊势力范围地带输入，例如古巴、夏威夷、菲列宾的供给美国，战前台湾的供给日本，不列颠自治领和其他属地的供给英国，爪哇的供给荷兰等都属于这一类。"自由市场"是上述特殊市场以外的地带，主要的是近东国家，远东的中国、马来亚、欧洲的瑞士、挪威、南美的智利等。英美等国的本国产量和由特殊地带输入的数量往往不够供应国内全部需要，还得向其他区域输入。这种准许其他区域输入的剩余额，在国际糖业上也叫作"自由市场"。所以，自由市场不是表示享受免税待遇的市场，而是指在销售上不受歧视或不被特定办法排斥的地带。这个自由市场的范围，随时间而变化。自第一次世界大战后，自由市场逐渐缩小，到了第二次世界大战前，在国际上输出入的糖，每年约达11000000吨，其中属于自由市场的，只达3300000吨而已。这次战后，各国都厉行进口统制，故自由市场的范围，已越来越小，和特殊市场的区别，也越来越小了。

　　世界糖的消费量，在最近一世纪来，增加很速。自1918年至1929年间，每年增加率约达4.5%，比人口增加率大得多。1929年资本主义国家经济恐慌开始后，世界糖的消费量停留在27000000吨左右。1934年后又慢慢上升。但在这次大战期间，又遭限制。糖的消费量虽然增加很速，但糖的生产量却是增加更速。结果，在过去几十年间，在不合理的资本主义制度下，世界糖产常有过剩的现象。以蔗糖而论，热带和半热带种植甘蔗，很是容易，增产极快。甜菜糖的成本，比较高些，但在欧洲大陆国家，农民须采用轮流种植制以保持土壤的肥沃，甜菜便成为良好的轮种的植物之一，而且从甜菜制炼糖时，菜叶可作喂料。所以，自19世纪中叶以后，欧洲国家大多采用保护关税政策，或直接津贴制度，以扶植本国的甜菜业。结果，甜菜糖的产量，也增加很快。糖产增加之易，可以下列数字为例；古巴于1916—1917年至1918—1919年间，糖产增加达30%；1924—1925年的一年收成，较上年增加了25%，计达100万吨之多。爪哇在第一次世界大战后，因甘蔗糖种子改良，而糖产大增，在1923—1924年至

1927—1928 年间，增加 50%，也达 100 万吨之多。菲列宾的糖产，于 1930—1933 年间，增加了一倍。美国的甜菜糖产量，于 1924—1934 年间，也增加了一倍。印度的蔗糖产量，受关税保护后，在五年之内，也增加了一倍。

在资本主义剥削制度下，糖的生产和糖的销路也发生了矛盾现象。在糖业资本家看来，这是糖产过剩问题。自 1926 年起，古巴便实行了限制糖产计划。嗣后，各国资本家有订立国际协定，限制糖产的呼吁，到了 1931 年，国际糖产协定，才正式成立，规定了参加国家的出口限额。但实行后，没有达到预期的效果。1937 年国际糖业会议在伦敦举行，结果成立了国际糖业产销协定，但实行不久，欧洲战事即告爆发，这个协定，实际上就陷于停顿之境（参见下节）。

在大战期间，爪哇和菲列宾都被日本占领。英美各国糖的需要，不得不依赖古巴等地的供给。结果，古巴的糖产激增。战后，爪哇和菲列宾的糖产，恢复较慢，所以，古巴糖在世界输出上，继续占压倒的优势。从下表（表 50），可见这三国历年输出量的变迁。

表 50　古巴、印尼、菲列宾历年的糖输出量（单位千吨）

年份	古巴	印尼	菲列宾
1925	4500	1849	528
1927	4572	1839	528
1929	3151	2743	691
1931	3190	2012	782
1933	2174	1300	1148
1935	3048	1128	599
1937	2682	1128	853
1939	2621	1189	884
1946	3723	—	—

年份	古巴	印尼	菲列宾
1947	5583	2	19
1948	5916	63	217

来源：1925—1939 年，Swerling, International Control of Sugar. 1918—1941.

1946—1948 年，FAO, Food & Agricultural Statistics, Sept. 1940.

从糖的消费量而言，世界各国中，当以英国、美国、加拿大、澳洲、北欧各国、瑞士、古巴等国人民的消费量最大，战前平均每人每年消费量，在 85 磅以上；中欧、南非、南美各国的人民次之，平均每人每年消费量约在 40—85 磅之间；巴尔干、印度、远东各国的人民消费量最低。据调查，中国人民每人每年消费糖不过三磅而已。依据过去的经验，糖的消费量，随习惯的转变，糖价的跌落，和人民生活水准的提高而增加。在两次大战期间，苏联、日本、波兰、印度、墨西哥等国的消费量都有很大增加。这次战后，菲列宾因美国甜味饮料（可口可乐）的大量推销，糖的消费量据闻也较战前增加许多。在糖的消费量原来很高的国家内，今后即令糖价续跌，消费量可能增加的已属有限。但这类国家，在世界上还占少数，大多数的国家，只要糖价能维持低廉，和人民生活水准提高，糖的消费量是可以大量增加的。战前，当资本主义国家经济危机加深时，世界糖的消费量停止上升，这可以证明糖的需要和一般经济情况有密切的关系，这是从消费方面而言。但在目前情势下，糖产出口的危机，是在生产方面。甘蔗和甜菜既然是很容易栽种的植物，而制糖工业，也比较容易建设起来，故本来靠外糖进口的国家，大多有发展国内糖产，以求自给的企图，而这种企图，是不难达到的。所以，靠产糖出口的国家，将来也许眼看着国外市场一天一天地缩小，而不得不实行减产的计划了。不过，在东南亚方面，目前印尼和菲列宾的糖产，还没有恢复到战前水准，今后似乎还有发展的余地。菲列宾产糖成本，战前是比较高的；菲糖的所以发展，完全是靠美国特惠市场。今后菲列宾糖业应否恢复战前水准，甚至再求继续发展，是很值得研究的一个问题。爪哇的产糖成本，在战前是以低廉闻名的，今后在东南亚需要范围内，也许可以作相当规模的复兴。日本在战前是靠台湾糖的，将来可能以爪哇糖代替。但战后古巴糖已侵入了日本市场，今后爪哇糖能否在日本获得出路，要看它对古巴糖的竞争能力了[7]。

椰子和棕产品　椰子和棕是东南亚的两种特产，椰干、椰油和棕核、棕油在国际市场占很重要的地位。这几种产品的主要用途为制造人造牛油(麦其令)、烹饪用的油脂和肥皂。战前椰干、椰油的产量，印尼占东南亚的第一位，菲列宾和马来亚次之。战前棕核和棕油的产量，印尼也占第一位，马来亚次之。世界椰子总产量，以同等油量(Oil Equivalent)计算，1934—1938年的平均，每年约达1870000吨，其中印尼约占33%，菲列宾占24%，马来亚占6%；其他主要生产国家为印度和锡兰，合占14%。战后的世界产量，稍见下跌，1947年约达1800000吨，1948年因菲列宾等地收成不佳，减至1760000吨。印尼的产量，战后跌落很大(见上第五章第二节表15)，1947年约占世界产量的22%，1948年增至27%。菲列宾的战后产量，增加很大。1947年占世界产量的42%，1948年歉收，但也在战前产量之上，占世界产量的33%。印度和锡兰的产量，大体上维持原状，约占世界产量的13%~15%之间。

世界棕油产量，以同等油量计算，1934—1938年间，平均每年产690000吨；其中印尼约占36%，马来亚占8%。棕油最大生产区域为英属东西非洲和比属刚果，这两地的战前产量占世界产量的47%。战后，世界棕油产量大见跌落，1947年为430000吨，1948年增至530000吨。印尼和马来亚的棕油产量，都见下落，1948年，印尼产量才及世界产量的10%，马来亚产量，占7.1%，(详细数字，见上第五章第二节表15)。

世界上工业国家，差不多都须输入椰干、椰油、棕油等产品，作为制造人造牛油、烹饪油脂和肥皂的原料。所以世界各地椰子产品的80%，棕油的71%，是在国际市场销售的。战前消费最大的国家，除苏联的数字不详外，为美、英、德、法四国。椰子产品的输入，美国占首位，而棕核、棕油的输入，英国占首位。战后初期，德国的输入，已停顿了，到了 1947 年才有小量的输入。各主要国家的椰子和棕产品输出和输入数量见表 51。

表 51　世界主要国家历年输出和输入的椰干椰油量（单位千吨）

年份	1934—1938 每年平均		1947		1948		1949	
	椰干	椰油	椰干	椰油	椰干	椰油	椰干	椰油
世界净出口量	1280	283	1400	83	1238	149	…	…
东南亚各国净出口量：								
印尼	325	14	129	2	204	3	246	2
马来亚	95		(−)20[b]	42	(−)17[b]	46	(−)15[bc]	52[c]
菲列宾	192	164	635	18	400	43	356	65
主要消费国净进口量：[a]								
美国	147	165	386	11	256	50	245	52
英国	73	39	82	62	64	70	68	55
法国	90	7	95	1	60	2	57[c]	4[c]
德国	175	2	10[d]	29[d]	19[d]	16[d]	34[de]	11[de]
荷兰	34	8	93	1	90	3	90[e]	1[e]

a. 战前系 1938 年数字。

b. (−) 指净进口量。

c. 1—10 月。

d. 英美占领区。

e. 1—9 月。

来源：FAO, Food & Agricultural Statistics, Apr. 1950. FAO, Fats & Oils.

战后椰子和棕产品输出数量的减少，促使这两类产品在国际市场上的价格上升。美国市场上的椰干价格，1937 年每短吨为 74 元，1948 年 1 月涨至 313 元，嗣后逐步跌落，同年的 12 月为 255 元，1949 年 5 月为 183 元。因价格的高涨，战后椰干跃居菲列宾出口贸易的首位,在印尼也跃居第三位(见上第二节)。美国市场的棕油价格,1937年每磅为八分六厘,战后上涨很高。1948年10月达最高峰,每磅为二角八分六厘,嗣后开始下跌,到了1949年5月为一角八分八厘。东南亚各国的棕油产量不大,占出口贸易上的地位也不高,但战后马来亚和印尼的棕油出口价值在出口总值上的百分比也上涨了不少(见上第二节)。今后这两类产品,因产量的增加,也许不能维持1949年的价格水准。但世界各国的椰油和棕油消费量,随着工业的进展,也将逐渐上升。所以,这两类产品大概还不至发生生产过剩的现象。假如东南亚各国能自己利用椰油和棕油制造人造牛油和肥皂,那么,前途更可乐观了[8]。

石油　石油也是东南亚主要产品之一。但是东南亚的产量,占世界产量的百分比很小。1948年世界的原油产量约达4亿6600万公吨,而东南亚印尼和英领婆罗洲的原油产量,合计不过700万公吨(见上第五章第三节表19),约合世界产量的1.8%。战前印尼、英领婆罗洲和缅甸三地的原油产量,合计也不过1000万公吨,约合当时世界产量的3.5%。所以,东南亚的石油输出,是不足以影响世界石油市场的。实际上,世界石油生产,除苏联、中国和东欧国家外,都操在少数美英荷的石油公司手里。这几个公司,有时互相排挤,有时互相勾结,详细情形,非局外人所能知道。印尼、英领婆罗洲和缅甸的油矿,也是在他们手里,所以,产量的分配,也受他们的操纵。纯粹从供求情形看,石油是世界宝贵的资源,数十年来成为各国争夺的对象。目前,世界各国的石油消费量,在不断增加中,而石油资源有限,所以,将来的问题,不是生产过剩问题,而是怎样节约用油问题。从东南亚看,将来以东南亚自己所产的石油,供给东南亚本区内的需用,恐怕尚不富裕,不要说向外出口了。不过,在现状下,世界的石油矿,除苏联、中国和东欧新民主主义国家外,都是在资本家控制下盲目地为牟利而生产。因之不免有时发生生产过剩,各大石油公司互相竞争使价格下落,但这是不合理的资本主义制度下短期内的矛盾现象,从长期趋势看,石油始终是一种珍贵的物品。

表 52　世界主要国家历年输出和输入的棕核棕油量（单位千吨同等油量）

年份	1934—1938 每年平均		1947		1948		1949	
	棕核[a]	棕油	棕核[a]	棕油	棕核[a]	棕油	棕核[a]	棕油
世界净出口量	721	493	540	287	615	374	…	…
东南亚各国净出口量：								
印尼	20	194	—	2.3	5	40	8.4[e]	64[e]
马来亚	3.3	47.4	2.4	44	3	52	2.8[e]	43[e]
主要消费国净进口量：[b]								
美国	6	123	1.1	28	6.4	24	3.8	34
英国	63	126	166	155	175	190	211	215
法国	40	28	31	6	34	11	52[e]	16[e]
德国	126	29	—	—	8.7[d]		19[cd]	22[cd]
荷兰	22	38	0.1	4	7.2	31	7[c]	44[c]

a. 包括棕核油。

b. 战前系 1938 年数字。

c. 1—9 月。

d. 英美占领区。

e. 1—9 月。

来源：同表 51。

四、独占与竞争交织下的国际商品协定

资本主义经济制度发展的结果，一面在盲目生产下，造成原料品的生产过剩；一面因劳动阶级的被过度剥削和在竞争制度下利润的跌落，而加深了经济危机。经济危机的传播和持续，更加重和扩大了生产过剩的现象。资本家对付这个危险局面的方法，在政治上是加紧国内的控制或武力对外侵略；在经济上，是扩张独占势力，设法跟本国或外国资本家的同行携手以瓜分世界市场。在制造品方面，国际资本家们，设立了很多"卡答儿"（Cartel）机构，在原料品方面，他们成立了国际商品协定。东南亚是生产原料品的重要地带，在第一次世界大战后，第二次世界大战前一段期间，东南亚主要产品，参加国际商品协定的，有四种：（一）树胶，（二）锡，（三）糖，（四）茶叶。欧洲生产木材国家还成立了国际木材协定，但东南亚所产的木材，在国际市场销售的数量不大，而且木料也不同，所以，没有参加这个协定。树胶、锡、糖和茶叶成立国际协定的前因后果，非本节所能详细叙述[9]。这里只能把这几个协定的要点，归纳一下。在国际商品协定未成立以前，各国资本家已感觉到原料品产量增多，价格下落，威胁了他们的利润，所以，已有自动减产的尝试，和小规模联合其他生产者作控制市场的企图。在树胶方面，英国政府遵照生产资本家的意旨，曾于1922—1928年间在锡兰和马来亚实行"史蒂文生限制生产计划"（Stevenson Scheme）。在蔗糖方面，古巴于1926—1929年实行减少生产办法。这都是单方片面的减产尝试，结果，都没有达到预期的目的。1929年资本主义国家经济恐慌爆发后，国际原料品市场，更趋恶化。所以，在1931年以后，这四种商品先后都正式成立了国际间的协定。树胶和锡的协定，是先由资本家们磋商同意而后由各国政府出面订立的；第一次的糖产协定和茶叶协定，是由各国资本家们出面订立，而经各国政府同意，在法律上，予以支持的。这四种协定的要点，可以归纳如下：

树胶：1934—1938年国际树胶管制方案（International Rubber Regulation Scheme）。1938年经修正后继续有效。

参加国：英、法、荷兰、印度、泰国。

限制办法：（一）规定每季各国出口限额。

（二）限制种植新树。

（三）禁止胶树种子、树芽等运往签约国以外的国家。

成立的执行机构：国际树胶管制委员会（International Rubber Regulation Committee）。

锡：1931年国际锡产管理方案协定（Agreement on the International

Tin Control Scheme）；1933 年经修正后，延长至 1936 年底，1937 年又重订五年期的新协定。

参加国：原签字国为马来亚、荷印、玻利维亚、那吉利亚；1933—1934 年间，泰国、越南、比属刚果、葡萄牙、隆达乌龙第（Ruanda-Urundi）、英国先后加入。

限制办法：（一）限制生产。

（二）分摊出口额。

成立的执行机构：国际锡产委员会（International Tin Committee）。

糖：（一）1931 年国际糖产协定（International Sugar Agreement，又叫作 Chadbourne Plan，因为这是由美国糖业资本家代表律师 Thomas L. Chadbourne 主动向各方磋商签订的）。

参加国：古巴、爪哇、捷克、波兰、德国、比利时、匈牙利、秘鲁、南斯拉夫。

限制办法：（一）每年规定出口限额。

（二）处理存货办法。

（三）间接限制生产。

成立的执行机构：国际糖产理事会（International Sugar Council）

（二）1937 年国际糖产协定（International Sugar Agreement，这个协定是由各国政府签订的）。

参加国：21 国。

限制办法：（一）规定出口限额。

（二）缺糖国家允诺在相当范围内限制国内生产并限制自殖民地输入的特惠糖产，以便容纳其他国家糖产的输入。

（三）英共和联邦各地允诺在相当限度内限制对英输出。

成立的执行机构：国际糖产理事会（International Sugar Council）。

茶叶：1933 年国际茶叶协定（International Tea Agreement）；1936 年重订新协定，有效期限延至 1943 年。

参加国：印度、锡兰、荷印，嗣后马来亚和非洲各地的政府和茶叶资本家也同意部分地支持这个协定。

限制办法：（一）规定出口限额。

(二)禁止种植新树。

成立的执行机构：国际茶叶委员会(International Tea Committee)

这几种商品协定，实际上促成签订的，都是几个重要生产国家的资本家；所有由协定产生的几个执行机构，也是由他们操纵的。各国政府的参加，不过是遵从这些资本家的意旨，做他们的护身符罢了。这些资本家自称"生产者"，实际上，只是拥有大量农场和矿山的业主，或是经营这种原料产品的大企业家罢了。他们成立了所谓"生产者协会"，以团体名义在国内和国外活动。他们所促成签订的国际商品协定，不是想在生产和消费两方求得合理的平衡——事实上在资本主义制度下，根本没有法子求得合理平衡的——，而是帮助他们加强对市场的控制。在这种协定下，他们所争取的目标是通过政府的法令，实施出口限额和生产限额制度。这样，一面可以减少市场上的供给量，而提高各商品的价格，增加他们的利润；而另一面靠着限制生产的办法，排挤小农或小矿主的力量，而完成他们独占的地位。例如在1933—1934年间，在第二次国际锡产管理方案下，资本家的人为减产结果，使锡价飞升。1932年纽约平均锡价为每磅二角二分，1933年涨至三角九分，1934年涨至五角二分。马来亚、那吉利亚、缅甸、泰国的各锡矿公司每年所派的红利，在这期内，因之大增特增[10]。锡价飞涨的结果，使美国的马口铁价也上升，而马口铁的产量，自1933年的190万吨，跌至1934年的170万吨(在这个时期内，美国经济危机的加深，当然也是国内马口铁产量跌落的另一原因)。美国用锡的工业，因之竞购"再生锡"(即自废锡品重制的锡)，或延缓购买新锡，结果使美国的存锡量大跌。[11]这个例子可以说明过去国际商品协定的目的，不是求生产和消费的合理平衡，而是在提高价格，增加资本家的利润而已。又例如1934年起马来亚实行"国际树胶管制方案"后，大小胶园都被分配了生产限额，但在决定这限额时，小胶园总是估计偏低，结果，小胶园产量在1934年以前，在比例上本有逐渐上升之势，到了1934年以后，反见下跌。在限产方案实行前1933年马来亚小胶园的产量占总产量47.8%，1934年1至5月，增至51.7%，但实行限产后，1935年跌至36%，到了1938年，才及

29%[12]。由此可见国际商品协定的实行，不过帮助大资本家排挤小企业者罢了。假如小企业者是的确不经济，也有可以说的。实际上，以树胶生产而言，在目前的生产技术下，小胶园的实际生产成本，未必高于大胶园(见上第三章第三节)。在锡产方面，玻利维亚的锡矿，是出名生产成本高的，但在玻利维亚资本家 Patino 公司操纵下，利用国际锡产协定，在国际市场上，竟保障了它的销售量。

树胶、锡、糖、茶叶四种协定，在第二次世界大战期间，在名义上，都被延长继续有效；战前所成立的几个委员会和理事会也继续存在，但在实际上，除了做些关于各商品的调查统计工作外，没有其他任务。战后茶叶和糖产两协定，已于 1948 年 3 月，和 1949 年 8 月先后满期。但国际茶叶委员会和国际糖产理事会还继续存在，办公地点在伦敦，经常仍出版《统计期刊》(Statistical Bulletin)，将来可能要召开国际会议，讨论订立新的协定。关于树胶，战前的国际树胶管制方案，已于 1944 年期满。1945 年 1 月，由荷兰、英、美三国政府召开了一次《树胶研究团》(Rubber Study Group)会议。是年 11 月开第二次会议，法国也加入。嗣后曾续开三次会议，其他各国家，也被邀请参加。并任命了一个经理委员会(Management Committee)，由英、美、法、荷兰、英殖民地、锡兰六代表充任。这个"研究团"的办公地点，也在伦敦，经常有《树胶统计月报》(Rubber Statistical Bulletin)出版。"国际锡产管理方案协定"于 1946 年期满，是年 10 月，英美等八国政府在伦敦召开国际锡产会议，决定设立一个"锡产研究团"(Tin Study Group)。这个研究团的第一次会议于 1947 年 4 月在北京举行；第二次于 1948 年 4 月在华盛顿举行；嗣后又在海牙和伦敦开第三次(1948 年 10 月)和第四次(1949 年 6 月)会议。1950 年 3 月将在巴黎开第五次会议。这个研究团也设立了一个"经理委员会"，由比利时、玻利维亚、英殖民地、法、荷兰、英、美七代表充任，办公地点在海牙，经常有《统计月报》(Monthly Statistical Bulletin)出版。树胶和锡产两研究团的工作，还在研究讨论的阶段中，实际国际协定的起草和订立，还需相当时日。

国际商品协定于 30 年代初期相继成立后，曾引起各方面的注意。

国际资本家的垄断市场企图，也逐渐在行动中暴露出来。所以，在后期的各协定修订过程中，都改由政府召开会议，签订各协定；并于召集会议时，邀请消费国家参加。这种办法，到了战后，更被广泛地采用，而且，为欺骗世界人民起见，这些协定将与联合国和在计划设立中的"国际贸易组织"（International Trade Organisation）发生联系。但这不过是在外表上的改头换面罢了。实际上，还是脱不了资本家的操纵，政府不过做挡箭牌而已。至于消费国家的参加，最有力量的参加国家，当然是美国。因为美国是这些原料品的最大消费者。所以，战后美国在这些国际商品会议中，没有一回不参加，而且在会议场中，还占据了领导地位。但美国实际所代表者，不是消费大众，而是消费这些原料的各大工业而已。这些大工业，有一小部分已经控制了原料品的来源，例如美国轮胎制造业已在马来亚、印尼购置胶园了，但大部分还须在市场上购买所需要的原料。所以，在道些从事于制造工业的资本家和生产原料品的资本家之间，还存在着许多矛盾，而今后的资本主义国家间的商品协定，便是企图缓和这些矛盾的一种尝试。

我们在本章第一节和第三节，已经看到殖民地所生产的原料品，在国际市场上卖买的好坏，是随着资本主义国家经济情形而转变的。资本主义国家的经济，发生了恐慌，这些原料品，便没有出路。目前资本主义国家政府所计划的国际商品协定，是企图用限制生产，规定出口限额，设立平准库（Buffer Stock，即由各会员出资作为基金，于原料品价格跌落时，大量收进存储，俾于价格上涨时抛出，以收平抑物价、调剂盈虚之效）等方法，挽救将来可能发生的"生产过剩"局面。但战前1931年成立的限制糖产和锡产的两个协定，在1931年和1932年两年实行后，都未见功效，到了1934年后，资本主义国家的经济衰落稍告停止后，锡业在极度减产下才能获利，而糖业始终不振；到了1937年以后，日本侵略中国，其他资本主义国家开始备战，情形才见好转。由此可见在资本主义的基本矛盾下，要靠订立几种国际商品协定米挽救危机，未免是一个甜蜜的幻梦而已！

第七章　附注

（1）本章1—4四图的指数，都根据各国的进出口贸易值，依照前国际联盟发表的各国贸易值折合美元率（见国际联盟出版的各期 *Review of World Trade*），折成美元数，再以1929年的基期，编成指数。所用各国币值折合美元率，系指"旧美元"（即1934年贬值前的美元）的折合率。图5系根据前国际联盟编制的"贸易容量指数"（Quantum of Trade）绘制的。（见国际联盟出版的各期 *Review of World Trade*。）缅甸1937—1938年前进出口贸易数字，系归并在印度贸易统计内。兹根据 *Statistical Yearbook of British India* 历年所载缅甸外洋贸易和沿岸贸易数字，两者相加后，算作缅甸全部对外贸易价值。所谓沿岸贸易是指缅甸对印度的贸易和沿缅甸本国海岸的贸易，故外洋在沿岸两者相加所得的数字，一部分包括沿缅甸本国海岸的贸易，但沿缅甸本国海岸贸易的数量不大，所以，所得数字的偏高错误大概不至很严重。

兹将绘制本章五图时所根据的指数，附录于后以备查考：

（一）各国出口贸易总值指数（基期：1929年）

年份	世界总出口值	缅甸	越南	泰国	马来亚	印尼	菲列宾
1928	98.8	95.7	108.3	119.3	92.6	109.0	94.9
1929	100.0	100.0	100.0	100.0	100.0	100.0	100.0
1930	80.2	79.6	70.2	73.2	71.3	80.2	80.9
1931	57.3	55.1	43.4	51.9	41.1	51.8	63.2
1932	39.0	46.5	39.9	45.0	25.3	37.7	58.0
1933	35.5	44.1	37.5	40.4	27.7	32.5	53.1
1934	34.2	43.4	39.2	45.5	36.8	33.8	40.1
1935	35.0	46.0	47.9	42.0	37.3	31.0	33.8

续表

年份	世界总出口值	缅甸	越南	泰国	马来亚	印尼	菲列宾
1936	38.1	47.7	56.8	50.3	41.7	35.1	49.2
1937	46.7	44.2	56.6	46.2	59.1	53.5	55.0
1938	40.6	39.3	45.3	47.9	37.6	38.9	50.3

（二）各国进口贸易总值指数（基期：1929 年）

年份	世界总进口值	缅甸	越南	泰国	马来亚	印尼	菲列宾
1928	98.5	99.3	95.5	95.2	98.9	90.5	92.4
1929	100.0	100.0	100.0	100.0	100.0	100.0	100.0
1930	81.7	79.1	70.1	75.1	80.2	80.1	83.6
1931	38.4	30.8	30.4	46.9	48.5	53.5	67.4
1932	39.2	37.7	38.6	33.1	30.8	34.7	53.9
1933	35.0	30.9	34.1	31.2	27.4	29.7	36.5
1934	33.7	32.1	34.2	30.9	32.8	26.3	33.8
1935	34.4	32.5	33.7	33.0	32.0	25.0	34.3
1936	36.9	34.1	33.4	33.0	35.1	24.5	40.7
1937	45.9	36.4	35.4	33.4	47.2	36.5	43.8
1938	40.2	31.7	30.9	33.7	37.8	35.5	52.2

（三）各国出口容量指数（基期：1929 年）

年份	世界贸易总量	越南	马来亚	印尼
1928	95. 2	108. 4	85. 7	96. 8
1929	100. 0	100. 0	100. 0	100. 0
1930	93. 0	81. 5	100. 5	96. 8
1931	85. 5	71. 3	88. 8	84. 8
1932	74. 6	80. 5	82. 1	93. 5
1933	75. 4	93. 5	87. 3	88. 1
1934	78. 2	106. 4	92. 5	89. 7
1935	81. 8	119. 4	92. 5	90. 6
1936	85. 8	131. 5	91. 6	100. 0
1937	96. 5	133. 3	110. 5	112. 5
1938	88. 8			

（1a）见 U. S. Department of Commerce and Bureau of Census, *Summary of Foreign Commerce of the United States.*

（1b）同上。

（2）Foreign Commerce Weekly, June 20, 1949.

（3）关于树胶的统计材料，见 International Rubber Study Group, Rubber Statistical Bulletin.

（4）马来联邦的锡矿，因采用机器开采而矿工的劳动生产率大增，历年的比较数字如下：

年份	工人数(千)	锡砂产量(千长吨)	每工产量(长吨)
1907	230	48	0.21
1917	123	40	0.33
1927	123	54	0.44
1930	81	64	0.79

（见 Knorr, Tin under Control, p. 85）

（5）见 Tin Magazine, Nov, 1919.

（6）关于锡的统计材料，见 International Tin Study Group, Statistical Bulletin, 和 K. E. Knorr, Tin under Control.

（7）关于锡的统计材料，见 B. C. Swerling, International Control of Sugar, 1918—1941.

（8）关于椰子和棕产品的统计材料，见 FAO, Fats and Oils.

（9）关于讨论战前国际商品协定的英文书籍很多。主要的是国际劳工局出版的 Inter-governmental Commodity Control Agreements，联合国出版的 Review of International Commodity Arrangements. 和 Review of International Commodity Problems, 1918.

（10）各锡矿公司历年红利的比较，见 Knorr, Tin under Control, p. 222.

（11）见 Knorr. p. 1939—1940.

（12）Bauer, The Rubber Industry, p. 97. 和 Rubber Statistical Bulletin。两书的数字，稍有出入，但大体上无大差异。

第八章　中国与东南亚的关系

中国对南洋的交通发展很早。远在西洋人到达以前，东南亚各地，已有中国人的足迹。中国文化传播较广、影响较深的地方是越南，其次是泰国和缅甸。在经济开发上，中国人出力最多的地方是马来亚、泰国和印尼。在血统上，中国人和各地居民最混合的地方是泰国、缅甸和菲列宾。本书以篇幅有限，无法对中国与南洋关系发展史，加以详细叙述。本章只就最近几十年来的情形，检讨东南亚区域对中国的重要性。在中国和东南亚的基本关系上，值得注意的有两个问题：一是移民问题，二是贸易问题。移民的结果，产生了侨民汇款问题，这又和贸易问题有密切的关系。以下各节，便是将这三个问题，分别加以分析。

一、中国移民和华侨问题

东南亚区域，在人类历史上，是开发比较迟的地方。在 18、19 世纪时期，这一区域还是地广人稀，而中国长时期受封建制度的束缚，生产力缺乏进步，沿闽粤海岸土地贫瘠的一带，在 18、19 世纪已感到人口的压力，有少数人民冒险向海外求生的，"南洋"便成为中国南部向外移民的主要目的地。但当时，帝国主义的经济势力，还没有在东南亚充分建立起来，东南亚的经济活动，还是以"原始生产"为主，所能吸收的移民，为数不大。到了 19 世纪的末期和 20 世纪的初期，帝国主义国家的资本家，在东南亚各国迅速地发展企业式的"种植制度"(见上第三章第三节)并投资开发矿产，需要大量劳工，于是中国沿闽粤海岸一带的贫穷大众，在包工制度下，大量地被运往

165

南洋各地，披荆斩棘，作经济开发的先驱。在这时期内，中国移民前往最多的地方是马来亚，其次是泰国和印尼。同时东南亚各地，随着经济的开发，产生了许多都市和小城镇，在这些都市和小城镇内，需要许多中间商人和出卖气力的劳工，而当时本地的居民，由于习惯于原始生产的生活，而又没有巨大的经济压力促使脱离这种传统的生活方式，因此，对这些城镇上的人力需要，一时无法供应，于是外来移民便成为构成这一阶层的中坚分子。所以，除了农场与矿山的劳工外，中间商人和城市劳工在传统上也成为东南亚华侨的主要职业。

在东南亚的中国移民实际数目，很难调查。中国在传统上采取血统主义，凡父母为中国人，侨生在外国的，也继续被认为中国人。而东南亚各国的政府，在法律上差不多都采取出生地主义，对侨生的中国人，往往被认为他们本国的公民。此外，还有各民族间通婚后所生的后代，他们的区分界限，更难确定。依照各国官方历年发表的人口普查数字，华侨的人数如下：

表 53　东南亚各国历年人口普查所发表的华侨人数

国名	普查年份	人口总数	华侨人数	百分比
缅甸	1911[a]	12115217	122834	1.0
	1921[a]	13212192	149060	1.1
	1931	14667146	193594	1.3
	1941	16823798	[b]	
越南	1921	18806000	293000	1.6
	1926	20500000	400000	1.9
	1931	21452000	418000	1.9
	1936	23030000	326000	1.4
泰国	1919	9207355	260194	2.8
	1929	11306207	445274	3.9
	1937	14464105	524062	3.6
	1947	17324291	[d]	

续表

国名	普查年份	人口总数	华侨人数	百分比
马来亚（包括新加坡）°	1911	2672800	882024	33.0
	1921	3358054	1174777	35.0
	1932	4345503	1703528	39.0
	1947	5846165	2612397	44.7
印尼	1920	49344000	809000	1.6
	1930	60727233	1233214	2.0
菲列宾	1918	10314310	43802	0.4
	1939	15984247	117487	0.7

a. 历届人口普查所包括的面积稍有不同。

b. 详细数字因太平洋战事发生，未及发表。

c. 1911年与1921年二次普查，都包括勃罗奈。

d. 详细数字，尚未发表。

上表内缅甸、泰国、越南和菲列宾的华侨人数，显属过低，这是因为在普查时，侨生的和混血的中国人，大多数都不算在内之故。其中泰国普查所得的华侨人数，与实际情形，相差最远。在1929年举行人口普查前两年，泰政府曾举行一次预备调查，所得的结果，华侨占3.9%，与1929年的正式普查结果，很是接近。但据当时调查，混血泰人约占总人口的17.4%。如依据此百分比计算，1929年普查所得的混血泰人，约为2000000人。按混血泰人，绝大多数为中泰混血人民，如果把他们算作华侨，再加纯粹华侨445000人，约合250万人[1]。这个数目，后来便成为一般人所常用的泰国华侨人数。菲列宾、缅甸和越南的华侨人数，在估计上，有同样的困难。1939年菲列宾人口普查所得的华侨人数为117487人，但据有人估计，当时有中国血统的菲列宾人，约有750000人之多。马来亚和印尼的人口普查所得华侨人数较为可靠，因为他们调查时，是依据种族区分的，与公民资格无关，但关于混血人口，还是无确切的处理办法。

估计华侨人数,还可从东南亚各国的移民纪录着手。但不幸的是各国的移民纪录,大多是以轮运出入境的为限,而且数字极不完全。泰国、马来亚、菲列宾沿岸,中国侨民以帆船出入境的很多。这种移民都没有可靠的纪录。缅甸、越南和中国陆境出入的人数也不详。下表所载的数字是各国官方所发表的轮运出入境的中国移民人数:

表54 东南亚各国历年轮运出入境的中国移民人数(每年平均人数)

国名	年份	华人入境数	华人出境数	净移入数
越南	1925—1929	61080	36161	24919
	1930—1934	47760	48948	(−)1188[c]
	1935—1936	48656	32857	15799
泰国[a]	1921—1930	91500	56714	34786
	1931—1937	38360	32865	5495
马来亚	1921—1930	241794	193794	48000
	1931—1938[b]	…	…	12588
印尼	1925—1929	…	…	35119
	1930—1934	…	…	12660
	1935—1938	…	…	10300
菲列宾	1925—1929	8213	96	8117
	1930—1934	6144	170	5974
	1935—1938	5211	755	4456

a. 曼谷海运出入境人数。

b. 只指华工。

c. (−)指净出境数。

来源:越南、印尼、菲列宾和马来亚的 1930—1933 年,见 Pelzer, Population and Land Utilization;马来亚的 1921—1930 年,见 Census of Malaya, 1931;泰国,见 Statistical Yearbook of Siam, 1935, 1936, 1937.

上表所载的移民数字，除马来亚和印尼的移民人数与历年普查所得的华侨增加人数，还相称外，越南、泰国和菲列宾的历年中国移民入境数目，在某一时期内，都大于人口普查所得的华侨增加人数。由此可见这两项数字的缺乏准确性。又越南于1930—1934年间，华侨出境人数，超过了入境人数，这倒和1936年人口普查所显示的华侨人数减少现象相符。在这时期，各国经济萧条，华侨在海外失业的相率返国，所以越南华侨出境的多于入境的，大概是合于事实。在马来亚，1931—1933年间，也有同样现象。所以，一般说来，30年代的华侨移入东南亚各国的，比以前跌落许多了。

华侨的人数，虽无法作准确的估计，但表53所显示的趋势，是值得注意的。在1911年前的人口普查数字，准确性恐怕很小，所以，在表53内没有列入。但自1911年以后，各国的华侨人数不但在绝对数量上有增加，而且，在人口总数的比例上，也呈上升之势。其中增加最大的为马来亚，而构成两个例外的，是越南的1936年普查数字，和泰国的1937年普查数字。越南华侨人数，在绝对数量上和在比例上都见下落，这是1929年经济恐慌发生后，大批华侨返国所致。泰国1937年的华侨人数，较1929年在绝对数量上增加，但在比例上跌落，这大概是因为有双重国籍的人数增多，而在1937年时期内，泰国已有排华运动，许多华侨在调查时，不愿声明是中国籍贯的缘故。所以，1937年的泰国数字，不足据为定论。我们知道，各国的人口普查所得的华侨人数，有很大的偏低错误，但我们比较历年的官方数字，已显示了华侨在最近30年来，在比重上有增加的趋势。这个事实，无论从中国言，或从东南亚言，都是值得重视的。在这里有一点须附带说明的，是东南亚华侨人数，在比例上的增加，未必是由于"自然增殖率"的较高，而是由于历年有新移民入境的缘故。以自然增殖率言，华侨中以没有家眷或不带家眷的占多数，所以，我们相信，增殖率是不会很高的。

华侨职业分布情形，我们也没有最近可靠的统计，足资依据。据1930年的印尼人口普查，和1931年的缅甸人口普查，就业华侨的职业分布如下：

表 55　印尼和缅甸就业华侨中的职业分布

印尼	据 1930 年的人口普查	%
	原始生产(农矿等)	30.9
	工业	20.0
	运输业	2.7
	商业	36.6
	自由职业	1.5
	公共行政	0.6
	其他	7.7
	合计	100.0
缅甸	据 1932 年的人口普查	%
	商业	41.0
	工匠	38.0
	半熟练技工	9.0
	职员	5.0
	其他	7.0
	合计	100.0

来源：印尼：Statistical Pocket-book of Indonesia, 1941.

　　　缅甸：Christian, Modern Burma.

又泰国华侨的最近职业分布，据有人估计如下：

表 56　泰国华侨的职业分布

泰国	%
商业	70
工业	16

续表

泰国	%
矿业	6
农渔业	8

附注：年份不详。

来源：谢犹荣著暹罗国志，293 页。

以上两表都是依职业分类，不足以表示华侨中社会阶级的区别，因在商业里，有店主、伙计、工友；工矿业里，也有业主、职员和工人。但从以上数字和各职业的性质看来，我们可以相信华侨的阶级属性，以中间商人和工人二类为占最大多数。这个情形，至今大概还没有很大的变化。

华侨的经济地位，过去半世纪来的趋势怎样，也没有完备的统计资料，可资检讨。马来亚的华侨，素称富有，投资于树胶和锡矿的很多。但华侨在锡业的力量，在第一次世界大战后至第二次世界大战前一段期间，大见退步。1913 年华侨锡矿的产量占全马来亚产量的 74%，西洋资本家的锡矿，占 26%；到了 1938 年，华侨锡矿的产量，只等于全马来亚产量的 33%，而西洋资本家的锡矿，占 67%。华侨锡矿的产量，不但在比例上跌落，而且在数量上也减少很大。1913 年，华侨锡矿的产量为 37000 长吨，而 1938 年减至 13500 长吨。

华侨在东南亚的投资数目，很难估计，一因双重国籍的华侨，很难确定是否包括在内；二因华侨企业，很不集中，调查极为困难。据战前有人估计，约达 6 亿 4000 万美元，国别的分布如下[2]：

缅甸	14000000 美元
越南	80000000 美元
泰国	100000000 美元
马来亚	200000000 美元

印尼	150000000 美元
菲列宾	100000000 美元
合计	644000000 美元

战前外国资本家(不包括华侨)在东南亚的投资总额,据估计约合 38 亿 3600 万美元(见第三章第一节表二),上述的华侨投资估计,约等于其他外国资本家投资的 16% 强。以上数字,虽然很不可靠,但华侨资本的无法和西洋资本比较,是很显然的。

华侨的经济力量,虽然远比不上西洋资本家,但华侨往往成为东南亚各国排斥的对象。例如战后菲列宾最高法院判决,外侨不能享受土地所有权(美侨因美菲间另有协定,当然是例外),和在国会提出的零售商业改归国营法案,都是针对着华侨而发。泰国国会于 1949 年通过的职业保留法案,也是以排斥华侨为目标。这些排华政策和排华运动,只是少数人甘心做英美资本家的附庸,拿排华作为转移目标的工具,来掩盖他们在内政上的失败罢了。实际上,中国人民和东南亚人民间,在经济上,极少有基本剥削关系存在着;而且在生活习惯上,中菲、中泰、中越等民族间,更少差异,在合理的社会制度下,是极易混合的。所以,从远处看,华侨在东南亚的地位并不可虑,但在目前的环境下,排华运动,不但损害了华侨的合理的经济利益,而且在未来的各民族团结上,留下不良影响,这无论从中国看,或从东南亚本身的反帝前途看,都是很不利的。

二、历年侨汇的估计

东南亚的华侨,很多有家眷留居在祖国。他们靠海外做工收入,按时汇款国内,接济家用。闽粤两省,有许多村镇上的居民,是倚靠这种海外汇款来维持生活的,而有几个大城市如厦门、汕头、台山等,也是靠华侨汇款来繁荣市面的。华侨汇款,大部分是不经由银行办理的。这是因为华侨家眷，大多居住在乡间，无法利用银行接送汇款，而在海外的华侨，也有一部分以教育程度较浅，不明了近代银行的手续。而且，在最早时期，在东南亚各地和中国沿海都市，也没有新式银行的开设。自那时期起，便有一部分华侨，专门以代办侨胞汇款为业。这些中间人，在海外各地接做汇款生意的，叫作"批局"，或"民信局"，或"侨汇庄"，而携带信件汇款往来东南亚各地和闽粤城镇间的，叫作"水客"。也有做进出口生意的庄号，兼做汇款的。在国民党反动统治时期内，中国银行和广东银行等，曾在东南亚各地设立分行，企图吸收侨汇，但以国内分行，服务不能到达乡间，所获营业不大。在第二次世界大战时期和在战后，各地获得解放前，更因国民党贪污集团管理外汇办法的不善，使侨胞经银行汇款的，遭受很大的损失。故旧式的批局和水客，直至中国全境获得解放前，仍为侨汇的枢纽。

除了直接依赖海外汇款维持生活的华侨眷属，和间接靠侨汇营业作生计的中间人外，侨汇在中国经济上的重要性，是增加中国外汇收入用来抵补商品入超。侨汇和商品入超的因果关系，可从两方面说：一方面，在旧时的自由外汇市场上，侨汇的大量汇入，可压低外汇价格，或至少可使外汇价格不因进口商需要过多而上升。这样，可使进口商品继续输入，而维持长期入超的现象。从另一方面看，闽粤两省居民，因有大量的海外汇款收入，有钱购买各种物品，这样，间接造成了市面的繁荣，因之增加外货的输入。所以，旧时的侨汇与商品输入之间是有密切关系的。中国历年侨汇的数目，因有一部分不经银行之手，很难调查。最早的，有 H. B. Morse 估计，据他计算 1903 年的侨汇，约达华币 1 亿 1000 万元，1906 年为 1 亿 5000 万元。下表是1928 年以来为各家所常引用的几个估计，我们把中国商品入超额，一并列入，以资比较。

表 57 的三项估计，是雷穆氏于 1931 年赴香港、厦门、汕头各地，向各行庄实地调查所得的结果；中国银行和国际货币基金的估计，是根据各地华侨人数计算的。以下数字，系世界各地华侨汇款的总数。华侨汇款的国别数字，据雷穆氏的 1930 年调查如下：

表 57　中国历年侨汇估计

甲、雷穆氏(C.F.Remer) 估计：

	1928 年	1929 年	1930 年	合美金之数 1930 年[a]
	（单位华币百万元）			（单位百万元）
侨汇	250. 6	280. 7	316. 3	97
商品入超[b]	233. 0	260. 9	488. 1	150

乙、中国银行估计：

	1933 年	1934 年	1935 年	1936 年	合美金之数 1936 年[a]
	（单位华币百万元）				（单位百万元）
侨汇	200. 0	250. 0	260. 0	320. 0	95
商品入超[c]	733. 8	494. 5	343. 4	235. 8	70

丙、国际货币基金数字：[d]

	合美金之数（单位百万元）	
	1946 年	1947 年
汇款[e]	120	110
商品入超	891	567

a. 1930 年的折合率为华币一元合美金 0. 307；1936 年华币一元合美金 0. 298 元。

b. 根据已修正的出口数字计算。

c. 未修正的进出口数字。

d. 1947 年的数字系根据国民党伪中央银行估计。

e. 包括其他私人汇款，但以华侨汇款为主。

来源：甲：C. F. Remer, Foreign Investments of China；

乙：League of Nations, Balance of Payments, 各年份,

丙：International Monetary Fund, Balance of Payments Yearbook, 1938, 1946, 1947.

表 58　1930 年华侨汇款的国别估计（单位港币百万元）

马来亚	42.0
印尼	29.4
菲列宾	12.5
越南	5.0
泰国	20.0
印度（包括缅甸）	4.3
美国	119.3
加拿大	17.5
南美	4.2
澳洲	8.5
其他	10.0
合计	272.7
合华币（百万元）	286.3

来源：Remer 同表 57。

以上是华侨汇款，经香港转汇的数字，是雷穆氏在香港调查所得的。还有一小部分汇款，由海外直接汇达厦门的。据雷穆氏估计，1930 年直接汇往厦门的，约有华币 3000 万元，但这笔汇款的国别来源不详。

据雷穆氏调查，华侨汇款以来自美国的最多，计达港币 1 亿 1900 余万元，而马来亚和印尼才达港币 4200 万元和 2900 余万元，这是很难置信的。当时，在美国的华侨，不过十余万人，而在马来亚的，有 170 余万人，在印尼的，有 120 余万人。美国华侨的收入，也许较高，每人汇回国内的数目，因之也较大，但美国的人数还不到马来亚和印尼的 $\frac{1}{10}$，汇款总数怎么反而超过马来亚和印尼的总数呢？据雷穆氏说，他曾在美国向各地银行调查过，所得的结果，和他在香港所得的，相差不远。但这不足以证明他估计的可靠。因为在他向各银行获得的汇款总数中，有一部分是商业汇款，必须扣去。雷穆氏在估计美国的侨汇时，以各银行汇款总数的60%计算；在估计南洋各地侨汇时，以汇款总数的25%计算。换言之，雷穆氏以美国汇款总数的40%作为商业汇款而扣除之，以南洋各地汇款总数的75%作为商业汇款而扣除之，这两个百分数的准确性，是很成问题的。而且雷穆氏在香港所调查的，恐怕都以正式银钱业为限，而东南亚各地侨汇大部分是由批局和水客经手的，这些批局和水客经手的款子，有一部分大概还得通过香港银钱业调换头寸，但至少有一部分是自始至终不经过香港、厦门、汕头的银钱业账目的。所以雷穆氏对东南亚各国的侨汇估计，大概是失之过低。

华侨汇款，按人数估计，似更易错误，据最近张雨民氏的估计如下：

	每月汇款数(港币百万元)
叻币区	39.96
泰币区	19.50
印盾区	16.80
越币区	1.56
缅甸	1.68
菲列宾	1.74
美国	7.08
其他	2.74
合计	91.06
合美元数(百万元)	15.40

按上面估计，每年侨汇约合美金1亿8500万元，此数和上列1946—1947两年的估计比较，似失之过高[3]。

华侨汇款的准确数字虽不可得到，但它在我国国际收支上的重要性是无可否认的。从短期看，这项收入，将继续构成我国外汇的重要来源。但从长期看，东南亚的局势，是在丕变中，我国能否永远依赖东南亚侨汇作为一项重要外汇收入，是很值得研究的一个问题。假如侨胞所在国经济萧条，侨胞多数失业，或收入减少，那么，侨汇的数目，也要跌落。又假如侨胞所在国商品输出减少，或商品输入增加，使外汇有供不应求的现象，那么，所在国政府势必加紧外汇管理，而对华侨汇款也得加以限制；战后重返印尼的荷兰殖民地政府对外汇严格统制，便是一例。战前东南亚各国，经常有大量商品出超，且有资本输入，所以，侨胞汇款回国，在汇出方面，很少遭遇困难。事实上，战前侨胞汇款，耗用东南亚各国在商品贸易上所盈余的外汇，为数不大（见第六章第一节）。但这种情形，能否永远保持呢？假如殖民地性质的经济，继续在东南亚存在，那么帝国主义的大量投资和原料品输出在相当限度内的扩张，也许能够维持东南亚各国对外收支上盈余的局面，因此，侨胞的汇款，也不至发生困难。但这种情形显然不是东南亚人民所希望的，而且在资本主义经济危机笼罩下，也是很难实现的。假如中国能够向东南亚增加商品输入，而造成对东南亚的入超形势，那么，这入超额也可以拿侨汇来抵补的。换言之，侨胞汇出的钱，可以通过商品输出方式到达中国。但在今后短期内，中国对东南亚产品的容纳量很是有限；将来中国工业发展后，对东南亚产品的需要，可能要增加些，但也不至很大，而且，也未必能超过中国对东南亚输出的增加量。所以，将来要造成中国对东南亚各国双边间的商品入超局面，并非易事。如果我们希望侨汇继续顺利发展，还得希望东南亚各国在对外收支上和其他国家造成盈余的局面，因为在多边的外汇清算制下，中国才可以获得一部分的外汇收入。

侨汇问题，只是中国和东南亚关系的一面。实际上，这个问题不能孤立讨论。所以，下节先将中国和东南亚的贸易关系加以分析后，然后再把影响中国与东南亚关系的几个重要问题综合讨论。至于中国与东南亚的经济关系前途，将在末章展望整个东南亚经济前途时，一并讨论。

三、中国对东南亚的商品贸易

本书第六章第五节中曾用东南亚各国的贸易统计,看东南亚和中、印、日三国的贸易关系。本节系用中国的贸易统计,检讨东南亚各国在中国对外贸易上的地位。中国在战前的对外贸易,向以英、美、日本为主,东南亚各国所占地位不高。战前中国货物运往东南亚的,约占中国输出总值的 6.5%,东南亚货物运入中国的,约占中国输入总值的 14%。但这是根据中国海关统计所发表的数字。实际上,中国对东南亚的贸易,有一部分是经香港转口的。这部分贸易,在中国海关统计上,成为中国对香港的贸易。进口贸易,因须向中国海关缴验领事签证单,故误报香港的错误还少;但在出口方面,中国货物运往东南亚各地时,经常先报运至香港,到达香港以后转运到什么地方,中国方面便无法查知了。所以,实际上中国对东南亚的输出,大概要比中国海关统计上所载数量多些。兹将中国海关统计所载 1936 年和 1937 年中国对东南亚各国贸易数字,列表如下:

表 59　战前中国对东南亚各国的贸易额(价值单位华币百万元)

	进口				出口			
	1936 年		1937 年		1936 年		1937 年	
	价值	百分比%	价值	百分比%	价值	百分比%	价值	百分比%
缅甸	5.2	0.5	8.2	0.9	4.9	0.7	4.5	0.5
越南	18.0	1.9	30.0	3.1	9.9	1.4	12.8	1.5
泰国	18.9	2.0	15.8	1.7	4.1	0.6	4.1	0.5
马来亚	10.8	1.1	10.4	1.1	15.7	2.2	19.2	2.3
印尼	74.4	7.9	80.7	8.4	4.7	0.7	6.2	0.7
菲列宾	3.9	0.4	3.8	0.4	6.1	0.9	6.9	0.8
合计	131.2	13.8	148.9	15.6	45.4	6.5	53.7	6.3
贸易总值	944.5	100.0	956.2	100.0	707.8	100.0	841.6	100.0

来源:中国海关贸易统计。

从以上的战前数字，可知以东南亚国别而论，在出口方面，中国对马来亚的贸易最大；在进口方面，中国对印尼的贸易最大。战后，中国对东南亚的输出贸易，在比例上有增加，但输入贸易相对地减少。这因为在战后初期，日货绝迹，中国机制物品，尤其是棉纺织品，继续向东南亚出口，而东南亚各国的国内生产，战后恢复迟缓，故中国战后自东南亚输入的商品，在比例上，跌落很大。下表是1947年和1948年中国海关所发表的数字：

表 60　战后中国对东南亚各国的贸易额

	进口[a]				出口[a]			
	1947 年		1948 年		1947 年		1948 年	
	价值（伪法币十亿元）	百分比%	价值（伪金圆券百万元）	百分比%	价值（伪法币十亿元）	百分比%	价值（伪金圆券百万元）	百分比%
缅甸	119.4	1.1	14.0	1.2	17.8	0.3	26.9	1.9
越南[b]	43.1	0.4	2.8	0.2	11.5	0.2	1.7	0.1
泰国	76.9	0.7	23.1	2.0	195.4	3.1	70.7	5.1
马来亚	353.3	3.3	23.7	2.1	169.6	2.7	34.6	2.5
印尼	92.2	0.9	19.1	1.6	59.2	0.9	96.3	6.9
菲列宾	13.5	0.1	3.6	0.3	214.5	3.4	53.1	5.8
合计	698.4	6.5	86.3	7.4	668.0	10.6	282.3	20.5

a. 净进出口值。

b. 指法帝占领区。

来源：中国海关贸易统计。

以上数字是指前国民党反动统治区而言，但在这两年期间，解放区的对外贸易不大。就以前国民党反动统治区而论，这时期的港粤间走私贸易鼎盛，故海关统计所载数字，很不可靠。

以贸易差额而论，战前中国对东南亚六国是入超，但战后1948年，却造成了出超现象。战后的数字，既不可靠，我们暂时可不加以讨论，战前的入超额，因中国对东南亚输出贸易一部分经香港转口的不算在内，也许失之过大。假定战前中国对东南亚的入超额没有错误，1936年，为华币8580万元，但是年华侨汇款总数，据估计约达华币3亿2000万元，其中除去美国、澳洲、印度等侨汇外，东南亚六国的侨汇总数，大概至少在中国对东南亚入超额的两倍以上。而中国对东南亚的入超额，既有偏高的错误，那么，东南亚侨汇用来抵补中国对东南亚入超额后，所获剩余的数目，无疑地是很大的。这项巨大的剩余额，便是中国用来抵补对其他各国商品入超的重要来源之一。在战前，东南亚各国都有巨额商品出超，而各国外汇的自由调换，也很少限制，所以，中国以东南亚的侨汇，抵补对其他各国的商品入超额，还没有遭遇到困难。战后的情形便不同了。英、荷、法帝国主义国家在马来亚、印尼、越南，实施不同程度的外汇统制办法，缅甸的外汇管理也很严格。但在过去几年来，华侨汇款所以能不断流入中国，一部分是由于香港还有比较自由的外汇市场足供投机家和走私者的利用。在相当限度内，曼谷的自由外汇市场，也足以和香港成掎角之势。但投机家和走私者的活跃也就是增加了汇兑过程中的费用，所以，吃亏的还是侨胞和侨眷和调换外汇的正当进出口商。

从商品看，中国对东南亚的输出有区域共同性的，为棉纺织品，动物及动物产品(包括蛋和蛋制品)，蔬菜及其他植物制品，纸(包括纸箔)、石、泥、砂及其制品(包括瓷器)，药材等。其中蔬菜及其他植物制品，纸、药材等是供给华侨需用的。华侨虽身在国外，但多数还保留中国的生活习惯，所以，他们经常须向国内购买大量土产，以供食用。兹将1936年和战后1947年、1948年两年中国运往东南亚的主要商品列表如下：

表 61　中国对东南亚各国及地区的主要输出商品价值ᵃ

	棉纱：1936 年（伪法币千元）	棉纱：1947 年（伪法币百万元）	棉纱：1948 年（伪金圆券十元）	疋头：1936 年（伪法币千元）	疋头：1947 年（伪法币百万元）	疋头：1948 年（伪金圆券千元）
缅甸	…	2985.0	22926.7	…	5.9	131.6
越南ᵇ	5.4	2600.0	317.4	98.1	80.9	0.3
泰国	745.4	150712.2	20919.5	50.8	23338.3	44355.6
马来亚	3.6	22373.6	755.2	2017.7	41677.6	16744.4
印尼	801.6	30303.6	1665.4	279.6	25694.8	94235.1
菲列宾	958.3	10840.9	4838.0	1047.3	103323.2	26342.0
合计	2514.3	219815.3	51422.2	3493.5	194120.7	181809.0
香港地区	2821.3	165286.7	521114.1	5804.4	345636.1	136498.5
出口总值	12397.8	419815.2	123709.1	24148.8	1082754.0	423000.1

续表

其他纺织品：

	1936年（伪法币 千元）	1947年（伪法币 百万元）	1948年（伪金圆券 十元）
缅甸	…	4.1	178.5
越南b	264.8	29.3	2.9
泰国	309.8	4993.2	687.8
马来亚	1215.0	8538.3	1229.1
印尼	134.8	7.2	…
菲列宾	292.5	21741.1	4686.3
合计	2216.9	35313.2	6784.6
香港地区	1066.8	38314.7	3876.2
出口总值	9419.6	106557.4	19468.3

动物及动物产品：

	1936年（伪法币 千元）	1947年（伪法币 百万元）	1948年（伪金圆券 千元）
缅甸	…	187.9	99.6
越南b	150.3	3401.8	819.1
泰国	26.5	16.0	1.9
马来亚	630.8	3555.8	1431.8
印尼	31.0	234.4	12.1
菲列宾	797.9	21001.4	6289.9
合计	1636.5	28397.3	8654.4
香港地区	11089.3	434804.4	68825.4
出口总值	103985.4	1190157.4	215940.4

续表

	蔬菜及其他植物制品：1936年（伪法币千元）	1947年（伪法币百万元）	1948年（伪金圆券十元）	纸（包括纸箔）1936年（伪法币千元）	1947年（伪法币百万元）	1948年（伪金圆券千元）
缅甸	…	293.5	330.0	…	152.8	17.2
越南b	435.1	469.6	78.6	556.6	394.9	147.5
泰国	667.3	4103.2	588.1	199.7	2347.2	277.5
马来亚	1534.0	12722.2	1832.5	1725.5	13403.3	916.9
印尼	244.0	178.2	18.4	187.7	39.0	8.1
菲列宾	487.9	14467.5	1350.1	51.5	289.1	65.3
合计	3368.3	32234.2	4197.7	2721.0	16626.3	1432.5
香港地区	10165.7	74719.2	9868.5	1573.3	17516.8	1827.8
出口总值	16560.1	114829.6	20066.9	5498.3	37178.6	3503.3

续表

药材及香料：

	1936 年（伪法币千元）	1947 年（伪法币百万元）	1948 年（伪金圆券千元）
缅甸	…	27.0	5.5
越南b	100.0	261.2	20.6
泰国	55.4	419.5	101.7
马来亚	246.1	317.1	44.3
印尼	146.9	6.9	2.4
菲列宾	5.4	381.3	14.2
合计	553.8	1413.0	188.7
香港地区	6349.1	44084.3	5401.1
出口总值	9845.5	61831.4	6448.8

石、泥、砂及其制品：

	1936 年（伪法币千元）	1947 年（伪法币百万元）	1948 年（伪金圆券十元）
缅甸	…	243.0	40.2
越南b	245.4	30.1	21.4
泰国	148.3	2245.7	377.1
马来亚	170.6	3247.0	520.2
印尼	136.5	63.4	307.3
菲列宾	66.5	9923.9	3934.6
合计	767.3	17753.1	5200.8
香港地区	1631.1	19947.7	4442.8
出口总值	4074.5	47490.7	13098.2

a. 1936 年缅甸数字，与印度数字合并，无法分计。
b. 战后越南指法占领区。
来源：中国海关贸易统计。

中国对东南亚的输入贸易，跟输出贸易不同之点，是缺乏区域共同性。输入商品随国别而不同。旧中国自缅甸、越南、泰国输入的，以食米为主，木材次之；自马来亚输入的，以树胶为主，胡椒和藤次之；自印尼输入的，以石油产品为主，糖和树胶次之；自菲列宾输入的，以草帽及金丝草为主，麻、木材和烟草次之。自马来亚和菲列宾输入中国的物品，还夹杂了他国的产物经新加坡和马尼剌转口的。例如自菲列宾输入货物中，有机器、工具、车辆，显然是美国物品经菲列宾转运的。又如战后马来亚有大批石油产品运入中国，这大概是英帝国他处的产物。战前和战后中国自东南亚各国输入的主要商品价值列表如下：

除了上述六国外，中国还从英属婆罗洲输入石油产品，1936年约值971300金单位，1947年约值伪法币178亿元，1948年约值伪金圆券4173000元。

战后东南亚生产力不能立刻恢复，在1947—1948两年间，所能供给中国的，只限于少数几种商品，这样，造成了较战前的商品输入更见集中的现象。例如中国自印尼输入的贸易，战前商品种类很多，如糖和树胶，在战前占很高的地位，但战后几乎是绝迹了。菲列宾的糖浆和木材情形，也是如此。但这是战后暂时的现象，从长期看，双方参加贸易的商品种类，无疑地是要增加的；中国对东南亚的制成品输出，尤有增加的希望。但将来在新民主主义和社会主义计划经济下，决定中国输出的，一方面是国内物资的剩余量，另一方面是输入物资的需要量，从这两方面来看中国和东南亚的贸易关系，将来发展的前途，也许是有相当限度的(参见末章)。

表62 中国自东南亚输入的主要商品价值

	1936年		1947年		1948年	
	价值（百万金单位）	百分比%	价值（伪法币千亿元）	百分比%	价值（伪金圆券百万元）	百分比%
缅甸[a]：						
食米	…	…	109.2	91.5	10.1	72.2
棉花	…	…	8.0	6.7	3.7	26.4
木材	…	…	1.1	0.9	—	—
总值	…	…	119.4	100.0	14.0	100.0
越南[b]：						
食米	3.9	48.9	13.4	31.2	—	—
煤	1.5	18.8	12.4	28.8	2.1	75.0
药材及香料	0.3	3.8	3.1	7.2	0.2	7.2
鱼介及海产品	0.3	3.8	1.1	2.6	—	—

	1936年		1947年		1948年	
	价值（百万金单位）	百分比%	价值（伪法币千亿元）	百分比%	价值（伪金圆券百万元）	百分比%
总值	8.0	100.0	43.1	100.0	2.8	100.0
泰国：						
食米	6.7	79.7	62.6	81.4	19.4	84.0
木材	0.6	7.2	4.7	6.1	2.5	10.8
竹藤棕草制品	0.3	3.6	0.9	1.2	0.4	1.7
鱼介及海产品	0.3	3.6	0.6	0.8	—	—
总值	8.4	100.0	76.9	100.0	23.1	100.0
马来亚：						
树胶	1.8	37.5	178.8	50.9	16.2	68.1
藤	0.5	1.0	10.2	2.9	0.9	3.8

	1936 年		1947 年		1948 年	
	价值（百万金单位）	百分比%	价值（伪法币千亿元）	百分比%	价值（伪金圆券百万元）	百分比%
药材及香料（胡椒等）	0.5	1.0	10.4	2.9	0.8	3.4
鱼介及海产品	0.4	0.8	1.8	0.5	0.1	0.4
石油产品	—	—	95.2	26.9	1.5	6.4
总值	4.8	100.0	353.3	100.0	23.8	100.0
印尼：						
石油产品	26.1	80.0	84.2	91.3	18.0	94.2
糖	3.0	9.1	—	—	—	—
树胶	1.0	3.0	0.1	0.1	0.4	2.1
药材及香料	0.4	1.2	0.4	0.4	—	—
化学产品及制药	0.4	1.2	1.4	1.5	0.1	0.5

续表

	1936 年		1947 年		1948 年	
	价值（百万金单位）	百分比%	价值（伪法币千亿元）	百分比%	价值（伪金圆券百万元）	百分比%
总值	32.8	100.0	92.2	100.0	19.1	100.0
菲列宾：						
竹藤棕草及其制品（草帽金丝草等）	0.6	33.3	0.7	5.2	1.3	36.2
麻及制品	0.1	5.6	4.3	31.8	1.4	39.0
木材	0.3	16.7	—	—	0.2	5.6
糖（以糖浆为主）	0.2	11.1	—	—	—	—
烟草	0.2	11.1	1.8	13.3	0.2	5.6
总值	1.8	100.0	13.5	100.0	3.6	100.0

a. 1936 年缅甸数字与印度数字合并，无法分计。

b. 战后越南指法占领区。

来源：中国海关贸易统计。

四、影响未来关系的几个重要因素

　　过去数十年来的中国与东南亚关系，从上述的移民侨汇和贸易的各项统计数字中，可以获得一个数量上的概念。随着帝国主义势力的没落和人民民主力量的增强，今后中国与东南亚的关系，已踏上了一个新的阶段。但东南亚不是一个统一的地理区域，各民族在反帝的斗争中，也许要采取不同的策略，而获得解放的时间，也将有迟早之别。所以，中国和东南亚的未来关系，也未可以笼统的看法遽加判断。中国与东南亚今后经济合作的可能性和限度，将在本书末章展望东南亚经济前途时一并讨论。这里所要提出的，是经济以外的几个因素，这几个因素，在决定未来的中国与东南亚的关系上将占据重要的地位。

　　一、移民问题　我国过去在反动政权统治之下，向无移民政策可言。到南洋去的闽粤居民，都是因为受不住国内的压迫，才去海外谋生的。他们丝毫没有受到政府的保护，有的甚至当了"猪仔"被运至南洋各地，做奴役性质的苦工，受人宰割而诉苦无门。今后的情势不同了，在东南亚方面，帝国主义的好景不长，各国的人民民主势力已逐渐抬头，所以，像过去不断输入大批劳工供资本主义榨取的现象已不复可能重演。在中国方面，自新民主主义革命在中国共产党领导下成功后，国内被压迫的劳苦大众，已获得了解放，而今后经济建设，在各种基本工程上，需用劳动力很多。所以，闽粤沿海一带的"人口压力"，必然地会减少，而向外移民的需要，也不如以往的迫切。事实上，根据过去的经验，亚洲各国向外移民，对各国国内人口的影响，远不如人口增殖率变化的重要[4]。所以，各国要解决人口问题，还须在国内设法；最主要的，是开发国内资源，和实行社会主义计划经济，而决不能依赖于向外移民的出路。不过从东南亚各国看，个别区域还有地广人稀的现象，将来各国全部摆脱了帝国主义的控制，消灭了封建势力，建立起人民政权后，在经济建设的高潮中，可能还需要吸收相当数量的外来移民的，而目前已在东南亚的几百万华侨，在事业上和感情上，也还需要和祖国保持密切的联系。所以，今后中国和东南亚各国间的人民流动，应该设法尽量予以便利，而已在东南亚住居的华侨，更应保障他们自由来往祖国的权利。此外，留居祖国的华侨眷属，也是一个很值得注意的问题，她们有的因经济关系，有的受移民法令限制，无法随华侨前往海外居住。今后如果在外交上和经济上使华侨能获得接眷同往所在国居住的便利，这样，要比向东南亚各国获得笼统的新移民限额，切合实际需要多了。假如这个问题能获得解决，那么，侨汇的前途，从侨眷方面看，也不太可虑了。

　　二、保侨问题　和移民问题有密切关系的是怎样保护已在国外的华侨问题。自满清以迄国民党反动统治时期，我国统治阶级一贯地利用中国传统的乡土观念和家属观念以促进华侨的内向心，而旧时反动政府在外交上既不知道保护华侨，在经济上也没有办法帮助他们，结果，华侨只有爱国捐钱的义务，而享受不到国家保护的权利。历史是在飞跃地前进着，中国和东南亚的经济制度，正在蜕变中。在新的生产关系下，旧时封建社会和农业社会所遗留下的乡土和家属观念，能否维持与维持多久，很成问题，随着乡土家属观念的改变，我国旧时的促进华侨内向政策，恐怕也要很快地失掉依据。事实上，华侨既在国外谋生，自不能对所在国的政治社会发展，置身局外。过去东南亚各国，在帝国主义统治之下，当地居民都不能参加政治活动，外来移民当然更不容置喙。而且帝国主义也害怕人民政治认识的提高，和被压迫民族间的团结反抗，所以，对华侨的乡土观念，并不感到威胁。反之，这种乡土观念正是给统治者一个把柄，用来离间当地居民和华侨的感情而获取渔人之利。从华侨本身而言，他们的倾向于祖国，过去有三个原因：一是受祖国文化的陶养，和血统的关系，自不免对祖国发生眷恋之情；二是很多的华侨，有家眷留在祖国，所以他们在国外谋生，完全是作客性质；三是过去东南亚各国除泰国外，都是受人统治的，从中国去的移民，自不愿丧失原来和祖国的关系，而成为"被保护"的殖民地臣民。今后中国对华侨的政策，关于第一点，华侨因文化和血统关系对祖国有眷恋之情，当然应该继续予以鼓励和维持。第二点，如实行上节所建议的政策，使侨眷能获得随往海外居住的便利，那么，华侨在海外工作也能作比较永久性的计划了。第三点，战后东南亚的人民解放斗争，已灿烂地展开，这正是我华侨和当地人民齐心一致对外的时候。假使华侨能趁这个时机对东南亚各国的解放运动贡献力量，摆脱殖民地的枷锁，那么，他们无疑地将在东南亚新社会内成为光荣的构成分子了。

三、交通问题　在发展中国和东南亚关系上，最重要的物质条件，是交通问题。本书第六章第六节，已经指出东南亚各国对外交通，大部分是靠海运，而在海运上，又差不多全部为帝国主义国家的航业霸占。今后中国假如要和东南亚加强关系，势非发展海陆空交通不可。在海运方面，中国和东南亚间应增加商船吨位，开辟和东南亚各国的直接航线。在陆路方面，中国和缅甸越南接壤。中缅间战时虽有滇缅路的开辟，但运输力量太小，而且中缅路线两端都离开经济重心区域太远。所以，中缅间的陆路交通，恐怕要等到中国的川滇区域和缅甸的北部经济发展后，才能显出重要性。中国和越南的交通情形，却是不同。目前的滇越铁路和越桂铁路，接通都很容易，而越桂一线，发展更有希望。从越南的河内经谅山入镇南关，经湘桂铁路，便可到达中国的腹地。将来这条铁路直达后，从衡阳经陆路到河内，恐怕要比经广州搭海轮到海防的路程迅捷得多。而且，从越南到泰国，再从泰国到马来亚，都有铁道联贯；从泰国到缅甸，在日本占领时期，也曾建筑铁路，现已被废弃。将来这几条铁路经扩充和修复后，从中国到中南半岛的四国，都可由陆路直达。在那时，中国和东南亚的关系，必然地会转入一个新时代了。

第八章　附注

(1) 谢犹荣：暹罗国志 22 页与 282 页。

(2) H. G. Callis "Capital Investment in Southeast Asia and the Philippines" The Annals, March, 1943.

(3) 张雨民："论侨汇"，香港大公报 1949 年 10 月 6—7 日。

(4) 见 Ecafe Survey, 1948. p. 29.

第九章 从帝国主义国家看东南亚区域

一、贸易关系

殖民地是帝国主义国家的原料品的取给来源，制成品的销售市场，和剩余资本的获取优厚利润的出路。所以，帝国主义国家从殖民地榨取的利益，纯粹以有形的数量而论，可以从商品贸易和"投资所得"两方面加以估计。本书上面各章，差不多全部根据了东南亚各国的本身统计材料，检讨帝国主义在东南亚势力的膨胀和经济榨取的程度。本章试用帝国主义国家的统计材料，反过来看东南亚区域对帝国主义经济的重要性怎样。

在商品贸易上，东南亚是比较落后的区域，而各帝国主义国家如英、美、法、荷都是海运发达的国家，贸易遍于全球，所以，东南亚各殖民地国家，在宗主国对外贸易上所占的百分比，都不很高。但印尼对荷兰的进出口贸易，和菲列宾对美国的进口贸易，却是比较重要的。这是因为荷兰经营印尼已经有三百年的历史，而其他荷属殖民地均渺小不足道，荷兰和印尼的关系，因之特别密切；而菲列宾因有大量蔗糖运往美国，所以，菲列宾在美国进口贸易上的地位，也比较重要。表63列举了美菲、英马、法越和荷印间的历年贸易数字和百分比。英国对缅甸的贸易，1937年以前，在英国统计上，和对印度贸易合并计算，无法分开，故这里没有列入。

表 63　美菲、英马、法越、荷印间的历年贸易额

		美国对菲列宾		英国对马来亚[a]		法国对越南[c]		荷兰对印尼	
		价值（百万美元）	百分比[b] %	价值（百万英镑）	百分比[b] %	价值（百万法郎）	百分比[b] %	价值（百万荷盾）	百分比[b] %
1913年	进口	17.9	1.1	19.5	2.5	104.4	1.2	528.5	13.5
	出口[d]	27.9	1.0	7.4	1.2	85.6	1.2	162.9	5.3
	差额	(+)10.0		(-)12.1		(-)18.8		(-)365.6	
1928年	进口	115.6	2.8	12.7	1.1	715.0	1.3	140.6	5.2
	出口[d]	79.8	1.6	15.5	1.8	1076.0	2.1	182.1	9.1
	差额	(-)35.8		(+)2.8		(+)361.0		(+)41.5	
1929年	进口	126.0	2.8	17.9	1.5	692.0	1.2	138.0	5.0
	出口[d]	86.0	1.6	16.0	1.9	1013.0	2.0	172.0	8.7
	差额	(-)40.0		(-)1.9		(+)321.0		(+)34.0	
1932年	进口	81.0	6.1	5.0	0.7	405.0	1.4	60.0	4.6
	出口[d]	45.0	2.8	5.8	1.4	462.0	2.3	47.0	5.6
	差额	(-)36.0		(+)0.2		(+)57.0		(-)13.0	

续表

		美国对菲列宾		英国对马来亚ᵃ		法国对越南ᶜ		荷兰对印尼	
		价值（百万美元）	百分比ᵇ%	价值（百万英镑）	百分比ᵇ%	价值（百万法郎）	百分比ᶜ%	价值（百万荷盾）	百分比ᵇ%
1933年	进口	93.0	6.4	4.8	0.7	582.0	2.0	51.0	4.2
	出口ᵈ	45.0	2.7	5.5	1.3	434.0	2.3	31.0	4.3
	差额	（-）48.0		（+）0.7		（-）48.0		（-）20.0	
1937年	进口	12.6	4.1	13.4	1.3	1652.0	3.9	126.3	8.1
	出口ᵈ	85.0	2.5	11.8	2.0	739.0	3.1	93.8	8.2
	差额	（-）41.0		（-）1.6		（-）913.0		（-）31.5	
1938年	进口	94.3	4.8	12.7	1.4	1889.0	4.1	101.7	7.2
	出口ᵈ	86.5	2.8	11.5	2.1	929.0	3.0	99.8	9.7
	差额	（-）7.8		（-）1.2		（-）960.0		（-）1.9	
1947年	进口	161.7	2.8	30.4	1.7	3.697	1.1	197.0	4.6
	出口ᵈ	439.5	3.0	31.5	2.6	7.618	3.6	133.0	7.2
	差额	（+）277.8		（+）1.1		（+）3.921		（-）64.0	

续表

		美国对菲列宾		英国对马来亚[a]		法国对越南[e]		荷兰对印尼	
		价值 （百万美元）	百分比[b]%	价值 （百万英镑）	百分比[b]%	价值 （百万法郎）	百分比[b]%	价值 （百万荷盾）	百分比[b]%
1948 年	进口	227.6	3.2	33.7	1.6	9.481	1.4	334.4	6.8
	出口[d]	467.7	3.7	39.4	2.4	22.209	5.1	200.2	7.5
	差额	（+）240.1		（+）5.7		（+）12.728		（-）134.2	
1949 年	进口	164.5[c]	3.4	26.9	1.2	10.941	1.2	406.2	7.7
	出口[d]	323.5	3.5	45.3	2.5	42.224	5.4	391.8	10.3
	差额	（+）159.0		（+）18.4		（+）31.283		（-）14.4	

a. 包括英属婆罗洲三单位。

b. 指占美、英、法、荷进口或出口贸易总值的百分比。

c. 1—9月。

d. 包括复出口。

e. 战后指法占领区。

来源：美、英、法、荷贸易统计。

在上表的数字里，最堪注意的，是各帝国主义国家对东南亚殖民地的出口贸易，自 1913 年以后，在百分比上，一律都有增加之趋势。在经济恐慌期内——1932—1933 年，英国对马来亚的输出，和荷兰对印尼的输出，在百分比上，曾告跌落，但在 1937—1938 年两年，又见增加的趋势了。在这次大战后，这个趋势，更见加强。荷兰对印尼出口贸易，于 1947—1948 年，曾见跌落，但 1949 年的百分比已超过战前了。这个显著的长期趋势，充分指出东南亚殖民地成为各宗主国的出口市场，其重要性已日见增加了。菲列宾在战后的获得独立，也没有改变了这个形势。

进口贸易的情形，变化较多。战前美国对菲列宾的输入，因菲糖进口的不断增加，在比例上，大见进展。战前，法国自越南输入的物品，在法国进口贸易上，也日见重要。英国自马来亚的输入和荷兰自印尼的输入，在第一次世界大战后，都见跌落；到了 1932—1933 年的经济恐慌时期，百分比更见减少，这是因为马来亚和印尼的出口商品——主要的是树胶和锡——的价格，在这时期，都见惨跌，在贸易价值上，因之跌落很大，以数量言，也许没有这么大的减少。但在第二次世界大战前的两年，马来亚在英国，和印尼在荷兰的进口贸易上地位，稍有增进。这次战后，东南亚各国生产萎缩，恢复需时；而越南、印尼两国，更因人民解放斗争的日有进展，有极大部分的区域，帝国主义已无法获取物资，故在各帝国主义国家的进口贸易上，东南亚殖民地产品所占地位，除马来亚外，均告跌落，但菲列宾对美国，和印尼对荷兰，最近三年来，不断增加，可见这跌落现象，也是暂时的。但这里值得注意的是越南法占领区在法国输入贸易上的地位，1949 年已较跌落，但实际价值，却未见减少，可见法帝国主义在柬埔寨、老挝、交趾支那各区的搜括还没有放松。马来亚产品在战后英国输入地位上增加，大概是由于树胶贸易的特别繁荣所致，但 1949 年的总值和百分比，已开始回跌。

以贸易差额而言，帝国主义国家对东南亚各殖民地贸易，战前历年以入超居多，这可见各殖民地的成为宗主国商品市场，其重要性虽日见增加，但直到第二次世界大战时为止，各殖民地对宗主国供给原料的作用，还是较大。而在另一方面入超的能够持续，也显示了各殖民地所偿付宗主国的"投资所得"中，有一部分，是直接以商品输往宗主国的方式实现的。但这里要特别提出的，宗主国不一定要对殖民地直接造成商品入超，才能把"投资所得"汇回本国。它可以通过三角或多边的贸易或投资关系，也能完成这个手续。换言之，宗主国可以对某殖民地出超（即某殖民地对宗主国入超），但假如某殖民地对其他国家出超，而这出超额大于对宗主国的入超额，那么，这殖民地在对外收支上，便有盈余足以偿付宗主国的"投资所得"了。又假如，还有新的资本从宗主国或其他国家输入这殖民地去，那么，这殖民地的偿付宗主国"投资所得"的能力，将更见充裕了。就战后情形而论，东南亚各国生产一时恢复不易，而物资需要激增，故在最初二三年内，宗主国对东南亚各殖民地的贸易差额，都变成了出超，这是一个值得注意的现象。但我们不能因此便认为殖民地偿付宗主国的"投资所得"，便要发生困难。详细的讨论，要留待下节。

除东南亚各殖民地和宗主国间的贸易关系外，东南亚整个区域，对帝国主义国家的贸易形势怎样，也值得加以研究。法国、荷兰的对外贸易额，本来不大，对东南亚区域的贸易除本国殖民地越南和印尼外，更不发达，可置勿论。英美两帝国主义国家都是对外贸易很发达的国家，东南亚区域在这两国对外贸易上所占的地位怎样，可从下表（表64）的百分比中，获得一个概念：

由此，可知东南亚区域，在英国对外贸易上所占地位不高，但在美国对外贸易上——尤其是在进口贸易上，——却相当重要。美国从东南亚输入大量树胶、锡、糖、椰子产品等，故战前东南亚区域，在美国输入贸易上所占百分比相当的高。1938年是美国经济衰落的一年，这一年原料品输入大减，但东南亚产品还占美国输入总值的14.4%。1937年经济情形较好，东南亚产品占美国输入总值的16%以上。战后东南亚区域在美国进口贸易上所占地位，大见跌落，这是因为东南亚生产的恢复较其他区域迟缓，而主要产品如树胶、锡等，在美国市场上的价格，不如其他商品的有利所致。

表64　英美对全东南亚区的贸易关系（占进口或出口贸易总值的百分比）

	1938 年		1947 年		1948 年		1949 年	
	进口%	出口ᵃ%	进口%	出口ᵃ%	进口%	出口ᵃ%	进口%	出口ᵃ%
美国								
对菲列宾	4.8	2.8	2.8	5.0	3.2	3.7	3.4	3.5
对其他五国	9.6	1.4	5.9	1.4	5.8	1.7	5.6	1.8
合计	14.4	4.2	8.7	4.4	9.0	5.4	9.0	5.3
英国								
对马来亚和英属婆罗洲	1.4	2.1	1.7	2.6	1.6	2.4	1.2	2.5
对其他五国	1.5	1.6	0.4	2.5	0.5	1.7	0.5	1.4
合计	2.9	3.7	2.1	5.1	2.1	4.1	1.7	3.9

a. 包括复出口。

来源：同表63上。

美国对东南亚的输出，从美国看。除菲列宾外，对其他五国，都很渺小。但值得注意的，是其他五国在美国出口贸易上所占百分比，已由 1938 年的 1.4%，增至 1949 年的 1.8%。这个进展，一方面是由于美国对东南亚各国直接或间接的放款或赠款所造成（见上第六章第二节和第四节），但另一方面，也因 1948 年以后美国对少数国家，如中国等的输出，大见跌落所致。这两种情形，可说是特殊的，但从目前情形看来，东南亚区域成为美国输出货物的市场，其重要性有继续增加的趋势。这趋势正和表 63 所表见的宗主国对殖民地输出增加的趋势相同。这可见目前美国和其他帝国主义国家对东南亚市场的重视，是有其共同性的。

二、投资利益

西洋资本主义经过一百多年来向外发展的结果，造成了国际间错综纠纷的投资关系。英美两国，是资本主义国家的领导者，它们的投资范围遍于全球。纯粹从数量上看，它们在东南亚的投资，不过占它们国外投资总数的一小部分。但法国和荷兰的国外活动范围，比较窄小，所以，东南亚殖民地在这两国投资上的重要性，也大得多。据战前私人的估计，英国在缅甸、马来亚两地的投资额，占英国国外投资总额的 2.7%。又据美国官方调查，美国在菲列宾的投资，在 1943 年不过占美国国外投资总额的 0.8%。以东南亚全部计算，英国战前在东南亚的投资，约占英国国外投资总额的 4.2%；美国在东南亚的投资，据 1943 年调查，约占美国国外投资总额的 1.6%，这个数字，也许估计太低一些，但战前数量不大，是可以相信的。法国和荷兰的情形，大不相同了。法国在越南的投资，约占法国国外投资总额的 10% 强，印尼占荷兰国外投资总额的 40%。从投资数量的多寡，便可知道法国和荷兰在战后为什么千方百计想保持越南和印尼两块殖民地了。详细数字，见表 65 如下：

表 65　战前英、美、法、荷四国的国外投资总额ᵃ

	国外投资总额（百万美元）	在属地殖民地和自治领的投资数（百万美元）	国别	在东南亚殖民地的投资数ᵇ			在东南亚其他地区域的投资数ᵇ（百万美元）
				总值（百万美元）	占国外投资总额的百分比%	占属地殖民地自治领的百分比%	
英国	22905	11590	缅甸 马来亚	200 420	} 2.7	5.3	印尼 200 菲列宾 45 泰国 100
美国	15650	…	菲列宾	136ᶜ (250)	0.8ᶜ (1.6)	…	马来亚 29　印尼 84 泰国 3　缅甸 3 越南 1
美国ᵈ	3859	1171	越南	391	10.1	33.4	…
荷兰	4818	1956	印尼	1900	39.4	97.1	马来亚 22

a. 英法荷三国，系 1938 年估计；美国系 1943 年估计。

b. 东南亚区域的投资额估计，极不完全，难免有偏低的错误。

c. 美国战前在菲列宾的投资，据有人估计，约达 2 亿 5000 万美元，但据 1943 年美国政府调查，约值 1 亿 3570 万美元。1943 年的调查，因在战时举行，大概失之太低。

d. 法国投资数内，有金佛郎数额，系照 1937 年法郎汇价计算。

来源：英法荷三国，见 Cleona Lewis，The United States and Foreign Investment Problems，Appendix A. International Balance Sheets. Washington D. C., The Brookings Institution, 1948.

美国见 U. S. Treasury Department, Census of American-Owned Assets in Foreign Countries, 1949.

国外投资对资本主义国家的重要性，可从各国每年所收入的"投资所得"，获一概念。各国资本家从国外投资所得的盈利，一部分是经常留在所在国作扩充生产设备之用，这一部分称之为"再投资"；还有一部分汇回本国作为息金（Interest）或红利（Dividends）分派给投资人，这一部分在国际收支上叫作"投资所得"。关于"再投资"部分很少有估计发表，所以在数量上很难推测。关于汇回本国的投资所得，战前和战后的英、法、荷三国数字，见表 66 如下：

表 66　英、法、荷三国的投资所得估计

投资所得	英国（百万镑）		法国（百万美元）		荷兰（百万盾）	
	1938 年	1947 年	1937 年	1947 年	1938 年	1947 年
汇入[a]	205	153	210	147	323	176
汇出[b]	30	106	46	61	166	97
净收入	175	47	164	86	157	19
商品入超[c]	302	415	460	1452	163	1843

a. 指国外投资的收入。

b. 指在本国的外资每年汇往国外的盈利。

c. 商品入超，系经修正后的数字，故与各国贸易统计所发表的，稍有出入。

来源：International Monetary Fund, Balance of Payments Yearbook, 1937, 1946, 1947.

上列的数字，是英、法、荷三国的全部国外投资所得。英国在缅甸和马来亚的投资所得，无详细统计可查。但法国在越南和荷兰在印尼的投资所得，可从越南和印尼的官方统计得知其大概（见上第六章第一节表 26 和表 27）。据越南的对外收支估计，1937 年的投资所得净支出为 839000000 法郎，约合 33000000 美元。越南的外资，差不多全部是法国的，所以，这笔 33000000 美元的投资所得，可以说是全部汇往法国的。而法国这一年的全部国外投资所得为 210000000 美元(见表66)，所以，越南方面的收入，约占法国全部国外投资所得的15%强。而法国在这时期在越南的投资总额，约占法国全部国外投资总额的10%(见表65)，可见法国资本在越南的收获，是远在其他投资区域之上。荷兰在印尼的情形，也是如此。1938年印尼的投资所得净支出，约为201000000盾。在印尼的外资，荷兰约占85%[1]。以这个比例推算，印尼这一年的投资所得汇往荷兰的，约达170850000盾。而荷兰1938年的全部国外投资所得为323000000盾，可见荷兰在印尼的收入，约占全部国外投资收入的53%。但荷兰在印尼的投资额约占荷兰全部国外投资总额的40%(见表65)，所以，荷兰资本在印尼的收获，也远在其他投资区域之上。以上的推算，只是根据一年的数字，也许不能作为定论。但法国资本家和荷兰资本家在越南和印尼获利的丰厚，大概是没有疑问的[2]。

战后的情形，对帝国主义国家，很是不利。越南和印尼的民族解放运动展开，使法荷资本家无法安稳地赚钱；而其他投资区域，也受战事影响，经济情形，迄未复原，故战后各帝国主义国家的投资所得，较战前跌落很大。但有一点值得注意的，是英、法、荷各国在战时消耗了国内和国外的许多资产，所以，在战后，东南亚殖民地，在比例上，对它们的重要性只有增加。最显著的，莫若英国了。战前，英国在缅甸和马来亚的投资，从英国全部海外资产看，是不算大的；但在战时，英国不但变卖了大部分原在美国、自治领和印度的资产，而且还欠了印度、埃及和其他近东国家许多债。战后，大英帝国的经济势力，既大为缩小，东南亚殖民地，在相对上，自然显得特别重要了。

美国是疆土广阔资源丰富的国家，所以，海外投资，过去历年来，从全国经济看，其重要性，比不上英、法、荷三国的海外投资。而且，美国对外投资，大部分是在中南美和加拿大；在远东方面，也以中国、日本、菲列宾居多；对其他东南亚各国，在战前，除马来亚和印尼的胶园外，是相当微小的。同时，美国是商品出超的国家，海外投资所得，在对外收支上，也不很重要。不过，这是战前的情形。战后，美国经济势力，极度膨胀，美国资本的活动已侵入了世界上大部分区域，只有苏联和新民主主义国家，才给美国资本以无情的打击。在这种新形势下，东南亚区域，对美国和其他帝国主义国家发生了新的价值。这新价值的内容，便是我们要在下节讨论的。

三、现阶段的新价值

资本主义发展到现阶段，产生了三种新形势：第一是美帝国主义，经过了两次大战的获利，已以压倒的优势，控制了资本主义世界的市场。第二是随着资本独占化的发展，国家成为资本家的工具，益见显著，而国家在经济上的活动范围，也日见扩大了。资本家为保障既得利益，和加强优势地位起见，往往利用国家的形式，在对内和对外经济上，采取扩张的行动。第三是苏联社会主义建设的成功，和各国人民民主力量的增强，动摇了资本主义的基础，使帝国主义国家疯狂地采取备战行动，企图以武力来挽救资本主义的危机。在这三种新形势下，东南亚区域从帝国主义国家看来，便有新的意义了。

一、战后美国经济势力的膨胀，造成了被大战削弱的英、法、荷等国对美国的依赖性。这在各国的对外收支上，便发生了所谓"美元缺乏"问题。即是英、法、荷等国一面要经济复兴，一面又害怕苏联和东欧新民主主义国家的力量增强，不愿意和这些国家增进贸易关系，便不得不集中在美元区域购取物资，而美国以战时生产力的高涨，对国外物资的需要不大，各国对美贸易因之无法平衡，发生了巨大的入超现象，也就是"美元缺口"（Dollar Gap）的问题。在这种情形下，东南亚对英、法、荷各国，便有特殊价值了。因为东南亚是原料生产区，而东南亚的原料品，如树胶、锡等，又为美国大量所需要，所以，战前美国对东南亚各国的贸易，经常是入超的（见第六章第四节表34）。假如英、法、荷各国能够继续保持东南亚殖民地，而东南亚殖民地能够继续维持对美出超，那么东南亚的对美出超额便可以用来弥补英、法、荷各国对美入超额的一部分了。这是英、法、荷三帝国主义国家的如意算盘。东南亚殖民地的对美出超额，足以补助英、法、荷三国对美入超额的程度见表 67 如下：

表 67　美国对英、法、荷出超额和对东南亚各国入超额比较（单位百万美元）

	1938 年	1947 年	1948 年	1949 年 （1—9 月）
对英国出超额	(＋)403	(＋)898	(＋)361	(＋)383
对马来亚入超额	(－)103	(－)218	(－)188	(－)117
对法国出超额	(＋)80	(＋)770	(＋)518	(＋)359
对越南贸易差额ª	(＋)4	(＋)19	(＋)11	(＋)13
对荷兰出超额	(＋)66	(＋)359	(＋)268	(＋)172
对印尼贸易差额	(－)41	(＋)70	(＋)17	(＋)14

a. 包括法属印度，战后指法占领区。

来源：U. S. Department of Commerce & Bureau of the Census, Summary of the United States Trade.

美国对印尼和越南的贸易，战前都是入超。战后的出超，大概是暂时现象，而美国对印尼输出的增加，更是美国对印尼大量放款所致，假如没有这些"美援"的施与，印尼在 1948—1949 年可能已经造成对美出超了。马来亚对美出超额很大，因此，对英国的"美元缺口"的弥补，有很大的帮助。这无怪英国对马来亚在战后要特别重视了。

二、各帝国主义国家，在疯狂的备战状态下，便发生了所谓"军略物资"问题。东南亚所生产的树胶和锡，都是很重要的军略物资。上次战时，东南亚区域不马上被卷入战火，到了珍珠港事变后，才被日本占领，所以，英美各国能在事前囤购了很多的树胶和锡，并在国内发展人造树胶的制造，等到东南亚沦陷敌手时，美国已不虞来源缺乏了。这样，给美国一大教训。同时，它给美国的垂涎东南亚区域更多一层理由。美国国会已拨款给政府囤购军略物资，树胶和锡都包括在内。据传，美国政府将囤购 25 万长吨的锡，到了 1949 年 10 月底，已购进了 8500 长吨。囤购树胶数量不详。但在向外侵略的野心家看来，囤购是不得已的办法，不能根本解决问题。他们既然鼓吹战争，便也振振有词地认为美国有控制东南亚的军略价值了。实际上，美国有很大的制造人造树胶设备；不得已时，也还可以利用南美玻利维亚的锡矿，所以，美国的重视东南亚"军略物资"，不过暴露向外侵略野心的无止境而已。

三、从理论上和过去历史上看，资本主义要缓和内在的矛盾，非经常有大量投资不可。但在资本主义先进的国家，国内经济已相当发达，生产大部分已机器化，雇用的劳工减少，榨取的机会自也逐渐缩小，所以，利润也趋下落，而投资机会也愈来愈窄。这样，便加深了资本主义内在的危机。要挽救这个危机，资本主义国家，非向外找寻投资出路不可。而东南亚区域，便是资本主义国家重要投资对象之一。在过去数年间，各资本主义国家因战争破坏严重，国内复员和复兴工作，需要大量资金，所以，资本过剩问题还不尖锐化。等到国内复员和复兴工作告一段落，投资机会减少，那么，要维持目前的经济活动水准，便得向外找寻投资出路了。这一方面的向外发展，对美国最是重要，英法次之。美国 1948 年的全国总生产量（Gross National Product）为 2624 亿美元，其中用于国内私人投资的，约 450 亿元，约占总生产量的 17%，这和 1929 年的国内私人投资量对全国总生产量的百分比相差不远。但在美国经济最衰落的 1932 年和 1933 年两年，国内私人投资量才占全国总生产量的 2% 强。1937 年是美国战前比较景气的一年，美国这一年的全国总生产量为 902 亿元，而国内私人投资量为 114 亿元，约占全国总生产量的 12.6%[3]。如果美国要维持 1948 年的经济水准，那么，每年非得要有 450 亿元的私人投资不可，这等于 1937 年私人投资量的四倍。这样巨大的数目，要希望在无计划的经济制度下，年复一年，被国内市场吸收，显然是很难达到的。美国过去是不很重视国外投资的，事实上，战前美国每年投资国外的数目，在全国总生产量上，占很小的百分比。但今后美国要设法缓和经济危机，资本的向外发展，无疑地将被认为很好的出路了。

但在向外经济扩张上，各帝国主义国家目前所采取的方式，和旧时有很大的区别。旧时的帝国主义经济侵略，是由私人资本家站在前面，而以国家的兵舰大炮做后盾。换言之，私人资本靠了国家力量的保护，在落后地带或殖民地直接进行经济榨取的工作。但在最近一二十年来，经济落后区域民族的政治认识，已普遍地提高了；他们对外国资本的侵入，很是警惕；而外国资本家也渐渐感到在这些区域投资的不安全，所以。也不肯轻易下本。他们目前所采取的办法，是利用国家力量，在这些经济落后区域，用政府借款、赠款或技术协助等等方式，扩张经济势力范围。这样，在开发这些区域时所冒的一切风险，将由政府负担；所遭遇的损失，也由实际负担政府借款或赠款的纳税人承受，而资本家们躲在背后坐享其利。因为在这些借款或赠款被花用时，接到货物定单，获取利润的，还不是这些资本家们？这样的采取国家活动方式向外经济扩张，正反映了现阶段独占资本控制政府的强化，也就是资本主义从"独占资本主义"发展到"国家独占资本主义"阶段的表现。这新阶段的表现，在美帝国主义对外活动上最为显著。美国在这次大战后，曾以赠款、救济费、复兴费用、信用借款等名义，大量地对外施与。这些款子，有的通过联合国各机构支配，但大多数是由美国政府直接交给外国政府花用的。这些款子的来源，当然由美国的"纳税人"——即是劳苦大众——负担，但化用这些款子时所引起的生意买卖，自然是实惠了美国的资本家们。据美国官方发表，在1946—1948年三个财政年度内，美国政府拨给外国的赠款（Grants）共计81.28亿元，信用借款（Credits）共计90.81亿元，两者合计，达172.09亿元[4]，而在这三年内，美国私人对外作直接投资的，不过15.41亿元（不包括私人对外的间接投资，但私人对外的间接投资额恐怕是更小了）[5]。可见在现阶段上，资本家以政府名义对外经济活动，远较私人直接对外活动重要。1949年以后美帝国主义在东南亚区域的行动更见积极，大批金钱源源不绝地供给东南亚各国。详细数字还没有完备报告，但据英国 *The Economist* 周报报道，1950年上半年已建议拨给东南亚的"美援"额如下：

表 68　1950 年上半年美帝国主义建议拨给东南亚的"美援"额（单位百万美元）

	经济援助	军事援助	合计
越南	23	15	38
缅甸	11	—	11
泰国	11	10	21
马来亚	5	—	5
印尼	11ª	5	16
总数	61	30	91

a. 尚有美国进出口银行信用借款一亿美元，不包括在内。

来源：The Economist，May 20，1950.

以上数字，还是 1950 年上半年美国政府正在讨论中的款额，将来实际所给与的数目，恐怕还不止这几个项目。

独占资本家通过政府方式作向外经济扩张的趋势，在战后削弱的英国，也可以看到。英国国会在战前曾通过《殖民地发展与福利法案》（*Colonial Development and Welfare Act*），根据这个法案，英政府经常拨款给各殖民地政府，推行经济建设工作。但在战前这项拨款，为数很小，可是在战后，已大见增加了。计自 1945—1946 年至 1948—1949 年四个财政年度内，英政府在这法案下所拨给各殖民地借款和赠款总数约达 2000 万镑。这在英国战后国内复兴需款的时期内，不能不算是相当庞大的数目了[6]。

向外经济扩张，是今后资本主义国家挽救经济危机的一个重要政策，所以，东南亚的成为帝国主义经济榨取对象之一，是毫无疑问的。但替资本家服务的各帝国主义政府，还要假仁假义地用其他方式来掩盖他们的侵略行动。例如，1949 年 1 月美国总统杜鲁门在就职典礼时对国会演说，便提出以美国的技术知识帮助他国人民改善生活状态，并促进经济落后区域的投资开发。这个建议，后来便称为杜鲁门总统的《第四点方案》（*Point 4 Program*）。美国国会并已开始拨给"技术协助"款项，来推行这方案。很明显的，所谓"技术协助"的用意，是由美国政府打头阵，先在经济落后区域花钱做些准备工作，造成投资的有利条件，然后私人资本家才敢大量投资。假如这些区域的情形，对私人资本不太有利，那么，将由美国政府出面继续赠款或借款给这些区域的政府，而私人资本家也一样可以获得买卖的。在这种情形下，东南亚便成为推行杜鲁门总统"第四点方案"的重要区域了。

从其他帝国主义国家看，美帝国主义的向外扩张，不免是对它们殖民地的一种威胁。但这些帝国主义国家，经过这次大战后，经济力量已大为削弱，自知无法和美帝国主义抗衡。不得已而求其次，它们便想分润一些美国外流的资金。所以，它们并不抗拒美国资本的侵入它们殖民地内。它们所希冀的，是从这些流入的美国资本中，能够分到一部分，而由殖民地用来购买宗主国的产品，那么，它们既可以增加对殖民地的贸易，又可以获得美元外汇来填补它们的"美元缺口"了。这就是东南亚殖民地对这些帝国主义国家的新价值，而成为今后这些国家和美帝国主义间缓和矛盾的基础了。

四、人民与资本家利益的对立

在帝国主义国家里，各阶级的利益是矛盾的。所以，在检讨殖民地经济和帝国主义国家关系时，我们也应该分作两方面看：一是对资本家方面的利益，一是对帝国主义国家里劳动大众的影响。上面两节所说的帝国主义国家对外投资利益，都是由资本家享受，和大多数人民不发生直接关系。例如印尼对荷兰的经济，向来被认为很重要的了。荷兰 1938 年的国民所得，约有 8% 是由海外赚来的[7]，但这个统计数字，没有把分配情形表现出来。实际上，海外赚来的钱，大部分是属于投资所得的息金和红利(见上第二节)，而这些息金和红利，不是每个荷兰人民所享受到的，只是上了少数拥有股票或债券人的腰包罢了。英国的海外财产所得，在 1938 年约占国民所得的百分之五强[8]，但实际分配情形，也是和荷兰相似的。美国和法国的海外收入，从国民所得上看，是很不重要的。1938 年美国的海外收入，只占美国全国净生产量(Net National Product at Factor Cost)的 0.5%；法国的海外收入，只占法国全国净生产量的 2%[9]。但这些在比例上很小的数目，在资本家宣传之下，好像变成了民族盛衰兴亡的关键。于是每遇殖民地人民解放运动展开时，便兴师动众，好像非要拼个你死我活不可。例如 1949 年法国在越南所花的军费，全年约等于 475000000 美元之数；1949 年英国在马来亚所花的军费，据估计每天约达 25000 镑。这是花了大多数人民的金钱，来保障少数人的利益。至于无辜子弟，在殖民地战场上丧失生命的还不算在内。

当然，在资产阶级的报章杂志上，往往把保持殖民地的利益，渲染成为全民性似的。例如上节所列举的东南亚殖民地新价值，——（一）补助"美元缺口"，（二）供给军略物资，（三）对外找寻投资出路，以解救资本主义的危机——好像是都和全体人民利益攸关的。但实际上，"美元缺口"，是由于西欧国家的过度依赖美国，不愿和苏联、中国以及东欧国家增进贸易关系所致。假如美、英、法等国，收拾起侵略野心，世界和平得到保障，那么，备战行为，亦非必要，军略物资的供给，更不必操心了。至于帝国主义国家经济危机的加深和扩大，完全是由资本主义经济制度的内在矛盾所致。从人民立场看，向外经济扩张既非必要，也不是有效的解救方法。

事实上，欧洲国家如瑞典、丹麦等，没有殖民地也能继续生存。这些国家虽然没有自给自足的资源，它们也可以在平等的方式下，和其他各国发展贸易关系，不必依赖特殊的军事和政治势力，作为后盾。以英、法、荷等国工业技术的优秀，工业基础的雄厚，只要能够废除剥削性的生产关系，实行社会主义的经济制度，它们的前途，必然比瑞典、丹麦等国还要好。所以殖民地的独立解放，只是打击美、英、法、荷的帝国主义势力，而决不是剥夺美、英、法、荷人民的生存和发展的机会，认清了这一点，便可知道人民与资本家间利害冲突所在了。

第九章　附注

（1）据 Cleona Lewis, The United States and Foreiga Investment Problems,

Appendix A.

（2）表65、表66和表26、表27所载数字，系出自不同的来源，并列比较，所获的结果，未必可靠，但在大体上，我们相信离开事实，不至太远。

（3）美国全国总生产量数字，见 U. S. Department of Commerce, Survey of Current Business, July 1949.

（4）Rexford C. Parmelee "Foreign Transactions of the U. S. Government in Fiscal Year 1948", Survey of Current Business, Nov. 1948.

（5）Milton Abelson, "Private United States Direct Investments Abroad" Survey of Current Business, Nov. 1949.

（6）详细数字见英政府发表的"Colonial Development and Welfare Acts" Return of Schemes in the Period from 1st April 1948 to 31st March 1949.

（7）据 United Nations, Economic Survey of Europe, 1948, Appendix A, p. 230，1938 年荷兰净国民所得，依成本计算（Net National Income at Factor Cost）约为49亿盾，其中海外收入约达4亿盾，占8%。但据 United Nations, National Income Statistic, 1938—1947. 荷兰1938年净国民所得为49亿8900万盾，其中净海外收入，约达3亿3000余万盾，占7%弱。

（8）Richard Stone, "The Measurement of National Income and Expenditure: A Review of the Official Estimates of Five Countries", Economic Journal, Sept., 1947.

（9）同上（7）。

第十章　东南亚经济前途的展望

东南亚经济，在历史的发展过程中，和中国的经济，很是相似。中国的解放战争，在中国共产党领导下，已获得了伟大的胜利，中国今后已走上了新民主主义经济的途径。东南亚各国的人民解放运动，大概也要走着中国的道路：一面以取消外国资本的特权，消灭地主阶级与官僚资产阶级的削剥，和改变买办的封建的生产关系为任务，一面以工农联盟为基础在工人阶级领导下，发展国营经济和合作经济，一面团结民族资产阶级和小资产阶级，以发展生产力。本章以篇幅关系，不拟讨论东南亚各国在争取人民解放过程中所应个别采取的具体经济政策。我们这里所要研究的，是东南亚全区获得解放后将来经济发展的前途如何。上面各章已详细分析东南亚经济在帝国主义控制下，发展到目前的情势。我们现在就资源和地理环境，试对今后东南亚各国的经济发展动向，作一检讨。

首先我们要研究的，以个别国家而论，东南亚各国经济发展的可能性怎样。目前东南亚各国的经济，太集中于少数农作物的耕种和矿产品的开发，而这些农矿产物的出口市场，在现阶段的资本主义经济日趋没落的情形下，已很少扩展的余地。所以，东南亚各国的继续依赖这些少数的生产品，必将使整个经济，陷入停滞的境界。而且，资本主义经济的发展，是充满着内在的矛盾的，所以，经常要发生经济恐慌。资本主义国家经济恐慌的不断发生，将使东南亚各国的经济，跟着波动不已。要避免这停滞和波动的命运，东南亚经济必须朝着两个方向走：对内的，必须发展本国的多元经济，使生产多方面化；对外的，必须在英、美、法、荷以外，促进对欧亚新兴国家的贸易关系。这两条路，不是相背的，而是相辅的，可以同时并进而获得密切的呼应。我们现在先看发展本国多元经济的可能性怎样。在东南亚各国间，关于发展多元经济，有两个不同的重心：一是有普遍性的工业化问题，二是粮食不足的国家，如马来亚、印尼和菲列宾的增产粮食问题。

关于工业化问题，我们知道发展工业，有三个条件：一是天然资源，二是劳力，三是生产器材。关于资源，最基本的是动力，因为无论轻重工业，都需要动力，没有动力，工业化便失掉了意义。动力的来源，除原子能尚在试验阶段不计外，不外煤、石油和水力三种。缅甸和印尼都有巨量油田，越南有煤矿，菲列宾也有煤矿，并已证实也有油田，所以，这四个国家的动力，都无问题。马来亚也产小量的煤，供本国铁路的需要，将来能否增产，供工业上的需要，尚未可知。泰国素以缺煤著称，最近很想利用水力发电，但到底有多少的水力可以在经济条件下发展，还没有详细的调查。不过泰国很靠近缅甸，将来可以从缅甸大量进口石油。马来亚本国的煤产假如不足，也可以从婆罗洲和缅甸输入石油。所以，从动力来源而言，东南亚区域不能算贫弱。但要建立重工业，除动力外，还需要铁矿和煤焦。战前日人曾在马来亚和菲列宾开采铁砂，每年增产甚速，可见这两国的发展铁矿是很有希望的。发展钢铁工业还需要煤焦。我们不知道马来亚的煤矿性质怎样；菲列宾的煤产，据说是不适宜于炼焦的，将来要发展钢铁工业，恐须输入大量煤焦。其他四国的铁矿，都还没有大量发现（缅甸和越南战前有小量铁砂生产）。但东南亚各国的地质调查，还不够详密，我们不能依据目前所知道的，遽下判断。而且，铁矿的缺乏，只是阻止钢铁工业的建立，而并不足以妨害发展其他工业。东南亚各国都产有色金属，如锡、铅、锰、锌、锑、钨、铝等。这些金属，如能增加产量，并在本国提炼，便足成为重要的工业。其中铝矿（Bauxite），在马来亚、印尼、菲列宾，都有发现，将来的发展，更有希望，因铝是制造飞机的必需材料。此外，东南亚各国大多数都拥有广大的森林，将来加工的木材业是很有前途的；而且还可以发展造纸工业。人类文化越进步，纸的需要越大，而纸的消耗也越快。目前世界主要生产纸浆国家如斯干得那维亚国家、美国、加拿大等的产量，已有供不应求之势。东南亚区域内拥有1亿5000多万人口，将来每人能阅读书报，纸的消耗量，将是很巨大的数目。届时，东南亚各国的纸张需要，如不能自给，而靠外来进口，将是外汇上一笔很大支出。反之，假如东南亚各国能以本国的木材，设法发展造纸工业，将来纸张的输出可能成为一笔重要外汇的收入。在其他轻工业方面，东南亚特产中，不少可以加工制造的：如椰油、棕油可以发展成为巨大的制皂业，热带水果可以包装制成罐头食品外销。至于纺织工业，菲列宾、泰国、缅甸三国已开始设厂自制纱布，有的是国营的，有的由官商合办，但规模都很小，产量不足以供国内需要。而且，各国的棉花产量太小，战前缅甸产量最大，平均每年约达2万多吨，泰国、越南、印尼，每年不过1000多吨，菲列宾每年才几百吨而已。战时，菲列宾在日本占领下，曾以甘蔗田改植棉花，但成绩怎样，外间人很少知道。战后泰国的棉花产量大有增加，但1947—1948两年每年也不过5000余吨，其他各国都见跌落，今后东南亚各国能否增产棉花，供国内需要，还是问题。过去，英国和日本，靠进口棉花，也能建立很大的纺织工业，但英国和日本所凭借的，是先进的技术，雄厚的资本，和被削剥的劳工。这几个条件，使英日的纺织工业压倒了其他国家。东南亚各国的环境和过去的英国和日本大不相同，今后假如棉花不能自给，而要发展纺织工业，也许有相当的困难。

发展工业的其他两个条件是劳力与生产器材。在相当限度内，劳力与生产器材是可以互相替代的。劳力不足的场合，尽可以用机器替代，但在生产器材缺乏的区域内，在工业发展的初期，往往是以劳力替代机器。例如修筑公路，建造厂房，在经济发展的国家，可以大量应用机器，但在经济落后的国家，大部分便须依赖人力了。在人力替代生产器材的阶段上，劳工的生活水准一时无法提高，但过了这阶段，国家资金的积累逐渐增加后，机器慢慢地可以用来替代人力，那时，在社会主义计划经济下，劳工的享受，便可提高了。所以，我们要研究的，是东南亚各国在经济发展的初期，以剩余劳力替代生产器材的可能性怎样。东南亚区域的人口分布，很不均匀，在印尼的爪哇和越南的东京和交趾支那两区，人口密度很高，在现时的封建和资本主义的生产关系下，已有人口过剩现象，但印尼的外岛，和越南的其他区域，人口密度不大。这两国可能发展工业的区域，未必全部是在人口繁密的地带，所以，将来实行经济建设计划时，也许要安排大量的国内移民，才能使计划顺利完成。缅甸和泰国至今还是地广人稀，有人甚至认为这两国在过去几十年来，经济发展的不够迅速，是受人口不足的限制。这是资产阶级学者漠视了阻碍生产力发展的最基本因素，用自然主义的眼光所下的结论，我们不必相信。但今后这两国实行经济开发时，国内劳工，也许要感到不足，为迅速完成工业建设计，恐怕还须吸收大量的外来移民。马来亚的生产，如果要向新的工矿方面发展，现时的入口，恐怕也嫌太少。菲列宾的情形，却和越南、印尼差不多。菲列宾的吕宋和宿务两岛有过剩的人口，可以移往他处，从事新的生产事业。

除了人口数量外，劳力的供应还包括一个技术训练的问题。各种工业所需的粗工，在人口繁密的区域，也许还容易招募；但技工的造就，却非一蹴而就。在资本主义制度下，技工的训练，往往由新兴的私人工业，自己担任，这往往很是迟缓而不经济。假如实行新民主主义和社会主义计划经济，那么，动员人力，实施技术训练，效果可以高得多了。

劳力的替代生产器材，是有一定限度的，过了这限度，便非需用生产器材不可了。在研究生产器材的供应情形之前，我们首先要讨论的是东南亚各国的资本积累能力怎样。过去，东南亚各国缺乏国民所得统计，所以，我们不知道这些国家的历年消费和储蓄的详细情形。但过去东南亚各国都有巨额商品出超，而这些出超是用以支付外国资本家在东南亚的"投资所得"的。这表示东南亚各国的经常生产价值中，除供国内消费外，有一部分的剩余是给外国资本家剥削去的。我们不知道今后东南亚各国获得独立解放后，对外资采取什么政策。假如消灭了买办制度，和资本家剥削情形，而准许正当外资的获取合理利润，那么，将来给外国资本家拿去的投资报酬，大概要较过去减少很多，这样省下来的数目，可以增加资本积累量，供国内工业建设之用。这是以资本的积累量而言。但资本的积累，不就是生产器材的供应。前者的范围较广，包括从事投资事业的劳力，而后者只指固定资本而言。东南亚各国制造生产器材的能力，很是有限。所以，东南亚的资本积累量即使能够提高，生产器材的供应能力，还是相差太远。在这样情形下，东南亚各国非增加生产器材的输入不可。这牵涉了对外贸易问题和利用外资问题。这两个问题，留待下面再谈。

除了工业化外，摆在东南亚各国前面的，还有一个增产粮食和农业生产多元化的问题。在粮食不足需要输入的国家，如马来亚、印尼和菲列宾，各政府所关心的，是怎样增产粮食以图自给。在粮食输出的国家，如缅甸、泰国、越南则深恐将来食米出口市场呆滞，而发生谷贱伤农的现象，所以，也想鼓励一部分农民改种其他作物。在各国现时的经济制度下，生产缺乏整个计划，私人经济势力横行，人民所要求和政府所提倡的政策，往往很难实现。将来，真正代表人民的政府控制了全国后，这种政策，便容易展开了。但纯粹从经济观点看，增产粮食可从两方面着手：一是增加现时所耕种的每亩稻田收获量，一是增加稻田面积，包括垦荒或以其他土地改种稻米。战前东南亚的每亩稻田收获量，爪哇和马来亚比较高些，越南和菲列宾却是很低（详细数字见第五章第一节表12）。但以全区而论，还比不上中国和朝鲜，更远不如日本、义大利和西班牙。要增加稻田的收获量，不外三途：一是改进技术，二是增加劳力，三是增加投资量如耕畜、肥料、灌溉工程设备等。关于第一点，需要政府的领导，和农民的自动组织，这在殖民地制度下，是难办到的。关于第二点，如希望农民增加耕作时间，这在热带或半热带气候下，恐怕也有实际上的困难；如欲增加劳工数量，便发生了上节所提到的劳力不足和移民问题。关于第三点，增加农业投资量，这在资本筹措上，与工业建设，发生了同样的问题。

提倡垦荒以增产粮食或以其他土地改种稻米，在问题的本质上，是和提倡农业生产多元化相同的。所以，我们可以把这两个问题并为一谈。关于垦荒，在东南亚目前的人口分布状态下，需要适当的移民政策，从国内人口稠密部分移往，或容纳外来的移民。假如东南亚经济发展是有计划性的，在移民方面当能有妥善的办法。关于以稻田改种其他作物，或其他土地改种稻米的问题，我们已看到过去东南亚所发展的出口农作物，未必都合于经济的原则，更未必符合于本国人民的要求，所以，改种粮食或其他农产品，也许是比较合理的办法。例如菲列宾的发展蔗糖，完全是因为有美国的保护市场，而这市场完全是以关税差别待遇造成的，实际上，菲糖的成本，高于爪哇、古巴等地。我们不知道菲列宾的蔗田，是否可以改种粮食。假如改种粮食，不很合算，也许可以以一部分改种其他农产品。但农民是很保守的，再加地主或资本家利益牵涉在内，在这样情形下要想实现农业生产上的改革，是很困难的。所以，农业生产多元化的推行，需要一个代表真正人民利益的政府，然后才能获得人民的拥护和合作。

以上是发展国内经济所应考虑的几点。但发展国内经济，还得考虑对外的经济关系。对外经济关系包括两个问题：第一是国内实行工业建设时，需要向外国进口大量的生产器材，东南亚各国是否有偿付这些进口物品的能力呢？换言之，将来各国的对外收支情形怎样？第二是从长期看，东南亚各国对其他个别国家的经济关系前途如何？这两个问题实际上是一个问题的两面。过去，东南亚各国经常有很大的商品出超，假如每年从各国汇出的外国投资所得能够减少，那么，供国内建设需用的物资进口，无疑是可以增加的，但这样增加的进口能力，恐怕还是不够。我们现在假定没有新的外资输入，那么，东南亚各国为加速开发经济起见，能否大量增加目前的输出贸易量，使能获得足够的外汇，偿付进口建设物资呢？要解答这个问题，我们便得研究东南亚各国对个别国家的经济关系前途如何了。为分析上方便起见，我们可以把东南亚各国的对外关系分两方面看：第一是东南亚各国间的区域合作可能性怎样，第二是东南亚各国和其他国家的未来关系如何。

先以区域合作而论，东南亚各国在经济上都是比较落后的国家，所以，各国在生产器材的供应上，很少可以互相帮助的。但过去东南亚各国间的资源开发，有相竞性的，也有相辅性的。例如树胶、锡、蔗糖，东南亚各国的生产，在国际市场上，是互相竞争的；而稻米、石油等，则在区域内，可以以有余供不足的。这相竞性和相辅性的生

217

产活动，正表示今后这区域的经济发展，有通盘计划的必要，或至少要达到相当程度的互相谅解。战前国际间关于树胶、锡、糖等商品曾有限制生产和分配输出限额协定的签订，但实际上都是大资本家压迫小农生产的工具，跟合理分配生产能力的目标，相差甚远。假如资本主义的生产关系不变，今后新订的国际商品协定，将不脱战前的窠臼，唯一可能不同之点，是美国资本家以最大消费者的地位，以压迫其他生产国而已。这对于合理分配东南亚各国间的生产力，是毫无裨益的。东南亚的缺粮国家如马来亚、印尼和菲列宾，受到战时的痛苦经验，目前都想增产粮食。我们已经说过，农业生产的多元化，在某种限度内，也许是合于经济条件的。但东南亚各国间，如能发展区域性的经济建设计划，那么，米、糖、石油等物资的互通有无，正是有利于双方的。过度的建立自给自足的经济，像在东南亚疆土比较狭小的国家内，恐怕是不可能的。不过，发展区域性的经济，在客观上还得要发展区域内的水陆交通。到目前为止，东南亚各国的对外交通，各以英、美、法、荷的路线为主，与近邻各国，反极阻塞。这个现象是应该赶快消灭的。中南半岛上越南、泰国、缅甸、马来亚间的铁路交通，已略具基础，将来加以发展，谅无困难。至于菲列宾和印尼，对其他东南亚国家的交通，目前差不多全赖外国轮船。将来东南亚各国的维持最低限度的本国商轮，也是一件重要的事。

东南亚各国对本区域以外国家的未来关系怎样？要解答这问题，我们可以把东南亚区域以外的国家，分成三类：第一类是帝国主义国家如英、美、法、荷等国，第二类是苏联和东欧的新民主主义国家，第三类是环绕东南区域的三大邻邦，中国、印度和日本。东南亚各国对第一类国家的经济关系，到目前为止，最是密切。东南亚主要生产品的市场，除稻米外，差不多都在这些帝国主义国家之内。而东南亚各国将来开发经济所需要的生产器材，这些国家，也可以大量供给。但帝国主义国家的经济充满着很多的破绽，东南亚的生产品在这些国家所能销售的数量，似乎已到达了顶点，将来所能增加的，恐怕已是有限得很。我们从 1949 年世界树胶和锡砂输出总量的跌落（见第七章第三节表 48 和表 49），可知东南亚产品依赖资本主义市场的危机了。

当然，帝国主义国家，为挽救颓势起见，除企图以武力继续控制东南亚区域外，将加紧以资本进攻。在新的外资大量输入下，东南亚各国从帝国主义国家输入的物资，在短期内，将有增无已，但这也许是东南亚人民全部获得独立解放前的一个插曲而已。从长期看，帝国主义国家固然可能继续容纳相当数量的东南亚产品，但东南亚国家如果要进一步大量增加输出，以换取大量的输入，恐怕非向其他各国发展不可了。

帝国主义以外的国家中，我们首先看到的，是苏联和东欧新民主主义国家。东南亚各国发展经济所需要的生产器材，苏联和捷克等都可供给。而东南亚所生产的树胶、锡、椰子产品等，苏联和东欧国家都可能容纳的。而且这些国家在优越的经济建设计划下正以无比的速度发展工业，只要各国汽车业、罐头工业、制皂业发达，树胶、锡、椰子产品等的需要，也将激增。两次大战期间的二十年间，东南亚产品的需要，受资本主义经济恐慌影响，波动很大，但在这时期内的长期趋势，是有增加的。目前世界上一大部分的土地和人民，已经解除了资本主义的生产束缚，今后这一部分世界的经济进展，无疑地将很快地超过两战期间资本主义国家生产能力的增加。今后东南亚如果要大量增加生产，以输出换取输入，资本主义以外的世界，将是重要的出路。不过，苏联是资源丰富的国家，国内生产所需的原料，在计划经济下，差不多都能自给，而东欧各国以地理上的接近，所需要的物资，也可以就近与苏联交换，所以，东南亚各国和苏联和东欧国家的贸易发展，从长期看，也许有相当限度的。

从东南亚区域向外看，将来在发展经济关系上，最重要的，恐怕要算是中国、印度和日本三大邻邦了（澳洲也是东南亚的一大邻邦，但也是一个地广人稀的新兴区域，经济能力有限，在目前澳洲政府所采取的"白澳政策"之下，更难和东南亚发生密切关系）。中国和东南亚区域，壤地相接，人民来往频繁，在文化上和血统上都有密切的关系。东南亚在经济开发上所需用的劳力，中国大概可以供给一部分。以贸易而言，中国的工业建设，才在开始阶段，将来的前途，虽未可限量，但在短期内，东南亚各国所需要的资本设备，中国很少供给可能。至于消费品方面，东南亚区域向来被认为一个很好的纺织品市场，中国历年在南洋推销的纺织品，价值很大。但我们假使仔细研究一下，便知道过去中国纺织品的产量按人口计算，实在不大。在旧时不合理的经济制度下，才有剩余出口。假如我们今后要使中国人民每人能有布可买，有衣可穿，中国的纺织工业，恐怕要比目前扩大好几倍，才能够供应国内的需用。战后中国的纱锭数量不过五百万枚，而印度与巴基斯坦合计却有 100 万枚，日本经过战时破坏后，也有 400 万枚，但中国的人口，大于印度与巴基斯坦人口 $\frac{1}{7}$，差不多等于日本人口的六倍，这可见中国纺织工业不敷国内需用的程度了。当然，中国还有很大的手工纺织业，抵补工厂产量的不足，但今后在全国经济通盘计划下，即令以工厂和手工产量合计，能否有很大的剩余纺织品足供外销，很是疑问。中国对东南亚其他输出品，如药材、陶瓷品、机制日用品等，可能因东南亚人民生活水准提高而有显著的增加，但这些商品，在中国输出贸易上所占地位不高，差不多都是零碎项目，将来的总数，大概也不会太大。在输入方面，中国也是一个资源丰富的国家，东南亚所生产的锡，中国可以自给，胶树也可以在海南岛大量种植。将来中国汽车工业高度发展后，海南岛可能生产的树胶也许不敷应用，势须从东南亚输入一部分，但数量也不至太大。中国过去在反动派政权下，还从东南亚输入大量食米，但自全国解放后，农民生产力大见提高，中国的食粮自给是没有问题的。所以，纯粹从商品贸易看，中国和东南亚间未来关系的发展，是有相当限度的。但除了商品贸易外，中国和东南亚间有历史悠久的文化和移民关系，将来中国与东南亚间大陆交通发达后，这种关系将更见密切。从中国方面看，中国对东南亚的商品贸易，虽然可能增加的数量不大，但中国移民在东南亚以劳力换取的报酬，一部分汇回中国的，在今后短期内，对中国经济，还将有很大的帮助。从东南亚方面看，东南亚在经济和文化的发展上，所需要中国移民出力的地方，也是很多。19 世纪内，美国能放胆吸收欧洲的大批移民，才能建立起很大的工业和农业；而且，这样吸收外来移民，并没有损害美国的独立国家地位。所以，东南亚各国在将来经济建设上，所需要中国贡献力量的场合，也不必心怀疑忌了。

日本对东南亚的关系，和中国很不相同。日本与东南亚没有接壤的境界，在东南亚区域内，也没有文化上和血统上的渊源。但日本和东南亚发展贸易的可能性，却是很大。日本有很大的工业设备，战时虽受到损失，但迄今所保留的，还很可观。日本并且有很高的工业技术水准。所以，将来在东南亚的经济发展上，日本可以供给的工业设备和技术知识，是很大的。而且，日本是粮食和原料缺乏的国家，东南亚的米谷、树胶、锡、糖、石油等，日本都可以大量吸收。战前，一般人只注意日货的泛滥于东南亚的市场，而不知道日本在东南亚开发铁矿铝矿供本国需用，进展的速度，也很足惊人。战后的形势虽然不同，但以资源的分布情形看，日本在东南亚未来的输出和输入贸易上，始终将占很重要的地位。当然，循战前方式发展，是很有危险性的，东南亚区域可能将沦为变相的日本殖民地。但假如东南亚各国有真正代表人民的政府成立，实行新民主主义的经济制度，私人资本不能横行，同时，日本在同盟国的监视下，废除了财阀制度，肃清了反动分子，人民民主势力抬头，那么，东南亚各国，在有计划的经济建设下，与日本交换物资，既然没有了资本主义制度下的剥削关系，其结果是可以使双方都蒙利的。日本目前完全是受美帝国主义控制，沦为美国的军事根据地，粮食仰赖于美国，原料由美国供给，但日本的制成品，在美国却找不到市场。假如日本能脱离美国的掌握，而以平等地位，和东南亚各国发展贸易关系，那么，日本今后建设和平与民主经济的前途，是很有希望的。

印度对东南亚的关系，是介乎中国与日本之间。印度与东南亚也是壤地相接，在东南亚也有移民，也有文化渊源，但都不如中国的密切。从贸易关系方面看，印度有很大的纺织工业和规模相当好的钢铁工业。目前印度的经济，是在停滞状态之中，但假如印度政府能够民主化，人民的力量获得解放，印度在工业发展过程中，可以供给东南亚所需要的一部分钢铁材料和纺织品。而且，正像日本一样，印度也依赖东南亚的粮食和原料供给。过去，印度的缺粮都是向缅甸进口食米抵补的。但最近几年来，印度人口上升，缺粮的数额也增加，而缅甸的剩余食米出口，却见减少，所以，印度不得不向其他国家购进小麦和面粉以资抵补。将来缅甸、泰国、越南的稻米产量增加后，印度的缺粮，可以完全由这三国供给。除食米外，东南亚的锡，也是印度所需要的。印度自产树胶，目前的数量不大，每年不过十余万吨，将来可能增产以维持自给自足的局面。但从整个情形看，印度对东南亚的输出入贸易，在将来都可能有显著的增加，不过也许比不上日本罢了。而在文化上，印度对东南亚发展，可能也有贡献，但也将不如中国之大。

从地理和历史看，东南亚区域和中、印、日三国的发生密切关系是极自然的，也是极合理的。过去一百多年来，因西洋资本主义的发展，帝国主义势力的东侵，才把东南亚区域割裂成为四五个殖民地，每个殖民地和千里迢迢的宗主国发生密切关系，而和邻邦反极隔膜。这种不自然、不合理的现象，也许很快地要变成历史陈迹了。我们假使用 19 世纪的眼光，看未来的东南亚和中、印、日三国的关系，我们也许要问，东南亚区域会不会变成中、印、日三国势力的角逐场，而沦为亚洲的巴尔干呢？但可庆幸的，历史是前进的。在最近几十年来，人类文化因为马列主义的广被和苏联社会主义国家的建立，达到一个较高的阶段。所谓欧洲火药库的巴尔干已大体上随着东欧新民主主义国家的成立而成为历史名词了，中国人民革命的成功，也改变了亚洲的基本情势。在这大时代下，东南亚人民已普遍地觉醒了，现正以苏联和中国革命的成功做榜样，努力争取民族的解放和人民民主主义的实现。苏联和中国革命的成功和东南亚人民本身的努力，是促进国际和平合作的最大保障。旧时代各帝国主义国家在落后区域的角逐现象，是反映资本主义的侵略性和好战性。消灭了资本主义，也就消灭了国际冲突的最重要的经济原因了。今后，印度和日本何时能脱离资本主义掌握，向着新民主主义发展虽未可知，但中国的广大人民，在中国共产党领导下，和东南亚人民携手，必将在东方开一新纪元。只要东南亚人民力量能够抬头，旧时国际间资本主义的角逐场面便不会再出现了。

附录一　度量衡对照表

东南亚各国所用的度量衡单位，缅甸和马来亚系采用英制，越南、泰国、印尼和菲列宾系采用米达制。但马来亚、越南、泰国的民间，还沿用一部分旧时土著制度，菲列宾还保留一些西班牙单位。

英美度量衡制和米达制的重要单位，对比如下：

	英美制	米达制
长度		
	1 呎 =	0.3048 公尺
	1 码（3 呎）=	0.9144 公尺
	1 哩（5280 呎）=	1.6093 公里
	3.2808 呎 =	1 公尺
面积		
	1 英亩（Acre）（43.560 方呎）=	0.404687 公顷（Hectare）
	2.47105 英亩 =	1 公顷（10000 方公尺）
	1 方哩（640 英亩）=	2.5900 公顷
容量		
	1 英加伦（Imperial Gallon）=	4.546 公升（Litre）
	1 美加伦（U. S. Gallon）=	3.7853 公升
	21.9973 英加伦 =	1 公石（Hectolitre）（100 公升）
	26.4178 美加伦 =	1 公石

续表

	英美制	米达制
重量		
	1 磅=	0.4536 公斤
	1 长吨(2240 磅)=	1.0161 公吨(1000 公斤)
	1 短吨(2000 磅)=	0.9072 公吨
	1 盎斯(Ounce)=	0.02835 公斤
	1 金衡盎斯(Troy Ounce)	0.0311 公斤

附录二　东南亚各国货币对外价值表

一、战　　前

战前，缅甸的货币和印度相同，两国都用卢比的。1937 年印缅分治后，印度卢比继续在缅甸流通。卢比是和英镑发生联系的。马来亚和海峡殖民地采用"新加坡元"（Straits dollar 或称 Malayan dollar），俗称"叻币"。英属婆罗洲三单位，也用"叻币"。叻币也是和英镑联系的。此外，印尼的印盾（Guider），菲列宾的"比索"（Peso）和越南的越币（Piastre），也分别和荷兰、美国、法国的货币联系。这五种货币战前和各宗主国货币的比值如下：

缅甸	1 卢比 =	英币 1s. 6d
马来亚	1 新加坡元 =	英币 2s. 4d.
印尼	1 盾 =	荷币 1 盾
菲列宾	1 比索 =	美币 0.50 元
越南	1 越币 =	10 法郎[a]

a. 越币自 1930 年以后始和法郎钉住在一比十的平价上。

泰国的货币原采用金本位制，每铢的法定含金量为 0.66567 公分。1932 年 6 月，放弃了金本位，对外汇价，和英镑联系。自 1933 年至 1938 年间，每铢约值英币一先令十便士左右。

兹将东南亚六国货币自 1929 年至 1940 年间的对美元汇价变迁

(各国货币每单位合美元数)列表如下:

	缅甸[b] 卢比 (Rupee)	越南[a] 越币 (Piastre)	泰国 铢 (Baht)	马来亚 叻币 (Sts. $)	印尼 盾 (Guilder)	菲列宾 比索 (Peso)
1929 年平价	0. 365	…	0. 4424	0. 5678	0. 4020	0. 5000
1929 年 12 月	0. 3636	0. 4505	0. 4449	0. 5607	0. 4025	0. 4990
1930 年 12 月	0. 3593	0. 3906	0. 4325	0. 5593	0. 4026	0. 4980
1931 年 12 月	0. 2536	0. 3861	0. 4425	0. 3903	0. 4022	0. 4990
1932 年 12 月	0. 2479	0. 3876	0. 3005	0. 3801	0. 4021	0. 4978
1933 年 12 月	0. 3839	0. 4673	0. 4690	0. 5970	0. 6327	0. 5019
1934 年 12 月	0. 3718	0. 6410	0. 4534	0. 5797	0. 6797	0. 4993
1935 年 12 月	0. 3720	0. 6536	0. 4518	0. 5761	0. 6819	0. 5005
1936 年 12 月	0. 3709	0. 5952	0. 4499	0. 5754	0. 5491	0. 5042
1937 年 12 月	0. 3771	0. 3952	0. 4580	0. 5859	0. 5577	0. 5015
1938 年 12 月	0. 3486	0. 2841	0. 4281	0. 5430	0. 5452	0. 4984
1939 年 12 月	0. 3003	0. 2494	0. 3603	0. 4610	0. 5351	0. 4987
1940 年 12 月	0. 3018	0. 2268	0. 3699	0. 4710	0. 5351[a]	0. 4981

a. 全年平均汇价。

b. 本表所引的系印度卢比的汇率。

来源:越南:Annuaire Statistique De l'Indochine, 1943—1946.

其余五国:League of Nations, Statistical Yearbook, 1937—38, 1940—41, 1942—44.

二、战　后

战后,缅甸和马来亚的货币,继续和英镑联系。越南的法方占领区和印尼所用的货币，也继续和法荷两国的货币，发生联系。菲列宾的比索，仍维持一比索等于美元五角的比价。泰国的货币，由政府规定对英镑和美元的官价，但同时准许自由外汇市场的活动。兹将这六种货币战后对外汇率变动情形，列表如下：

缅甸：卢比（Rupee）

平价：未定	
对英镑比价：1Rs. = 1s. 6d.	
对美汇价（每卢比合美元数）：	
1946—1948 年	0. 3014
1949 年 1—9 月	0. 3014
1949 年 9 月 19 日以后	0. 2094

越南法方占领区：越币（Piastre）[a]

平价：未定	
对法郎比价：1 越币 = 17 法郎	
对美汇价（每越币合美元数）：	
1946 年	0. 1420
1947 年	0. 1418
1948 年 1 月	0. 1418
1948 年 2 月—1949 年 9 月	0. 7874
1949 年 9 月以后：	0. 04870

a. 越南民主共和国新越币价值见下。

泰国：泰币（Baht）

平价：未定[b]			
对英镑和美元的汇价			
	官价 每英镑合泰币数	每美元合泰币数	自由汇率 每美元合泰币数
1946 年	40.00	9.968	…
1947 年	40.00	9.968	24.14
1948 年	40.00	9.968	20.05
1949 年 1 月—9 月 26 日	40.00	9.968	21.37
9 月 26 日—12 月底	35.00	12.551	22.28

b. 泰国虽已加入国际货币基金，但泰币的平价尚未确定。

马来亚：叻币（Malayan dollar）

平价：	
1946 年 12 月—1949 年 9 月 17 日	叻币每元的含金量为 0.417823 公分
1949 年 9 月 18 日以后	叻币每元的含金量为 0.290299 公分
对英镑比价：	
M＄1＝2s. 4d.	
对美汇价（叻币每元合美元数）：	
1946 年 12 月—1949 年 9 月 17 日	0.470167
1949 年 9 月 18 日以后	0.3267

印尼：盾币（Guilder）

平价：未定
对荷币比价：
1 印盾＝1 荷盾
对美汇价（每印盾合美元数）：

续表

平价：未定	
1946 年 3 月 7 日—1949 年 9 月 18 日	0.3759
1949 年 9 月 19 日—1950 年 3 月 14 日 1950 年 3 月 14 日ᶜ	0.2625
出口汇率	0.1323
进口汇率	0.0875

c. 这是 1950 年 3 月 14 日印尼政府实施币制改革和采用外汇证明书后实际折合所得的汇率。

菲列宾：比索（Peso）

平价：	
每比索含金量为	0.444335 公分
对美元比价：	1 = US $ 0.50

上列汇率，除泰国外，都只包括政府规定的汇价。卢比、叻币、法方的越币和印盾，都有黑市汇率，但因调查不易，而各地所报的汇价又参差不一致，故这里从略。

越南民主共和国于 1946 年 2 月间，在中区采用新越币，11 月间，新越币在解放区全境流通。新越币的含金量为 0.375 公分。

印尼共和国本来在共和区也发行货币流通，自 1949 年 12 月底"印尼合众共和国"成立后，1950 年 3 月间，实行币制改革，采用荷方所发之盾币为统一货币。

附录三　参考书目

关于东南亚的书籍，私人著述，已属不少，各国官方出版的，更是汗牛充栋。这里因限于篇幅，只列举了本书所直接引用的几种材料来源，中文书籍，都没有列入。读者如要对东南亚各国作进一步的研究，当然不能以这个书目为限。

(一) 书籍

Audrus, J. R., Burmese Economic Life. California, Stanford University Press, 1947.

Bauer, P. T., The Rubber Industry, A Study In Competition and Monopoly, Cambridge, 1948.

Bauer, P. T., Report on a Visit to the Rubber Growing Smallholdings of Malaya. London, H. M. Stationery Office, 1948.

Baxter, James, Report on Indian Immigration. Rangoon, Superintendent of Documents, 1941.

Boeke, J. H. The Evolution of the Netherlands Indies Economy. Institute of Pacific Relations. New York, 1942.

China, Inspectorate General of Customs, The Trade of China, 1936, 1937, 1947.

Christian, John Leroy, Modern Burma, A Survey of Political and Economic Development. Institute of Pacific Relations, Berkeley, 1942.

Food and Agriculture Organization, Yearbook of Food and Agricultural Statistics, 1948 & 1949.

Food and Agriculture Organization, Grain Bulletin(Commodity Series

No. 10), Jan. 1949.

Food and Agriculture Organization, Rice Bulletin (Commodity Series No. 11), Feb. 1949.

Food and Agriculture Organization, Fats and Oils (Commodity Series No. 13), Aug. 1949.

Greene, Katrine R. C. An Economic Survey of the Pacific Area, Part Ⅱ: Transportation. Institute of Pacific Relations, 1941.

India, Census of India, 1921.

India, Government Of, Statistical Yearbook of British India, 各年份.

Indo-China, Haut Commissariat de France En Indochine, Statistique General de l'Indochine, Annuaire Statistique De l'Indochine, 各年份.

International Labour Office, Intergovernmental Commodity Control Agreements. Montreal, 1943.

International Labour Office, The Development of the Cooperative Movement in Asia. Geneva, 1949.

International Monetary Fund, Balance of Payments Yearbook, 1938, 1946, & 1947. Washington D. C., 1949.

Jacoby, Erich N., Agrarian Unrest In South-East Asia. New York, 1949.

Knorr, K. E., Tin Under Control. Stanford University, 1945.

League of Nations, Statistical Yearbook, 各年份.

League of Nations, Balance of Payments, 各年份.

League of Nations, Memorandum on International Trade and Balance of Payments, 各年份.

League of Nations, International Trade Statistics, 各年份.

Lewis, Cleona, The United States and Foreign Investment Problems. Washington D. C. 1948.

Malaya, Census of Malaya, 1921, & 1931.

Malaya, Federated Malay States, Mines Department, Annual

Report, 各年份.

Malaya, Government of Malayan Union, Annual Report, 1947. Kuala Lumpur, 1948.

Mills, Lennox A. & Associates, The New World of Southeast Asia. University of Minnesota Press, 1949.

Moorhouse, C. H. G., Burma Facts and Figures. Bqrma Research Society, London, 1945.

Netherlands Indies Government, Department of Economic Affairs, Central Bureau of Statistics, Statistical Pocket Book of Indonesia, 1941. Batavia, 1947.

Pelzer. Karl J., Pioneer Settlement in the Asiatic Tropics. New York, 1945.

Pelzer, Karl J., An Economic Survey of the Pacific Area, Part I : Population and Land Utilization. Ins Titute of Pacific Relations, 1941.

Remer, C. F., Foreign Investments in China. New York, 1933.

Robequain, Charles, The Economic Development of French Indo-China. New York, 1944.

Singapore, Government of, Annual Report, 1946, 1947, 1948, & 1949, Singapore, 1947, 1948, 1949, 1950.

Swerling, B. C., International Control of Sugar, 1918-41.

Thailand, Central Service of Statistics, Statistical Yearbook of Siam, 1935/6-1936/37, & Statirtical Year. Book of Thailand, 1936/37-1938/9. Bangkok, 1940.

Thompson, Virginia, Labour Problems in Southeast Asia. New Haven, 1947.

United Kingdom, Colonial Office, British Dependencies in the Far East 1945-49. (Cmd. 7709). London, H. M. Stationery Office, 1949.

United Kingdom, Government of, Statistical Abstract for the United Kingdom, 各年份.

United Nations, Economic Commission for Asia and the Far East,

Economic Survey of Asia and the Far East, 1947, 1948 & 1949.

United Nations, Statistical Yearbook, 1948. Lake Success, 1949.

United Nations, National Income Statistics, 1938-1947. Lake Success, 1948.

United Nations, Review of International Commodity Arrangements. Geneva, 1947.

United Nations, Review of International Commodity Problems. Lake Success, 1948.

United Nations, Economic Commission for Europe, Economic Survey of Europe, 1948. Geneva, 1949.

United States, Government, Statistical Abstract of the United States, 各年份.

United States, High Commissioner to the Philippine Islands, Fifth Annual Report to the President and Congress of the United States, covering the fiscal year ending June 30, 1941.

United States, Treasury Department, Census of American Owned Assets in Foreign Countries, 1943.

(二) 期刊

Academy of Political and Social Sciences, *The Annals*, Mar. 1943, "Capital Investment in South-East Asia and the Philippines" by H. G. Callis.

China, Inspectorate General of Customs, *Monthly Returns of the Foreign Trade of China*, December, 1948.

Food & Agriculture Organization, *Food and Agricultural Statistics*.

France, Ministère de l'Economic Nationale et Ministère de la France d'Outre-Mer. *Bulletin Mensuel de Statistique d'Outre-Mer*.

Indochina, Haut-Commissariat, *Bulletin Economique de l'Indochine*.

Indonesia, Department of Economic Affairs, *Economic Review of Indonesia*.

International Monetary Fund, *International Financial Statistics.*

International Rubber Study Group, *Rubber Statistical Bulletin.*

International Tea Committee, *Bulletin of Statistics.*

International Tin Study Group, *Statistical Bulletin.*

Malaya, Registrar of Statistics, *Summaries of Malayan Foreign Trade.*

Malaya, Registrar of Statistics, *Malayan Statistics.*

Netherlands, Centraal Bureau Voor de Statistiek, Maandstatistiek van de In-, Uit-En Doorvoer van Nederland.

United Kingdom, Accounts Relating to Trade and Navigation of the United Kingdom.

United Nations, *Monthly Bulletin of Statistics.*

United States, Department of Commerce, *Foreign Commerce Weekly.*

United States, Department of Commerce, *Survey of Current Business.*

United States, Department of Commerce and The Bureau of the Census, *Summary of Foreign Commerce of the United States.*

按劳分配有关范畴的分析

曾启贤 等著

前　　言

　　政治经济学社会主义部分之所以成为一门科学，条件之一就是它有一整套的基本范畴。没有一整套的基本范畴就不可能建立起这门科学。按劳分配的基本概念，就是这一整套政治经济学社会主义部分的范畴体系中的一部分。

　　要弄清楚这些基本概念，从纷纭复杂的现象中揭示出生产关系的本质，必须运用科学的抽象。因为人们的认识过程是：实践——认识——实践。运用抽象法就是对客观事物、对大量丰富的实际材料进行科学的分析，从中概括出客观的经济范畴。马克思指出："分析经济形式，既不能用显微镜，也不能用化学试剂。二者都必须用抽象力来代替。"①毛主席在《实践论》中也指出，科学的抽象是从感性认识跃进到理性认识所不可缺少的，并且引述列宁的话说："物质的抽象，自然规律的抽象，价值的抽象以及其他等等，一句话，一切科学的(正确的、郑重的、非瞎说的)抽象，都更深刻、更正确、更完全地反映着自然。"②

　　社会主义制度下有关个人消费品分配的概念，一般有两类。一类概念，如"按劳分配""劳动报酬"等，是从一个方面反映社会主义生产关系本质特征的经济范畴；另一类概念，如工资、工分、津贴、奖金等，是反映日常接触的现实的具体概念。此外，还有一些概念，如"马克思的劳动证书(劳动券)""圣西门派的'按能分配'""欧文的'劳

---

　　①　《马克思恩格斯全集》第 23 卷，第 8 页。

　　②　列宁：《黑格尔〈逻辑学〉一书摘要》，转引自《毛泽东选集》第 1 卷，第263 页。

动券'（'劳动货币'）"等，则是政治经济学史上提出过的概念。这几类概念之间是有联系的，又是有区别的。本书所进行的工作，就是试图运用科学的抽象法，对社会主义制度下与个人消费品分配有关的经济范畴和概念进行一些研究和探讨，力求把这些经济范畴和概念本身的含义弄清楚。

关于社会主义制度下个人消费品分配的理论，是由马克思和恩格斯创立的。马克思和恩格斯提出在共产主义第一阶段必须实行按劳分配原则。但是，马克思和恩格斯所设想的共产主义第一阶段，是实行单一的生产资料社会主义公有制，不存在商品、货币，不存在阶级。而在我们现阶段中不但还有商品生产和货币制度，而且还有阶级斗争。因此，在目前我们所处的这个阶段中实行的按劳分配，就必然带有不同于马克思和恩格斯所设想的共产主义第一阶段的特征。同时，也由于我们的社会主义革命，是在资本主义比较不发展、生产力比较落后的情况下取得胜利的，因此，同样也就带有不同于发达的资本主义国家在取得社会主义革命胜利以后的同一阶段上的特征。本书所涉及的有关个人消费品分配的这些概念，主要是根据我国现阶段的情况进行分析的。

本书的编写得到于光远同志的热情指导，还得到其他一些同志的支持和帮助，特此致谢。

由于我们学习不够，政治思想和理论水平不高，书中难免会有许多缺点和错误，敬请批评和指正。

参加本书编写工作的有：武汉大学的曾启贤、刘光杰；湖北财经学院的周彦文、郭慧珍、夏兴园、彭新宇。

目　　录

个人消费品

个人消费品是用来满足社会成员个人需要的物质资料，包括被有效使用的和被滥用浪费的。

消费分生产消费和非生产消费。在直接生产过程中的消费属生产消费；在直接生产过程以外的消费属非生产消费。生产消费的物质资料即生产资料，消费生产资料的过程就是生产过程。非生产消费的物质资料通常被称为消费资料或消费品。由于非生产消费有属于个人生活消费的部分和不属于个人生活消费的部分，例如办公用品的消费，就不属于个人生活消费部分，因此消费品与个人消费品又有区别。个人消费品的范围比消费品的范围狭些，它只包括满足个人生活需要的消费品。

依据马克思、恩格斯的论述，个人消费品包括：

生存资料，即为维持个人生存所必需的消费品，通常称为生活必需品。

享受资料，即为维持个人生存所必需之外的能提供享乐的消费品，通常称为奢侈品。

发展资料，即为发展个人才能和智慧所需要的消费品，包括使个人有更多闲暇时间增长知识，从事创造活动的物品。

恩格斯指出，在社会主义制度下，"通过有计划地利用和进一步发展现有的巨大生产力，在人人都必须劳动的条件下，生活资料、享受资料、发展和表现一切体力和智力所需的资料，都将同等地、愈益充分地交归社会全体成员支配。"①

---

① 《马克思恩格斯全集》第22卷，第243页。

个人消费品的分配

　　广义的分配包括生产资料的分配和消费资料的分配。消费品的分配比个人消费品的分配范围要宽。个人消费品的分配所要说明的是在一定的生产资料分配(它直接就是所有制的问题)和一定的劳动组织的前提下，个人消费品依据什么形式、按照怎样的数量关系进行分配的问题。个人消费品的分配是社会生产关系的一个重要方面。性质不同的生产关系就有性质不同的个人消费品的分配关系。马克思指出："所谓的分配关系，是同生产过程的历史规定的特殊社会形式，以及人们在他们生活的再生产过程中互相所处的关系相适应的，并且是由这些形式和关系产生的。这些分配关系的历史性质就是生产关系的历史性质，分配关系不过表示生产关系的一个方面。"①

　　分配是社会生产总过程的四个环节——生产、分配、交换、消费中的一个环节。马克思指出："一定的生产决定一定的消费、分配、交换和这些不同要素相互间的一定关系。当然，生产就其片面形式来说也决定于其他要素。"②应当看到个人消费品的分配同社会生产总过程的其他要素之间存在的相互作用。与个人消费品的分配相联系的生活资料的个人消费，既包含劳动力的再生产，又包含劳动者的休息、享受和发展。如吃饭、穿衣、住宿，这是人们对生存资料的消费，但这种消费又使人的体力和脑力得以恢复和保持，从而把劳动力再生产出来。又如，劳动者进行适当的文化娱乐，从事学习和创造性的艺术活动、学术活动，也就是人们对享受资料和发展资料的消费，这种消

---

① 《马克思恩格斯全集》第 25 卷，第 998 页。
② 《马克思恩格斯选集》第 2 卷，第 162 页。

费不仅使人的体力和脑力得到适当的休息和调节，而且使人的精神愉快，学识增长，体力和智力得到发展。这一切，对于社会生产总过程及其各个要素的发展都有重要的作用。因此，正确对待和处理个人消费品的分配，无论对巩固和发展社会主义的生产关系，促进社会生产力的发展，都具有重要的意义。

有些物质资料，从表面现象看，是分配给个人的，但并不属于个人消费品的分配。如某些工作服，它们在消费前分配给个人，由个人支配，但实际上并不是用于个人生活消费，不属于个人消费品的分配。还有一些在劳动和工作中需要的消费品(甚至并非消费品而是生产资料)，是让个人在发给自己的劳动报酬中去购买，并归个人使用的，从而获得个人消费品的外观，例如一个翻译工作者用自己的工资去购买为他的工作所必需的辞典就是这样。在这里，辞典并非个人所需要的生存资料、享受资料或发展资料，但人们习惯上常把它看成个人消费品；就其实质来说，辞典并不属于个人消费品，其分配也不属于个人消费品的分配。

社会主义生产体系中个人消费品的分配

社会主义生产体系就是建立在社会主义生产资料公有制基础上的物质生产机构的总体。社会主义生产体系中个人消费品的分配是指这样一种个人消费品的分配：产品是在社会主义生产机构中生产出来的，并且由无产阶级专政的国家或社会主义集体经济组织按照社会主义原则分配给参加生产的劳动者。

无产阶级专政的国家或社会主义集体经济组织按照劳动人民集体的和个人的、长远的和当前的利益（它们在根本上都是一致的），有计划地将社会产品分成两部分。第一部分是用于社会主义再生产和扩大再生产，用于进行为发展生产所需要的科学研究，用于为生产提供物质储备，用于对国内外敌人进行阶级斗争，用于应付自然灾害或战争的后备基金、保险基金，用于和生产没有关系的一般管理费用，以及用于满足社会公共消费的费用（如学校、保健设施以及为保护环境所采取的非生产性措施）。第二部分是用于个人消费的部分，包括由个人支配、个人消费的部分和不是由个人支配但是由个人消费的部分。前者如劳动者在劳动报酬形式上所获得的个人消费品，后者如劳动者在集体福利中消费的某些物品。随着社会生产力的发展和社会产品数量的增加，除了由劳动者个人支配、个人消费的部分会不断增加以外，劳动者在集体福利中消费的物品将逐步增加。

由社会主义生产机构生产出来的产品中用于个人消费的部分，不论归个人直接支配或不是归个人直接支配的，又都是按照一定的社会主义原则，在劳动者中间进行分配。社会主义生产体系中个人消费品的分配是社会主义生产关系的一个重要方面。

无产阶级专政历史时期个人
消费品的分配

在无产阶级专政历史时期的某个阶段，如我国发展的现阶段，社会主义公有制（在我国是采取全民所有制和集体所有制的形式）占统治地位，其中的个人消费品是由无产阶级专政的国家或社会主义集体经济组织按照社会主义原则进行分配的。但是除了这种社会主义的个人消费品的分配关系外，还存在着非社会主义性质的个人消费品的分配关系。

在我国现阶段，还存在少量的个体劳动者，在农村中人民公社社员还有少量的自留地、家庭副业。这种少量的个体所有制的残余，作为社会主义经济的附庸和必要补充，在现阶段基本上是适应生产力发展的。但是它们所生产出来的产品，毕竟不属于社会主义生产机构中生产出来的产品，因而不是由无产阶级专政的国家或社会主义集体经济组织按照社会主义原则来进行分配。

在我国现阶段，存在着资本主义残余和各种形式的资本主义活动。在这种情况下，即使产品是在社会主义生产机构中生产出来的，但在生产领域、特别是在流通领域的某些环节，仍然有可能被资本主义活动钻了空子（如社会主义生产机构中生产出来的产品被投机商人拿来进行投机买卖），从而使部分产品的分配离开了社会主义生产体系。此外，还会发生社会主义国家的财产被贪污盗窃的情况，这更是对社会产品的一种非法的占有。甚至还有封建经济的残余。上述情况下的个人消费品的分配，就不再属于上面所说的社会主义生产体系中的个人消费品的分配了。

我国现阶段，在社会主义生产体系中的个人消费品的分配，也不可避免地存在着不完全是按照社会主义原则进行分配的情况，如某些保留工资等。这表明就是在社会主义生产体系中的个人消费品的分配中，也还保留有旧社会的残余。

上述这些非社会主义性质的个人消费品的分配关系，在整个个人消费品的分配中不占主导地位。因此，在无产阶级专政历史时期，个人消费品的分配基本上属于社会主义生产体系中的个人消费品分配的范围。

劳动消耗的物质补偿

在社会主义生产体系中进行劳动的生产者，根据按劳分配原则所获得的个人消费品，其中的一部分是为了维持劳动者的生存，恢复劳动者在劳动中消耗的体力和脑力，使他们能继续进行正常劳动所必需给予的物质补偿，这就是劳动消耗的物质补偿。

马克思指出："劳动力的发挥即劳动，耗费人的一定量的肌肉、神经、脑等等，这些消耗必须重新得到补偿。支出增多，收入也得增多"。劳动者"今天进行了劳动，他应当明天也能够在同样的精力和健康条件下重复同样的过程。因此，生活资料的总和应当足以使劳动者个体能够在正常生活状况下维持自己"。[①] 马克思在这里指出的劳动消耗必须得到必要的物质补偿的原理是适用于一切社会的普遍原理。但只有在社会主义制度下，生产者在劳动过程中的劳动消耗才能得到必要的足够的物质补偿，而且随着社会生产力的发展，这种补偿劳动消耗所必需的生活资料在数量上将日益增加，在质量上将日益提高。

劳动消耗越多，必须补偿的个人消费品的总和也就越多。这有几种情况，一种情况是劳动时间的延长。一般的情况下，劳动的时间越长，消耗的体力和脑力就越多，需要的物质补偿也就越大，所以，生产者在正常的劳动时间外加班加点，就要多消耗劳动，因此就需要增加必要的物质补偿。另一种情况是劳动的繁重程度、复杂程度比较大，在同样的时间内支出的劳动就多，因此，劳动消耗的物质补偿还必须考虑劳动的质的不同这个因素。还有一种情况，就是有些劳动者

---

① 《马克思恩格斯全集》第23卷，第194页。

从事的劳动，由于劳动条件的困难程度(高温、高空等)，由于原材料或生产过程中的物理、化学现象(有毒、有害等)的产生，对劳动者的身体带来影响，这部分劳动者应该获得更多的某种特别需要的个人消费品来补偿劳动消耗。

在社会主义时期的一定阶段，当生产力的发展水平还不够高的情况下，生产者根据按劳分配原则所获得的个人消费品中，其中的基本部分是为了恢复劳动消耗所应有的物质补偿，这一部分也就是马克思称之为生存资料的部分。随着社会生产力的进一步发展，生产者所获得的个人消费品中，属于享受资料和发展资料的比重也就会逐渐增多。

社会主义生产体系中劳动者的
个人物质利益

　　社会主义生产体系中劳动者的个人物质利益就是指必须通过物质资料(还有劳务)来满足的劳动者及其家庭成员的个人需要，包括维持生存、发展才能和智慧、获得享受等方面的需要。这些需要是通过劳动者在社会主义生产体系中获得的个人消费品来满足的。在我国现阶段，集体农民的小部分个人消费品，是通过作为社会主义经济的必要补充和助手的非社会主义经济如自留地、家庭副业等途径来获得的。

　　社会主义生产体系中劳动者的个人物质利益以社会主义的生产资料公有制为基础，与劳动者提供的劳动有直接的联系，能够随着社会主义生产的发展而得到日益充分的满足。这是和生产资料私有制条件下劳动者的个人物质利益及其满足情况根本不同的。小生产者的个人物质利益是建立在自己占有的生产资料的基础上，依靠自己的劳动来满足。雇佣工人的个人物质利益是建立在与这种利益对立的资本主义生产资料私有制的基础上，雇佣工人只能依靠出卖自己的劳动力来满足这种利益。

　　在社会主义制度下，劳动者第一次为自己并为自己的阶级而劳动。劳动者生产的物质产品，有计划地分为两个部分，一部分是用于满足劳动者集体的长远的需要，一部分是用于满足劳动者个人的当前的需要。这两个部分的划分本身表明：满足劳动者集体的长远的需要同满足劳动者个人的当前的需要，从根本上说是一致的。只有满足劳动者个人的当前的需要，才能保证劳动者的生存和发展，才能激励劳动者为满足集体的长远的需要而努力。而满足劳动者集体的长远的需要，不仅可以保障劳动者个人的当前的需要得到满足，并且是以后更充分地满足劳动者个人需要的基础。

马克思和恩格斯在《德意志意识形态》中就说过："'共同利益'在历史上任何时候都是由作为'私人'的个人造成的。"①共同利益是个人利益的集中，它一旦形成，就区别于个人利益并高于个人利益。但完全脱离开个人利益，也就无所谓共同利益。这里谈的利益，当然主要是指物质利益。所以，在社会主义制度下，虽然应当强调劳动者集体的共同的物质利益，但是这不仅不是取消和撇开劳动者的个人物质利益，而且必须尽可能给劳动者的个人物质利益以最充分的满足。斯大林指出："社会主义是不能撇开个人利益的。只有社会主义社会才能给这种个人利益以最充分的满足。"②这不仅是因为个人物质利益是集体的共同物质利益由以集中的基础，而且集体的共同物质利益最终还是要在它的各个成员的个人物质利益上体现出来。只有尽可能充分地满足劳动者的个人物质利益，才能充分调动劳动者的积极性，使生产迅速发展，从而使劳动者的共同物质利益得到充分的保证。

但是，劳动者个人的当前的物质利益和劳动者集体的长远的物质利益还是有矛盾的，我们必须正确地妥善地处理这种矛盾。要对劳动者经常地进行政治思想教育，把集体的长远的物质利益和个人的当前的物质利益正确地结合起来。

---

① 《马克思恩格斯全集》第 3 卷，第 275-276 页。
② 《和英国作家赫·乔·威尔斯的谈话》，《斯大林文选》第 5 页。

不劳动者不得食

不劳动者不得食，它表明在社会主义制度下，不容许剥削者存在，任何有劳动能力的社会成员获得个人消费品的前提是必须参加劳动。早在1871年马克思就指出："通过把一切劳动资料转交给生产者的办法消灭现存的压迫条件，从而迫使每一个体力适合于工作的人为保证自己的生存而工作……"①马克思这一论述不仅指明了"不劳动者不得食"这一原则的内涵，同时揭示了实现这一原则的前提和基础。"不劳动者不得食"，虽然是劳动者千百年来的愿望和要求，但是作为能付诸实践的原则，在剥削阶级居统治地位的社会里是不存在的，只有无产阶级革命胜利，推翻了剥削阶级统治之后，才能实行。

列宁说："不劳动者不得食——这就是社会主义实践的训条。"②"这个简单的，十分简单和明显不过的真理，包含了社会主义的基础，社会主义力量的取之不尽的泉源，社会主义最终胜利的不可摧毁的保障。"③列宁的上述论述，一方面指明了在社会主义制度下，一切有劳动能力的人必须为社会提供劳动，创造为社会主义革命和社会主义建设所必需的物质财富，这正是社会主义得以发展和前进的基础。另一方面，还揭示了一条极重要的原理：实现不劳动者不得食，这是继消灭资本主义生产资料私有制之后，在无产阶级专政历史时期，无产阶级在经济领域内，反对懒汉，对剥削者进行改造，使其成为自食其力的劳动者，同时防止产生新的剥削分子的一项根本措施。

---

① 《马克思恩格斯全集》第 17 卷，第 468 页。
② 《列宁全集》第 26 卷，第 388 页。
③ 《列宁全集》第 27 卷，第 365-366 页。

按劳分配

按劳分配是社会主义生产体系中分配个人消费品的一个主要原则，它是从一个方面标志着社会主义生产关系的本质特征。

社会主义的个人消费品的按劳分配原则，就是指：把社会主义生产机构生产的个人消费品分配给在社会主义生产体系中进行劳动的人，而且分配给这样的劳动者的消费品的数量，也是按这个劳动者所作的劳动的数量和质量来定的。这就是说，在按劳分配的原则下，社会和参与分配的社会成员之间发生这样的一种关系——社会成员在社会主义生产体系中从事劳动，而社会作了各项必要的扣除后，用另一种形式的劳动(已物化于产品之中)，按照每个成员劳动的数量和质量，分配给每个成员。在这里社会与劳动者之间进行了等量劳动和等量劳动相交换。马克思说："每一个生产者，在作了各项扣除之后，从社会方面正好领回他所给予社会的一切。他所给予社会的，就是他个人的劳动量"，"他以一种形式给予社会的劳动量，又以另一种形式全部领回来"。①

列宁曾以"按等量劳动领取等量产品"，"在正确遵守工作标准的条件下同等地工作，并同等地领取报酬"这样的话来表示按劳分配原则的精神，这和马克思在《哥达纲领批判》中所讲到的完全是一个意思。"按等量劳动领取等量产品"，要求在提供同量劳动的生产者之间实行"同工同酬"。

列宁还用"劳动平等、报酬平等""劳动平等，工资平等"来表示按劳分配的精神，这和"按等量劳动领取等量产品"完全是同样的意

① 《马克思恩格斯选集》第 3 卷，第 10-11 页。

思。不过在这里列宁强调了"平等"这个思想，即强调了按劳分配是无产阶级平等的要求。按劳分配原则还可以用一句通俗的话来表达，这就是多劳多得、少劳少得、不劳不得。分配的前提是劳动，不劳动者不得参与分配，这一点也就是"不劳动者不得食"。因此，"不劳动者不得食"这个社会主义原则也可以说已经包含在按劳分配这个社会主义原则之中。但是，由于"不劳动者不得食"对于继消灭资本主义私有制之后，进一步从经济上和世界观上改造剥削阶级分子，同时防止产生新的剥削分子有重要意义，我们就时常把它和按劳分配并列，单独把它也说是一个社会主义原则。

按劳分配是社会主义公有制的产物，又是社会主义公有制的实现。社会主义公有制就是生产资料归劳动者共同占有，劳动者利用共同占有的生产资料为社会、为自己劳动，劳动的成果归劳动者共同所有，按照劳动分配个人消费品。从劳动者共同占有生产资料，共同进行有计划的生产，通过社会主义生产总过程的各个环节，直到按劳分配，是社会主义公有制实现的全过程。这个过程是不能分割、不能中断的。劳动者共同占有生产资料是按劳分配的前提，按劳分配是劳动者共同占有生产资料的必然结果，是社会主义公有制的实现。因此，坚持按劳分配，就是坚持社会主义公有制，否定了按劳分配，也就实际上否定了社会主义公有制，否定了社会主义生产关系。

按劳分配是以劳动作为分配的尺度，这里的劳动是怎样的劳动，首先在形态上应当有明确的规定。劳动有潜在的、流动的、凝固的或物化的三种形态。潜在的劳动可以视为劳动者具有的劳动能力；流动的劳动可以视为劳动者实际支出的劳动；凝固的或物化的劳动可以视为劳动成果。在特定的条件下虽然可以假定三者一致，但实际上三者是有区别的。一方面，劳动能力不一定表现为实际支出的劳动。有某种劳动能力并不等于把这种能力贡献出来。有能力而不在劳动中发挥这种能力，对社会没有作出贡献，就不应计入分配。因此，劳动能力一般来讲不能作为按劳分配的尺度。另一方面，实际支出的劳动不一定表现为劳动成果。因为影响劳动成果的还有劳动条件等因素，不同的劳动条件下，支出同样的劳动，表现的劳动成果的大小就往往不

253

同。甚至可能出现劳动成果虽然大，但付出的劳动量却少一些的情况。例如，一个劳动者驾驶一辆汽车所产生的运输效果（例如以吨公里计算），在正常的情况下，比一个劳动者在同样的时间里驾驶用于运输的拖拉机所产生的运输效果明显地要大。但同一时间内驾驶汽车的司机的劳动量，就未必比驾驶拖拉机的司机的劳动量大，甚至可能要少。即使是在同样的条件下，如进行科学实验、试制产品等，支出同样的劳动，也可以表现为获得成果或表现为不可避免的失败。科学研究和试制产品所必须经过的探索过程，不应视为无效劳动。因此，劳动成果一般来讲也不能作为按劳分配的尺度。作为按劳分配的尺度，应当是劳动者实际支出的劳动。但在劳动成果比较准确地反映劳动者的劳动量，或者劳动者在劳动中让其劳动能力得到发挥时，劳动成果和劳动能力可以作为一种参考性的尺度。

劳动者实际支出的劳动，作为按劳分配的尺度，还必须有量的规定性。这里所说"劳动量"的确切含义是什么？可能的回答有：

第一，实际支出劳动的自然时间的长短。这样，就不考虑劳动强度、劳动熟练程度以及简单劳动和复杂劳动的区别，也就是不去区别劳动在质上的差别，四小时劳动的量总是两倍于二小时劳动的量。按照这样来理解"劳动量"，干和不干，干的时间长和干的时间短，所得的个人消费品是不一样的。

第二，人类劳动力一般支出的大小。这里的"一般支出"，包含了劳动强弱、劳动者的熟练程度、简单复杂程度等因素在内。这样，同样的劳动时间，劳动强度大的，或从事熟练劳动、复杂劳动的，劳动力的一般支出就多，反之，劳动力的一般支出就少。

依据马克思在《哥达纲领批判》和列宁在《国家与革命》中所写的来看，第二种回答是更适合"按劳分配"中"劳动量"的含义的，因为马克思和列宁说到了"天赋"，说到了体力劳动与脑力劳动的差别等等。这样来理解"劳动量"，不但干和不干，干的时间长和干的时间短所得的个人消费品不一样，而且干重活和干轻活，熟练不熟练，干精活和干粗活所得的个人消费品也不一样。

为了使第二种回答更为完备，还可以把劳动条件相同的劳动者所做的劳动的有效性大小这个因素包括在内。劳动的有效性大小是指不同的劳动者在相同的劳动条件下从事某种相同性质的劳动，虽然他们的一般劳动支出相等，但取得的劳动效果不同，有的劳动者因为某种原因，如劳动得法，取得的效果大，就是劳动的有效性大。反之，劳动的有效性就小。提出劳动的有效性，不是对第二种回答的否定，而是对第二种回答的补充。

在采用第二种看法时，不论是否补充了劳动的有效性，劳动应看作具有质量，而且不同质的劳动，可以在数量上加以折算。斯大林说："在社会主义社会里，人人有劳动的义务，虽然他们所得到的报酬不是以他们的需要为标准，而是以他们所投入的劳动的数量和质量为标准。"①至于怎样具体地分析劳动的质量？劳动的质量如何变成数量？这些问题都需要结合实际进一步研究。

按劳分配意味着等量劳动领取等量产品。每个劳动者支出的劳动作了必要的扣除后，又以产品的形式领回他给予社会的劳动量。这个扣除后的劳动同领取的产品之间存在着等量的关系，这是一个方面。另一方面是：不同的劳动者提供等量的劳动，就可领取等量的产品。这是平等的权利，也就是马克思和列宁说的"资产阶级的权利"。

实行按劳分配，总会受到一定的限制。因为在社会主义社会，按劳分配不是个人消费品分配的唯一原则。例如，社会对一部分劳动者的基本生活需要给予补助，就不是按劳分配，而是对按劳分配的限制。又如，集体福利也是对按劳分配的限制，集体福利虽然是从扣除中支出的，但它也属于个人消费品的分配，如果集体福利少，扣除的东西相对地就少，用来实行按劳分配的基金相对地就多。如果集体福利多，扣除的东西相对地就多，用来实行按劳分配的基金相对地就少。所以，集体福利的存在也是对按劳分配的一种限制。

此外，按劳分配所要求的支出劳动和领取产品之间的等量关系，在实际生活中，也是很难完全做到的。这是因为劳动很难准确衡量。

---

① 斯大林：《和美国罗易·霍华德先生的谈话》，1936 年 3 月 1 日。载 1936 年 3 月 5 日《真理报》。

在无产阶级革命胜利，到共产主义高级阶段实现这一历史时期，在社会主义生产关系中，依照按劳分配原则分配个人消费品有它的历史必然性，是不依人们的意志为转移的客观规律。在社会主义生产关系中，生产资料已经不是私人财产，人剥削人已经不可能了。但是社会的劳动生产率还没有提高到可以使社会生产的产品极大丰富，可以充分满足人们的需要——不仅有充分的生存资料，而且有充分的享受资料和发展资料——的程度。同时，劳动生产率也没有提高到使劳动者有充分的闲暇时间来发展自己的才能，从而使劳动者摆脱"奴隶般的分工"的束缚，使劳动从沉重的负担变成乐生的需要。这时候人们的觉悟程度也没有普遍地达到能够自觉地和不需要用劳动报酬的多少来起"分配产品和分配劳动的调节者"的作用。只要这样的历史条件还没有发生根本改变，实行按劳分配就是不可避免的。由按劳分配过渡到各取所需，要经历一个很长的历史时期。

还应该指出，贯彻按劳分配原则本身也有一个历史过程。

在无产阶级革命取得胜利之前，按劳分配的原则当然是不存在的。在无产阶级夺得了政权，建立起无产阶级专政的国家之后，社会主义的公有制经济就逐步建立起来了。但私人资本主义经济不可能一下子被消灭，因而在一定时期内私人资本主义经济成分还存在。在原先是经济比较落后的，即还有大量农民个体经济的国家里（如革命前的俄国和中国），在革命取得胜利的一定时期内，还不可避免地存在着个体经济成分，甚至还有封建经济残余。这时候，按劳分配的原则只在社会主义公有制经济中发生作用，在私人资本主义经济中和个体经济中起作用的仍是资本主义的或小商品经济的分配原则。随着生产资料所有制方面的社会主义改造的进展，按劳分配原则的作用范围也逐步扩展。

在我国，当私人资本主义经济改造成低级形式的国家资本主义经济时，在这种低级形式的国家资本主义经济中，个人消费品的分配基本上仍然是根据资本主义分配原则。但是由于无产阶级专政国家的存在，社会主义国营经济与之共存，按劳分配原则可以对它发生某种影响。只有当国家资本主义经济发展到高级阶段，即全行业公私合营时，它才基本上是社会主义的，这时按劳分配原则在个人消费品的分配中才取得了支配地位。随着个体经济改造为社会主义的集体经济，按劳分配原则才在这种集体经济中发生作用。在农业、手工业和资本主义工商业方面的社会主义改造基本完成后，可以说按劳分配原则基本上遍及整个社会生产领域。

但是，即使在生产资料所有制方面的社会主义改造基本完成以后，还不能说按劳分配原则在整个社会中已经完全充分地实现。

完全实现按劳分配原则，应该看作是完全实现列宁所说的劳动平等、报酬平等，或劳动平等、工资平等。这是要以"社会全体成员在占有生产资料方面的平等实现"为条件的。在社会全体成员占有生产资料的关系还存在着区别的情况下，即使按劳分配在社会整个生产领域都已发生了作用，但同等劳动不能得到同等报酬的现象仍然存在，就不能说已经完全实现了按劳分配原则。例如，当社会上还存在两种社会主义公有制时，情况就是如此。因为这时在全民所有制经济中和集体所有制经济中作同样的劳动，人们所得的劳动报酬不可能总是一样的；就是在社会主义集体所有制经济中做同量的劳动，富队和穷队的劳动报酬也会有很大的差别。

应当指出，在贯彻执行按劳分配原则的道路上前进，从根本上说，还有一个发展社会生产力，加强物质基础的问题。例如，现在我国的工资现状中，有些情况是不符合按劳分配原则要求的，这就需要通过发展生产，使我们有更充裕的财力物力才能够解决。又如解决富队富社与穷队穷社在劳动报酬方面不符合"等量劳动领取等量产品"的问题也是如此。

按劳分配，根据马克思在《哥达纲领批判》中的论述，指的是在一切生产资料都归全社会公共所有、社会上已不再存在商品、不再存在货币、不再存在价值时的一种个人消费品的分配关系。在这里通行的是等量劳动相交换的原则，即一种形式的一定量的劳动可以和另一种形式的同量劳动相交换。在这样条件下的按劳分配才是典型的按劳分配。在存在商品、货币的条件下，按劳分配就要同价值发生关系。劳动者根据其劳动量得到的报酬就全民所有制经济和一部分集体所有制经济单位来看，首先采用的是货币形式，然后劳动者用货币在市场上购买个人消费品，这时购买到的个人消费品的数量就有价值规律起作用的结果的影响，甚至受到市场供求关系的某些影响。

完全实现马克思在《哥达纲领批判》中论述的那种典型的按劳分配，要经过一个相当长的历史时期。就是到了那时，也依然如马克思所说的："这种平等的权利，对不同等的劳动来说是不平等的权利。"但是，也只有到了那时，才像列宁所说的："一旦劳动平等和工资平等实现以后，在人类面前就必然会产生一个问题：要更进一步，从形式上的平等转到事实上的平等"，即实现"各尽所能，按需分配"的原则。

各尽所能，按劳分配

在共产主义第一阶段，"'不劳动者不得食'这个社会主义原则已经实现了；'按等量劳动领取等量产品'这个社会主义原则也已经实现了"。① 这是列宁在《国家与革命》一书中写下的话。很明显，列宁认为，按劳分配是一个社会主义的原则。按劳分配是一个怎样的社会主义原则呢？它是社会主义制度下个人消费品分配的原则。但是这个原则所起的作用，不限于分配个人消费品的范围，它既然规定了在社会成员中间，个人消费品的分配和劳动者所做的劳动之间保持了"按等量劳动领取等量产品"这样一种固定的联系，它对社会主义的生产就必然要起极其重要的作用。列宁把它称为社会主义制度下"社会各个成员间分配产品和分配劳动的调节者（决定者）"。列宁说："在共产主义的'高级'阶段到来以前，社会主义者要求社会和国家对劳动标准和消费标准实行极严格的监督"，"统计和监督是把共产主义社会第一阶段'调整好'，使它能正确地进行工作所必需的主要条件。在这里，全体公民都成了国家（武装工人）的雇员。全体公民都成了一个全民的、国家的'辛迪加'的职员和工人。全部问题在于要他们在正确遵守工作标准的条件下同等地工作，并同等地领取报酬"，因为"不能认为，在推翻资本主义之后，人们立即就能学会不需要任何法权规范而为社会主义劳动，况且资本主义的废除不能立即为这种变更创造经济前提"。②

---

① 《列宁选集》第 3 卷，第 252 页。
② 《列宁选集》第 3 卷，第 254、258、252 页。

斯大林在 1931 年和路德维希谈话时说："在阶级还没有彻底消灭的时候，在劳动还没有从生存手段变成人们的第一需要，变成为社会谋福利的自愿劳动的时候，人们将按自己的劳动来领取工作报酬。'各尽所能，按劳取酬'——这就是马克思主义的社会主义公式，也就是共产主义的第一阶段即共产主义社会的第一阶段的公式。只有在共产主义的高级阶段，每个人一方面按自己的能力来劳动，另一方面将按自己的需要来领取劳动报酬。'各尽所能，各取所需'。"①在这里，斯大林第一个在"按劳分配"之前加上了"各尽所能"，并把它合成为一个原则。

根据斯大林的论述，在 1936 年制定的苏联宪法中规定："在苏联实行'各尽所能，按劳分配'的社会主义原则。"

在我国宪法中，也把"各尽所能，按劳分配"作为社会主义原则写入总纲部分。

这样就有两个提法：一个是"按劳分配"的社会主义原则，一个是"各尽所能，按劳分配"的原则。当然"各尽所能，按劳分配"这个提法从个人消费品分配的角度来说，基础仍然是按劳分配。这就是说，从个人消费品分配的角度来说，不能把各尽所能——即各个成员必须尽最大努力进行生产作为社会对其成员实行按劳分配的前提。只要是按劳分配，就只能是按照每个社会成员实际劳动的状况进行个人消费品分配。尽了最大努力去进行生产，即力所能及地投入最大的劳动，其所得的报酬就是就其能力来说所能得到的最多的报酬。如果没有尽最大的努力进行生产，即没有尽力所能及地投入劳动，那么其所得的报酬就比他本来可以得到的报酬要少。以上两种情况，不论哪一种都可以实行按劳分配的原则。马克思在《哥达纲领批判》中说得很清楚，在共产主义第一阶段，在个人消费品分配问题上，对于不同的劳动者只是用同一个尺度——劳动来衡量，提供的劳动量多就多得，少就少得，劳动者是否尽了自己的最大努力，不作为分配个人消费品

① 《斯大林全集》第 13 卷，第 104 页。

的因素。但是，贯彻按劳分配原则，多劳多得，少劳少得，把劳动者的个人物质利益同为社会主义多提供劳动量直接联系起来，这就能调动劳动者为社会主义劳动的积极性，更好地各尽所能。

在马克思、恩格斯和列宁的著作中，在论述共产主义第一阶段个人消费品分配时，没有把各尽所能同等量劳动领取等量产品联在一起，而在论述共产主义第二阶段个人消费品分配时，则把各尽所能同按需分配联在一起。那么，"各尽所能，按劳分配"与"各尽所能，按需分配"，这两个"各尽所能"是不是同一概念呢？我们认为，这两个"各尽所能"，从社会对劳动者的劳动态度的要求来说，都应尽最大的努力劳动，这是相同的地方，因此，可以都说是各尽所能。但是两个"各尽所能"又有不同的地方。

第一，在社会主义条件下，尽自己最大的努力劳动，总是同报酬相联系的。因为除了义务劳动以外，劳动是有报酬的。虽然有觉悟的劳动者并不是为报酬而劳动，他们可以不计报酬而积极从事劳动，他们在劳动中尽其所能，是不受报酬影响的（提倡这种共产主义劳动态度是我们在按劳分配前面加上各尽所能的原因）。但是从整个来说，在社会主义条件下的各尽所能毕竟是同个人消费品分配相联系，按劳分配对各尽所能是起促进、保证和监督作用的。而在共产主义的高级阶段时，各尽所能就与个人消费品分配完全没有关系，完全是出于劳动者对劳动的自觉性和主动性。

另外，在社会主义条件下，劳动是劳动者光荣的义务，这就是说每个劳动者应当尽自己的能力在社会主义的经济组织中（当社会上还存在社会主义公有制两种形式的情况下，就是在社会主义的全民所有制和社会主义的集体所有制经济组织中）进行劳动。这里讲"义务"，讲"应当"，就带有社会主义社会这个从旧社会刚刚发展过来的新社会的特点。在共产主义高级阶段就不需要用这样的字眼。在社会主义条件下，劳动者履行劳动的义务，一方面是带有强制性的，这就是要实行"不劳动者不得食"的原则。另一方面，而且是主要的方面，是要求劳动者以自觉的积极的态度来履行这个义务，即要求劳动者有积极为社会主义事业贡献自己的劳动的思想觉悟，要求劳动者在劳动中有自己是社会主义社会主人翁的态度，要求劳动者在劳动中有高度的主动性和创造性。这种主动性和创造性，表现在劳动者自觉地提供尽可能多的劳动量，力求使自己的劳动发挥最大的效能，在走上劳动岗位的问题上，能够自觉地服从国家的需要，并且在走上劳动岗位以后适应这种需要来学习劳动本领，在劳动中发挥自己的专长和取得新的专长。所有这些要求，由于在社会主义条件下，生产力还没有达到能使劳动者可以全面发展的程度，因此有必要对劳动者不断进行政治思想教育。否则，对他们来说，"各尽所能"就会受到更多的限制。

第二，从社会保证劳动者能够在劳动中充分发挥自己的才能、能力来说，两者的情况也有差异。在社会主义社会，劳动不仅是劳动者的光荣义务，而且也是劳动者的神圣权利。在社会主义条件下，劳动者的权利是受法律保护的。同时社会主义国家也通过国民经济计划把社会拥有的生产资料和全体劳动者结合起来，尽力保证每一个劳动者都有可能进行劳动，给劳动者以劳动的机会，使他们的劳动用在社会需要的事情上面，这是劳动者"各尽所能"的一个前提。劳动者有从事劳动的权利，只有在社会主义制度建立起来以后才有可能。在资本主义条件下，资本家不参加劳动，全部劳动重担都落在工人和农民肩上，但劳动者却又"只有得到他人的允许才能劳动"①。马克思说，劳动权在资产阶级的意义上说是一种胡说，是一种可怜的善良愿望。在社会主义条件下，劳动权便不再是愿望而是现实。但是在社会主义的某个阶段，如在今天我们中国，还不可能百分之百做到每个劳动者都能够及时地做社会所需要的劳动，由于种种原因，在一个时间内得不到劳动机会的事，还是时常发生的。而且要保证劳动者能够各尽所能地劳动，社会不仅要给劳动者以劳动机会而且应该使劳动者得到尽可能好的条件，对每个劳动者的劳动作出合理的安排，这在社会主义条件下，由于客观和主观的原因，也不是完全可以做到的。在社会主

① 《马克思恩格斯选集》第3卷，第5页。

义条件下，劳动者不但不能摆脱固定在某种职业上面的旧式分工的束缚，而且还由于社会管理上和工作中官僚主义的缺点，蕴藏在劳动者身上的才能和智慧的充分发挥还受到一定的限制。因此，"各尽所能，按劳分配"中的"各尽所能"从这方面来说，也同"各尽所能，按需分配"中的"各尽所能"不相同。

劳动报酬

"劳动报酬"，是指在社会主义时期的一定历史阶段，国家或劳动者集体在对生产劳动者所提供的劳动量作了扣除以后，根据按劳分配原则分配给他们个人的消费品。个人消费品可以直接采取实物形式，也可以通过货币作媒介。劳动报酬不仅有质的规定性，而且有量的规定性。

劳动报酬，是政治经济学社会主义部分中的一个范畴。

在资本主义制度下，生产资料归资本家占有，工人除了可以出卖的劳动力之外，一无所有。工人所得的工资，本来是劳动力价值或价格的表现形式，但是，它却歪曲地表现为劳动报酬的形态，造成工人的全部劳动都有报酬的假象。因此，从本质上说，在资本主义制度下，只有劳动力的价值或价格的范畴，而不存在劳动报酬的范畴。

在社会主义制度下，生产资料公有制代替了生产资料私有制，劳动人民成了社会的主人。只有在社会主义制度下，才有真正的劳动报酬。但是，如果我们从一种比较纯粹的意义上讲（即舍掉社会主义公有制的两种形式），在生产资料公有制和实行按劳分配的条件下，作为体现劳动者和社会之间的关系，是不存在劳动报酬这个范畴的。因为实行按劳分配原则，就是"每一个生产者，在作了各项扣除之后，从社会方面正好领回他所给予社会的一切"。① 劳动者在进行劳动后，"他从社会方面领得一张证书，证明他提供了多少劳动（扣除他为社会基金而进行的劳动），而他凭这张证书从社会储存中领得和他所提供的劳动量相当的一份消费资料。他以一种形式给予社会的劳动量，

---

① 《马克思恩格斯选集》第3卷，第10页。

又以另一种形式全部领回来。"①这就是说，劳动者在劳动后从社会方面领得的消费品，实质上并不是以劳动者为一方，以社会为另一方，在劳动者为社会从事劳动后由社会给予劳动者的报酬，而是劳动者在扣除了他为社会基金进行的劳动外，以另一种形式全部领回来的自己曾在某一种形式上付出的劳动量。劳动者是社会主义社会的主人翁，也是生产资料的主人，劳动者与社会之间不存在报酬的关系。

但是，"劳动报酬"这个范畴，是同社会主义时期的一定历史阶段相联系着。例如，在我国的现阶段，第一，劳动人民翻了身，当了家，作了主，但劳动人民这种当家作主的权利还受到主客观条件的限制，还不那么完全，还没有达到《哥达纲领批判》中描绘的那种水平。这是因为劳动人民的政治觉悟还不算很高，组织得也不算很好，他们的文化程度总的来说也还比较低，特别是因为整个社会劳动生产率还比较低。实现劳动者管理企业、管理社会的权利还有待于我们作很大的努力。而且即使我们努力去那么做，要做到这一点也不是很短时间的事。他们的这种权利还不得不依靠无产阶级的先锋队，依靠无产阶级国家政权来体现，生产资料的社会主义公有制一个主要部分还采取国家所有制的形式，甚至连劳动者的切身利益也要靠党和国家的力量来保障。第二，劳动人民虽然已成为社会和生产资料的主人，但由于生产力水平还很低，人们仍然受旧的分工的奴役，劳动条件还比较艰苦，劳动还没有成为人们的乐生需要，还只是谋生的手段，人们的思想觉悟还没有达到普遍地能够自觉地为社会劳动的程度，劳动者当中还有相当一部分人缺乏充分的主人翁的责任感，他们在进行劳动时还不可能做到完全没有雇佣观点，还需要有某种约束。

正是上述情况，就产生了如列宁所指出的："在这里，全体公民都成了国家(武装工人)的雇员。全体公民都成了一个全民的、国家的'辛迪加'的职员和工人。全部问题在于要他们在正确遵守工作标准的条件下同等地工作，并同等地领取报酬。"②因而，在劳动者同社

① 《马克思恩格斯选集》第3卷，第11页。
② 《列宁全集》第3卷，第258页。

会之间的关系上，在劳动者为社会提供劳动，并从社会领回相当的一份消费资料的关系上，就具有某种意义上的"劳"和"酬"的关系，你提供了"劳"，就给你"酬"，提供的"劳"多，给的"酬"就多。也正是在这个意义上，在社会主义时期的一定历史阶段，劳动报酬这个范畴被用来反映在实行按劳分配原则下的现实的社会主义生产关系。

关于劳动报酬数量的大小，除马克思《哥达纲领批判》上述论述外，马克思在《资本论》第三卷里的一段论述，虽然并不专指社会主义制度下的按劳分配，而是一般论述在共产主义社会工人本身劳动产品中加入工人消费的那个部分，但对我们所要探讨的问题仍是很重要的。马克思指出："如果我们把工资归结为它的一般基础，也就是说，归结为工人本人劳动产品中加入工人个人消费的部分；如果我们把这个部分从资本主义的限制下解放出来，把它扩大到一方面为社会现有的生产力(也就是工人的劳动作为现实的社会劳动所具有的社会生产力)所许可，另一方面为个性的充分发展所必要的消费的范围；如果我们再把剩余劳动和剩余产品，缩小到社会现有生产条件下一方面为了形成保险基金和准备金，另一方面为了按社会需求所决定的程度来不断扩大再生产所必要的限度；最后，如果我们把那些有劳动能力的人必须为社会上还不能劳动或已经不能劳动的成员而不断进行的劳动，包括到：1. 必要劳动和 2. 剩余劳动中去，也就是说，如果我们把工资和剩余价值，必要劳动和剩余劳动的独特的资本主义性质去掉，那么，剩下的就不再是这几种形式，而只是它们的为一切社会生产方式所共有的基础。"①马克思这段话清楚地告诉我们，在未来的共产主义社会里，要"扩大"的是工人本人劳动产品中加入工人个人消费的部分，要"缩小"的是不属于再生产所必要的扣除部分，要"满足"的是为个性的充分发展所必要的消费(当然在社会主义时期，"充分"两字还不能做到)。马克思关于共产主义社会对待工人消费的根本态度，也适用于社会主义下劳动报酬数量大小的规定性。

劳动报酬有各种形式。在社会主义时期的一定历史阶段，全民所

---

① 《马克思恩格斯全集》第 25 卷，第 990 页。

有制和集体所有制经济中劳动报酬的基本形式有工资形式和工分形式，此外还有奖金、津贴等补充形式。劳动报酬的工资形式或工分形式，不论绝对量或相对量，都要有标准，标准就是劳动的时间、劳动的数量和以某些劳动成果来衡量的劳动的质量。在整个社会主义经济中，不但要同时采取劳动报酬的各种形式，有时某几种形式还可以结合起来成为一种复合形式。

劳动报酬的工资形式

工资是劳动报酬的一种形式。工资是在社会主义时期的一定历史阶段，社会主义全民所有制企业和一部分集体所有制企业(主要是工业和手工业)中的劳动者，根据按劳分配原则，从社会主义生产机构中所领得的劳动报酬。这些劳动者从社会主义生产机构中所领得的劳动报酬不止是工资，但是工资是劳动者领得的劳动报酬的基本部分。

工资作为劳动报酬的一种形式，具有如下的特征：工资的标准是由国家预先在全民所有制经济范围内，区别不同情况加以规定的(集体所有制企业的工资标准则是参照同类全民所有制工业企业的工资标准确定)，劳动者只要按照要求为社会提供了劳动，就可以得到预定的工资形式的劳动报酬，它使劳动者能够获得有保障的稳定的个人收入。劳动者所领得的工资，在存在商品货币关系的条件下，主要还是他有权获得的相当一定社会劳动量的货币，他用这些货币去换回自己所需要的个人消费品。

对劳动者所获得的这一部分劳动报酬仍然使用"工资"这个概念，完全是沿用习惯的用语，而不是当作严格的科学用语来使用的。因为"工资"这个词，在德文中，和"雇佣"是一个字。马克思的《雇佣劳动和资本》，也可以翻译成《工资劳动和资本》。在社会主义制度下，劳动者已成为社会和生产资料的主人，不再是雇佣劳动者，因此，用"工资"这个范畴来反映劳动者同社会之间的关系，表示劳动者从社会所获得的这一部分劳动报酬的性质，本来是不符合社会主义生产关系的真实情况，因而是不科学的。

沿用"工资"这种不科学的用语，这是同以下两方面的情况相联系的：第一，在资本主义制度下，工资虽然是劳动力这一商品的价值或价格，但它却取得了"劳动报酬"的外观，工人劳动一天，可以得到一天的工资；工人生产一件产品，可以得到一件产品的工资，仿佛工人的劳动都是有报酬的。第二，在资本主义制度下，一般来说，工人也是先在货币形式上得到他的相当于劳动力价值的工资，然后用货币去购买他所需要的个人消费资料。正是这两方面的情况，使得在社会主义时期的一定历史阶段，全民所有制企业和一部分集体所有制企业的劳动者，从社会主义生产机构中所领得的这一部分劳动报酬，同资本主义制度下的工资在形式上极其相似。当然，作为社会主义制度下劳动报酬形式的工资，同资本主义制度下的工资，无论在内容上还是性质上，以及在其变动规律上，都是根本不同的。

根据人们一般采取的分析方法，作为社会主义生产劳动者劳动报酬形式的工资，实际上是由以下两个部分构成的：第一个部分是按社会平均水平确定的、保证满足生产劳动者及其赡养的家属基本生活需要的部分。工资构成中的这个部分，表面上看似乎与按劳分配原则背离，因为它是根据劳动者的生活需要确定的。其实，工资构成中的这个部分，完全合乎按劳分配的原则，这是因为，取得这部分消费品的，只限于履行了自己应尽的劳动义务的生产劳动者及其家属，这正是严格遵守按劳分配原则的第一个信条："不劳动者不得食"。劳动是社会主义制度下每一个劳动者取得个人消费品的基本前提。也是因为，对于一个体力和智力正常的生产劳动者来说，在实行按劳分配原则的情况下，在他为社会尽其所能的劳动以后，从社会取得满足其本人和家属基本生活需要的消费品，这是最起码的要求，是生产劳动者取得劳动报酬的最低数量，也是社会提供给生产劳动者的个人消费品的最低界限。必须指出的是，直接分配给劳动者个人消费的这个部分，在不同的经济和文化发展阶段，是有不同内涵的，它不仅不是一个不变的量，而且也不会是一个一成不变的构成。作为劳动报酬形式的工资，第二个部分是满足生产劳动者及其家庭基本生活需要以外的部分。工资构成中的这个部分，具有两个明显的特点：首先，这个部分从一个侧面更明显地体现着按劳分配的原则，它恪守按劳分配的第二个信条："多劳多得，少劳少得"。不同的生产劳动者，由于各自的情况不同(体力强弱，技术高低，熟练与不熟练等)，将在工资的这一个部分显示出较大的差别。其次，这个部分将在量上具有较大的伸缩性，它在很大程度上取决于社会生产水平以及同前述多项扣除之间的比例关系。这一部分的确定要从社会已达到的生产水平和消费水平，从社会生产进一步发展的需要，从劳动者的长远利益、根本利益和当前利益进行统筹兼顾，全面安排。

另外，还有一种分析方法，他们实际上是只把按劳分配所得的超过劳动力再生产所需要的那一部分个人消费品叫做劳动报酬，属于按劳分配范围；属于劳动力再生产所必需的部分，只是物质保证的部分，不是劳动报酬。因此，按照这种分析方法，生产劳动者的工资收入，可以分做物质保证部分和按劳分配部分。应该说，这种说法同我们上面已经讲过的按劳分配不是社会主义制度下个人消费品分配的唯一原则，也是一致的。这种分析方法，是可以研究的。

作为劳动报酬的一种形式，工资也应该有其量的规定性。工资的量的规定性同劳动报酬的量的规定性应当是一致的。除了上述工资应有其最低数量之外，根据马克思在《资本论》第三卷的分析，如果我们把工资归结为工人本人劳动产品中加入个人消费的部分，那么，在它从资本主义的限制下解放出来以后，它是要扩大的。这种扩大不仅表现在工资总量上，而且表现在每一个劳动者的工资水平上。在生产发展的基础上，逐步扩大劳动者的工资报酬，这正是社会主义生产关系本质的要求，同时它也使劳动者从物质利益上关心自己的生产成果，造成生产进一步发展的条件。当然，这种扩大也必须具备一定的前提：第一，为社会现有的生产力所许可。工资的扩大必须是在社会生产的发展基础之上，特别是在个人消费品生产的发展基础之上。第二，工资的扩大不应妨碍在社会现有生产条件下，进行扩大再生产所必要的物质保证。

正因为工资只是劳动报酬的一种形式，除了工资这一种形式以外，劳动报酬还采取了工分形式(主要是在集体所有制的农业企业中)、奖金形式、津贴形式等，因而工资的量的规定性同劳动报酬的量的规定性，也有不完全一致的地方。例如在还存在着城乡差别、工农差别的情况下，全民所有制企业的劳动者所得到的工资形式的劳动报酬，同集体所有制农业企业的劳动者所得到的工分形式的劳动报酬，就是有差别的，在量上是不等的，从整个社会来看，还未完全做到"等量劳动领取等量产品"，这正是社会主义发展过程中按劳分配原则未能充分实现的一个重要表现。随着生产的不断发展和工农差别的逐步缩小以至最终消失，工资形式的劳动报酬同工分形式的劳动报酬在量上的差别也应当逐步缩小以至最终消失。因此，工资形式的劳动报酬的扩大，同整个劳动报酬量的扩大，就不可能是完全一致的。工资形式的劳动报酬的扩大，要考虑到同工分形式的劳动报酬之间量的差别，这同样是一个重大的原则问题。

工资形式又有计时工资和计件工资的区别。在计时工资情况下，劳动者所得工资数额的大小取决于劳动时间的长短以及同等劳动时间内劳动的繁重程度和复杂程度。在计件工资情况下，劳动者所得工资数额的大小，则取决于他所完成的合格产品的数量和作业量的数量。

劳动报酬的工分形式

工分是我国现阶段农村人民公社集体经济组织中从事生产劳动的人，依据按劳分配原则从其所属的基本核算单位取得的劳动报酬的形式。

在同一经济核算单位中，同一生产周期（一般以一年为一周期）内，劳动者向农业集体经济组织提供劳动量的多少，决定他的工分量的多少。工分是劳动者提供的劳动数量和质量的反映，也是劳动者从集体经济组织获得劳动报酬的凭证。因此，劳动报酬的工分形式是我国现阶段人民公社集体经济组织中贯彻按劳分配原则的主要形式，它体现着国家、集体与个人之间、社员与社员之间的社会主义关系。

在社会主义条件下，要充分调动广大劳动群众的生产积极性，不仅要借助于伟大革命所产生的热情，还必须依靠对个人物质利益的关心。劳动报酬的工分形式正是在一定程度上反映了这种要求。这是因为农村人民公社集体经济组织是独立核算、自负盈亏的单位，劳动者分配的个人消费品的多少，直接与集体经济组织当年的总收入的多少有密切关系。如果把集体经济组织当年的总收入用 W 表示，生产费用用 c 表示，社员分配部分用 v 表示，农业税和集体经济组织的各项提留用 m 表示，则 $W=c+v+m$。这里可以看出，社员的分配部分 v 首先与总收入 W 有关。在生产费用 c、农业税和集体经济组织各项提留 m 不变的情况下，如果总收入 W 比上年增加，则社员分配部分 v 就会相应增加；反之，总收入 W 比上年减少，社员分配部分 v 就会相应减少。同样道理，社员分配部分 v 与生产费用 c 也有关，在其他条件不变的情况下，生产费用 c 增加，会影响社员分配部分 v 相应减少；反之，生产费用 c 减少，社员分配部分 v 则相应增加。

前面已经讲过，劳动报酬的工分形式和劳动报酬的工资形式一样，其绝对量和相对量都要有标准，这个标准就是要根据劳动的时间、劳动的数量和以某些劳动成果来衡量的劳动的质量来确定。但是，劳动报酬的工分形式只是事先确定相对量(即只事先确定一定的工分数)，而其绝对量则视集体经济组织的生产成果和可分配的收入等情况而定。具体来说，劳动报酬的工分形式与劳动报酬的工资形式相比较，具有以下特点：

第一，工分形式的劳动报酬，不仅取决于工分数的多少，还取决于工分值的大小，而工分值的大小是由各个集体经济组织的经济发展水平和经营管理的好坏所决定的。

第二，工分形式的劳动报酬，还取决于集体经济组织纯收入中集体提留部分与分配给社员部分的比例。集体经济组织提留的多，分配给社员的部分就少；反之，集体经济组织提留的部分少，分配给社员的部分就多。

第三，由于农村人民公社集体经济组织是独立核算、自负盈亏的单位，生产成果的好坏，集体经济组织总收入和纯收入的多少，要到收成以后才能知道。加上我国现阶段农业生产力发展水平不高，农村人民公社集体经济的生产受自然条件影响较大，收入还不够稳定，许多社队还没有足够的消费基金来保证社员获得固定收入。因此，工分形式的劳动报酬，一般采取年中预分、年终结算的办法，工分值的大小，也要经过年终结算才能确定。

劳动报酬的工分形式主要有计时工分与计件工分两种。计时工分是指按劳动时间与劳动质量评定工分。计件工分是根据不同作业的繁重程度、技术高低、劳动条件以及在生产中的重要程度，规定完成某项作业的单位工作量的工分，然后按劳动者实际完成的劳动量计算其应得的工分数。

劳动报酬的工分形式，只有社会主义的生产关系在农村出现以后，在农业集体经济组织中才能实行。农业的社会主义改造以前，在生产资料个体所有制的基础上，不可能实行按劳分配，也就不可能出现贯彻按劳分配的具体形式。只有在对农业进行社会主义改造，出现初级农业生产合作社时，按劳分配原则才开始得到部分贯彻，从而出现了工分形式的劳动报酬。但是在初级农业生产合作社里，还存在着按占有生产资料多少进行分配（如土地分红）的情况。到高级农业生产合作社，取消了按占有生产资料多少分配劳动产品，工分形式的劳动报酬，就在农业集体经济组织中成为主要的分配形式。

劳动报酬的奖金形式

在社会主义时期的一定历史阶段上，社会主义生产机构对于那些在社会主义生产体系中从事劳动而作出较好成绩的劳动者，根据按劳分配、多劳多得的原则，给予奖金，这就是劳动报酬的奖金形式。这种奖金形式，一般说来，是对劳动者的超额劳动即超过平均水平的劳动所支付的报酬，它是工资的补充形式。

奖金是一种能够比较灵活地、准确地反映投入的劳动(包括质和量)和劳动成果的实际变化情况的劳动报酬形式。在我国全民所有制企业中，比较普遍地实行计时工资，主要是月工资。在评定计时工资时，虽然根据不同劳动者提供的劳动数量和质量的差别，给予不同的等级工资，但是，由于计时工资级别评定以后，总要经过一定时间以后才能调整，因此，在一定时间内，劳动者所得到的工资形式的劳动报酬数额是固定的。在这段时间里，一般来说，劳动者的熟练程度和技能会发生变化，提供的劳动数量和质量也会发生变化，计时工资就不能及时地、准确地反映劳动者的劳动。因此，必须采取奖金这种劳动报酬形式给以必要的补充，使按劳分配原则得以贯彻。计件工资不像计时工资那样，在一定时间里是固定不变的，而是随着劳动者提供劳动多少，反映在产量和工作量上的变化而变化的，但是，实行计件工资有时也需要奖金形式。在采取工分形式的劳动报酬的集体所有制企业中，为了鼓励某些有突出贡献的社员，有时也奖励一定数量的工分。所以，奖金是同劳动的数量和质量相联系的，是贯彻按劳分配原则的一种必要的补充形式。

作为劳动报酬的奖金，基本上有两种：一种是根据一定的生产条件、平均的劳动熟练程度和强度规定劳动定额，在劳动者提供超额劳动，直接增加了社会财富(如增加了产品数量，提高了产品的质量和节约了原材料、燃料等)时而给予的奖励；另一种是由于劳动者提供超额的劳动，改变了生产条件，因而使社会劳动效率能够得到提高(如某项技术改进、新技术的发明等)时而给予的奖励。

奖金形式的劳动报酬同其他劳动报酬形式相比，有不同的特点。同工资，特别是计时工资比较，它具有灵活性。具体表现在：第一，它可以只从某一个或某几个方面考察劳动者投入的劳动，例如超产、质量好等单项奖和几个项目的综合奖等；第二，对每个劳动者来说，无论是能否得奖或是得奖金额都不是固定的，而是可以经常变动的。总之，在获奖条件、评奖周期以及获奖对象上都有较大的灵活性。奖金同津贴形式的劳动报酬的区别在于：津贴是因为劳动条件不同，为了补偿劳动者在某些特殊条件下提供更多的劳动耗费。凡是在规定的特殊劳动条件下进行劳动的劳动者，都可以领取某种津贴(例如高温津贴等)，离开这种特殊劳动条件的，这种津贴就随之取消；而奖金则是给予那些处在同样劳动条件下，为社会提供了较多劳动的劳动者。

劳动报酬的奖金形式，对于促使劳动者从物质利益上关心社会劳动成果具有更直接的意义。当劳动还仅仅是一种谋生手段、还没有成为生活的第一需要的时候，人们的劳动还是和个人消费品的分配相联系，劳动数量的多少还决定领得个人消费品数量的多少，在这种客观条件下，为了更好地贯彻按劳分配原则，就有必要采取奖金形式的劳动报酬，通过奖励，并和政治思想工作相结合，使劳动者能够深深感受到自己的劳动同个人物质利益是紧密联系的，从而鼓励劳动者为社会多作贡献。劳动者得到的奖金，比起他为社会提供的超额劳动来说，只占一个较小的份额，从社会的角度来看，奖励数额越多，正说明了劳动者为社会提供的超额劳动越多，这既可以大大地推动社会生产的发展，又能使劳动者的生活得到改善，所以，奖金形式的劳动报酬，能够从物质利益上，正确处理好国家、集体和个人的关系。因此，大量实践证明，认真地、合理地实行这种奖励制度，国家和集体付出代价或只付出很小的代价，而对于提高工农业的生产力，对于促进产品质量的改善、产品成本的降低、生产事故的减少、劳动纪律的加强等等，都产生了迅速的、巨大的、不容置疑的效果。至于出现的一些问题，那是与奖励制度本身无关的。列宁在苏维埃政权实行新经济政策时，特别强调要实行按劳分配，实行奖励制。列宁指出："必须系统地研究和拟定一些推广奖励制的办法，以便把奖励制包括到全体苏维埃职员的整个工资制度里去。"①他主张"对于发展经济的任何成绩，也应当比较经常地用劳动红旗勋章和现金予以奖励。"②

---

① 《列宁全集》第 33 卷，第 299-300 页。
② 《列宁全集》第 33 卷，第 151 页。

劳动报酬的津贴形式

在社会主义时期的一定历史阶段，社会主义生产机构根据按劳分配原则，给予在社会主义生产体系中担任某种工种或在边远、艰苦地区和特殊时间与条件下从事劳动的生产者的一部分津贴，这就是劳动报酬的津贴形式。

津贴是对在特殊的时间、地区和条件下从事生产的劳动者实行按劳分配的一种补充形式。例如对在夜班从事劳动的生产者，要给予夜班津贴；对在矿山井下、高温冶炼、高空作业、野外作业等劳动岗位上从事生产的劳动者，就要给予各种岗位津贴——井下津贴、高温津贴和野外津贴等；对于在有毒有害部门从事生产的劳动者以及对于驾驶载重量超过一定吨位的大车驾驶人员分别给予各自相应的岗位津贴——保健津贴和大车津贴。对于那些在特殊的时间(如夜班时间等)、特殊的地区(边远地区)和特殊的条件(如高温、高空和野外等)下从事生产的劳动者给予必要的津贴是符合按劳分配、多劳多得的原则的。对于那些在艰苦的条件或者担任比较复杂、繁重的工种(如高温冶炼、高空作业、野外作业等等)的劳动者，在同样的劳动时间内付出的劳动，消耗的体力和精力比担任其他工种的劳动者要多，对于这部分劳动者因多劳动而多消耗的体力和精力，应该给予必要的物质补偿。对于一部分在有毒有害部门进行生产的劳动者，为了保证劳动者的健康，恢复他们正常的劳动能力，也必须给予必要的物质补偿。这种因在特殊的时间、地区和条件下劳动而多消耗的体力和精力所取得的物质补偿，在劳动报酬上就采取津贴的形式。

岗位津贴在数量上至少要保证在特殊岗位上劳动的劳动者因多支出劳动而得到必要的物质补偿，这是维持劳动者的生存、恢复他们的体力和精力，使他们能继续正常劳动所必需的物质补偿。如果岗位津贴低于这种因多支出劳动而必须得到的物质补偿，那就会出现劳动多的人所得的可用于个人消费品的劳动报酬与劳动少的人所得的可用于个人消费品的劳动报酬差不多的不合理的现象。如果岗位津贴的数量刚好等于劳动者因多消耗体力和精力而必需的物质补偿，那么，看起来，这部分劳动者得到的个人消费品似乎比别的劳动者额外地多了，实际上，除去作为多于别的劳动者的那部分必需的物质补偿之外，这部分劳动者能用来作为满足他们自己的其他个人消费品和他们的家庭成员的个人消费品却一点没有增加（这在津贴不是发钱而是发实物的情况下更是清楚）。这样，这部分劳动者得到的岗位津贴和工资加起来，他们的全部劳动报酬同他们贡献的劳动总量相比，比一般劳动者相对要少，而社会扣除所占比重则更大。如果岗位津贴的数量增加到除了恢复正常劳动力再生产所必需的物质补偿外还有剩余，从而保证了实现等量劳动与等量劳动相交换的原则时，社会对这部分在特殊岗位上劳动的劳动者所提供的劳动总量所作扣除的比重，才会与对一般工人所作的扣除相当。以上几种情况，津贴的数量虽有不同，但均属于劳动报酬的性质。除岗位津贴外，还有地区津贴、粮价津贴，它们是工资的一部分，只是改变了一下形式。

劳动报酬的津贴形式与劳动报酬的其他形式相比，它的特点在于：津贴是在特殊的时间、地点和条件下从事生产的劳动者因多支出劳动而得到补充收入（基本工资外的补充收入），如果劳动者调离了特殊劳动条件的劳动岗位，那么也就得不到这种在特殊劳动条件下劳动的岗位津贴。这也就是通常所说的上岗有（指岗位津贴），下岗就没有。采取这种办法能更好地体现津贴是贯彻按劳分配的一种补充形式，能更好地发挥津贴对社会生产发展的积极促进作用。

社会主义薪金

社会主义薪金，是指在社会主义时期的一定历史阶段内，非生产劳动者(包括国家党政机关的公职人员)在为社会工作之后，从国家所领取的最终实现为个人消费品的货币。

社会主义薪金同资本主义薪金有着根本的区别。在资本主义制度下，一切资产阶级官吏和少数资本家的代言人和谋士，他们所获得的薪金，主要是从资本家那里分享工人阶级所创造的剩余价值，是对无产阶级和劳动人民的榨取。因此，资本主义社会中的资产阶级官吏和资产阶级的代言人、谋士所获得的薪金，都反映着剥削与被剥削、压迫与被压迫的关系。社会主义薪金则根本不同，这是因为在社会主义条件下，非生产劳动者为社会工作，是为广大人民群众的利益服务的。国家党政机关是为无产阶级的根本利益，为巩固和发展社会主义经济基础服务的，在国家党政机关中工作的一切公职人员，都是社会的公仆。正如毛泽东同志指出的：“我们的一切工作干部，不论职位高低，都是人民的勤务员。”①因此，社会主义制度下非生产劳动者(包括国家党政机关公职人员)所领取的薪金，反映着社会主义的相互关系。

社会主义薪金同劳动报酬的工资形式是有区别的。这个区别在于它们的来源不同。劳动报酬的工资形式，前面已经讲过，它是物质生产部门的生产劳动者在社会主义生产体系中从事劳动，而社会作了必要的扣除后，用另一种形式的劳动(物化在产品之中)，按照每个成员劳动的数量和质量，分配给每个劳动者。社会主义薪金，其来源则

---

① 延安《解放日报》一九四四年十二月十六日。

是社会总产品的扣除部分，即马克思所说的从社会总产品中扣除的"和生产没有关系的一般管理费用"，"用来满足共同需要的部分"。①正是因为有这个区别，所以应该把社会主义薪金和劳动报酬的工资形式从概念上区别开来。人们通常把社会主义薪金也叫做工资，严格说来，这在概念上是不确切的。

国家党政机关公职人员所领取的薪金，是按照巴黎公社薪金原则确定的，同时也参照按劳分配原则。这体现了国家党政机构的一切公职人员都是"社会公仆"，他们的薪金只能与作为"社会主人"的工人阶级的工资标准大体相适应，在物质生活待遇上不能脱离群众。这样，才能防止人们去追求升官发财，这是我们必须坚持的一个原则。

---

① 《马克思恩格斯选集》第 3 卷，第 9-10 页。

计时工资

计时工资是工资的一种形式。在社会主义制度下，它是以劳动者劳动时间的长短作为衡量其对社会提供劳动量大小的标志，从而也以劳动时间的长短作为向社会取得劳动报酬的根据。劳动者劳动一天，便可以向社会领取一天的劳动报酬，即日工资。劳动者劳动一个月，便可以向社会领取一个月的劳动报酬，即月工资。

在"按劳分配"条目里，我们讲到，人类劳动具有三种形态，即潜在的、流动的、凝固的或物化的形态。作为按劳分配的尺度，应当是劳动者实际支出的劳动。但在劳动成果能比较准确地反映劳动者所提供的劳动量，或者劳动者在劳动中让其劳动能力得到发挥时，劳动成果和劳动能力可以作为一种参考性的尺度。

劳动者实际支出的劳动，最简便的表现就是一定数量的劳动时间。在其他条件都不变的情况下，一个劳动者两天支出的劳动，总是二倍于一天支出的劳动。马克思在预见社会主义将实行按劳分配原则时，一再明确指出，劳动时间"也是计量生产者个人在共同产品的个人消费部分中所占份额的尺度"。[①] 生产者将会"从社会的消费品储备中，取走一个与他们的劳动时间相当的量"。[②]

在以劳动时间的长短表示劳动者提供劳动量大小的标志，从而作为劳动者向社会取得劳动报酬数量的根据时，必须考虑到劳动者的劳动强度、技术熟练程度和劳动的复杂程度等方面的因素。这是因为：

---

① 《马克思恩格斯全集》第 23 卷，第 96 页。
② 《马克思恩格斯全集》第 24 卷，第 397 页。

第一，在社会主义刚刚从资本主义社会脱胎出来以后，虽然在政治制度和经济制度方面已发生了根本变化，但是旧的社会分工仍然存在，脑力劳动与体力劳动的差别，复杂劳动与简单劳动的差别仍然存在，反映在人们的劳动能力、技术熟练程度等方面就是有差别的，而且在一个相当长的时期内，这些差别将是客观存在的。在实行按劳分配的条件下，承认这种差别，在分配上照顾这种差别，将有利于鼓励劳动者去学习钻研技术，提高熟练程度，努力增加社会生产。第二，在社会主义社会，劳动者要获得比较熟练和复杂的劳动技能是要付出一定劳动的；同时，在社会主义社会，为训练有学识的劳动者的费用，虽然主要是由社会来负担的，但也要看到，在社会主义时期的一定阶段，如我国的社会主义现阶段，这种为训练有学识的劳动者的费用有一部分仍然是由家庭负担的，至少在学习期间，他不会给家庭带来任何收入。因此，在他参加劳动以后，这种为获得比较熟练和复杂的劳动技能所付出的一定量劳动，以及为增长知识，提高劳动技能所耗费的费用，是应当给予适当补偿的，这样做，也将有利于鼓励劳动者去为革命掌握技术、增长本领。

这样，在采取计时工资这种形式时，即在以劳动时间作为劳动者向社会领取劳动报酬的根据时，对不同生产部门、同一生产部门的不同工种，以及同一工种内的不同劳动者，应根据其劳动强度的差别、技术熟练程度的差别、复杂程度的差别等等方面的因素，进行综合考察，确定不同的工资起点，以及合理的工资级差。例如，在某一生产部门或某一工种劳动的劳动者，其最低的月工资可以定为 40 元，那么在另一部门或另一工种劳动的劳动者，由于劳动强度较大，或者复杂程度较高，那么其最低月工资就应稍高于前者，比方说 45 元；如果另一类的劳动者，耗费体力更大，复杂程度更高，其最低月工资就应更高一些，比方说 50 元……。就同一工种的劳动者来看，大家都从事同样的劳动，但技术水平有高有低，熟练程度也不相同，这样，技术水平高的，熟练程度强的，就应相应地得到较高的工资。

当然，无论是不同生产部门，不同工种之间工资起点的差别，或者是同一工种内的工资级差，都必须和劳动者的劳动量的差别相适应，加以科学的确定。

在实行计时工资时，劳动者所得到的工资数额是在劳动者提供劳动量之前预先确定的。这样，在劳动者提供给社会的实际劳动量（扣除为社会基金进行的劳动）同其从社会领取的劳动报酬量之间，往往会出现不一致的矛盾。这有两种情况：一种情况是，从整个社会来看，由于生产的不断发展，劳动生产率不断提高，社会在作了各项必要的扣除以后，可分配给劳动者的劳动报酬量增大了，而劳动者得到的工资数量未变。这时假如个人消费品的价格由于其单位产品价值减少而降低，那么劳动者用相同的工资量便可获得其量更大的个人消费品，这时，劳动者提供给社会的劳动量（扣除为社会基金进行的劳动）同其从社会领取的劳动报酬量仍然是一致的。如果个人消费品的价格并不因其单位产品价值减少而降低，那么劳动者所获得的个人消费品数量实际上不会有任何增加，劳动者提供给社会的劳动量（扣除为社会基金进行的劳动），同其从社会领取的劳动报酬量便会发生不一致，在这种情况下，为了解决这种不一致的矛盾，在一定的时期内，有必要对劳动者的总的工资水平进行适当的调整，这种调整不是涉及劳动者的某一个部分，而是涉及劳动者全体。

另一种情况是，从劳动者本身的劳动状况来看，由于劳动者的劳动技能和熟练程度也是在不断发展的，因而劳动者实际提供给社会的劳动量也是在不断变化的，这样，劳动者根据原来的劳动状况确定的工资级别，从社会领取的劳动报酬量同其现实的提供给社会的劳动量便会出现不一致的矛盾，特别是这种变化在不同的劳动者之间又是不平衡的，因而在一部分劳动者中这种矛盾就更为突出。为了解决这个矛盾，也有必要在一定的时期内，对不同劳动者的工资级别进行适当的调整，体现多劳多得。这种调整在一定时期内只涉及劳动者的某一个部分，而不是涉及劳动者全体。

当然，由于多方面的原因，工资的调整不是经常都能进行的。为了照顾劳动者的劳动状况不断发生变化的情况，也考虑到劳动者的劳动状况的变化有时又带有不稳定的性质，一个时期较好，一个时期又较差，因此在实行计时工资时，还有必要采取适当的奖励，或者实行基本工资加补充工资的办法，使劳动者提供的劳动量（扣除为社会基金进行的劳动），同其从社会领取的劳动报酬量尽量地相一致，体现按劳分配的原则。

计件工资

　　计件工资是工资的另一种形式。在社会主义制度下，它是以劳动者完成的合格产品的数量或作业数量作为衡量其对社会提供劳动量大小的标志，从而也以已完成合格产品的数量或作业的数量作为向社会领取劳动报酬量的依据。劳动者完成一件合格产品，便可获得国家或企业规定的一定数额的劳动报酬，如果劳动者完成十件合格产品，便可获得十倍于一件合格产品劳动报酬的劳动报酬。在计件工资形式下，劳动者所得到的工资，可以按日结算，也可以按周、按月结算。

　　计件工资实际上是计时工资的转化形式，它是由计时工资转化而来的，是以计时工资为基础的。因为在计件工资形式下，每一单位产品的劳动报酬量是由劳动者在一定时间内（如一日或一月）所获得的劳动报酬量以及劳动者在同一时间内必须完成的合格产品数量两个因素决定的。比如，一个劳动者在计时工资形式下所得到的月工资是60元，在同一时间内他必须完成的合格产品数量是 100 件，如果改为计件工资，那么他每完成一件合格产品的劳动报酬应该是 0.60 元，这是一个劳动者在计件工资形式下向社会领取劳动报酬的基础。如果一个劳动者在一个月内能完成合格产品 120 件，他便可获得月工资72 元；如果另一个劳动者只能完成合格产品 80 件，他便只能获得月工资 48 元。

　　因此，在实行计件工资的情况下，一个重要的问题是要正确确定每一单位产品的劳动报酬量，这是实行计件工资的关键。

　　单位产品的劳动报酬量，首先受生产该种产品的劳动者的计时工资水平的制约。在其他条件不变的情况下，劳动者的计时工资水平越高，单位产品的劳动报酬量就越大，反之就越少。

单位产品的劳动报酬量，还受劳动者在一定时间内必须完成的合格产品数量（即劳动定额）的制约。在工资水平一定的条件下，规定劳动者在一定时间内必须完成的合格产品数量越多，单位产品的劳动报酬量便越少，反之则越大。比如一个劳动者的月工资是 60 元，如果规定他在同一时间内必须完成的合格产品数量是 100 件，那么单位产品的劳动报酬量便是 0.60 元；如果规定必须完成的合格产品量是 60 件，那么单位产品的劳动报酬量便是 1 元了。

由于劳动者的工资水平是由整个社会决定的，是一个比较易于确定的因素，而劳动者在一定时间内必须完成的合格产品量，则受各个企业生产条件不同和同一个企业在不同时期生产条件变化的影响，是一个较难准确确定的因素。因此，就一个企业来讲，要正确确定每一单位产品的劳动报酬量，重要的是要准确核定每一个劳动者在一定时间内必须完成的合格产品数量，即劳动定额。

在核定劳动者的劳动定额时，有两个情况是我们必须看到的：

第一，劳动者在从事物质资料的生产时，除了他本人提供的劳动以外，还要借助于一定的物质生产条件。同一个劳动者在同样的劳动时间里，在一个生产条件较好的企业里劳动，所生产出来的产品的数量，比在一个生产条件较差的企业里劳动所生产出来的产品数量要多。因此，核定劳动者的劳动定额，必须考虑到不同企业生产条件方面的差异。即使在同一个企业里，在不同的时期，生产条件也会发生变化，从而在生产出来的产品数量方面表现出差异，因此，在同一企业里，一个劳动者的劳动定额也是会发生变化的。这就告诉我们，在不同的企业，或者在同一企业的不同发展时期，都要根据自己的实际情况和已经发生了变化的情况，定出各类劳动者合理的劳动定额，然后以此为依据，确定单位产品的劳动报酬量。

第二，这里讲的劳动者的劳动定额，不是指各个个别劳动者实际达到或完成的合格产品数量，而是指在各个企业当时生产条件下，一个中等劳动力（就体力和技术而言）经过努力可以达到的合格产品数量，即平均先进定额。这既照顾到大多数中等劳动者能够经过努力完成定额从而获得正常的劳动报酬，又使少数体力、技术等方面较强的劳动者能够超额完成定额，从而获得较多的劳动报酬，这正体现了按劳分配、多劳多得的原则。

计件工资和计时工资相比，有它一定的特点。第一，它使劳动者个人所得的劳动报酬同劳动者自己的劳动成果发生更加直接的联系，这就使劳动者能够从个人物质利益上关心自己的劳动成果，把个人利益同国家或集体利益结合起来，有利于调动劳动者的社会主义积极性，促进社会生产的发展。第二，它是以劳动者个人的产品量能较准确地反映他的劳动量为前提，在劳动者个人的产品量能较准确地反映他的劳动量的情况下，计件工资不失为一种简便易行的工资形式。

我们应当看到，计件工资与计时工资二者在内涵上存在着有机的、密切的联系，这不仅表现在计件工资是计时工资的转化形式，是以计时工资为基础，而且表现在如果在规定有劳动定额，并且实行严格的奖惩制度的情况下，计时工资本身也已经含有计件工资的因素。从这里我们看到，以劳动时间（加进劳动强度、技术熟练程度和劳动复杂程度的因素）衡量劳动者的"劳"，和以劳动成果或作业量衡量劳动者的"劳"，二者既有差异性，又有一致性。只看到它们的差异性，看不到它们的一致性是不对的，因此对计件工资同计时工资，不能认为它们之间有什么本质的不同。当然，对于一些用产品量不能准确地反映劳动者个人或劳动者集体劳动量的行业和工种，实行计件工资也不会得到良好的效果。

集体计件和个人计件是计件工资的两种形式。它们没有什么本质的区别，都是实现劳动报酬的工资形式。在实行个人计件的情况下，每个劳动者的工资直接同他本人的劳动成果相联系；在实行集体计件的情况下，劳动者的工资同他所在集体的共同劳动成果相联系。此外，计件工资还可以分简单计件、有限额计件、无限额计件、超额累进计件、超额累退计件等形式。

等级工资制

等级工资制是在实行计时工资形式下，具体确定不同类型劳动者所得劳动报酬的一种工资制度。劳动报酬的工资形式，要借助于一定的工资制度来实现。在社会主义条件下，各种不同类型的劳动者，由于各自劳动的复杂程度、技术熟练程度和劳动强度的不同，他们为社会提供的劳动量是不相同的，根据按劳分配原则，他们从社会就应领取与各自提供的劳动量相应的劳动报酬量。在劳动报酬采取工资这种形式时，就要求建立一定的、比较能准确地体现劳动者提供的劳动量与其所领取的劳动报酬量之间关系的工资制度，以便具体确定各种不同类型的劳动者的工资收入。

在采用计时工资这种具体的劳动报酬形式时，衡量一个劳动者为社会提供的劳动量的大小，首先当然看他实际进行劳动的时间的长短，在其他条件相同的情况下，一个劳动者进行劳动的时间越长，他对社会提供的劳动量就越多，其次应当看他劳动的质，即劳动者的劳动的复杂程度、技术熟练程度和劳动强度。在同样的劳动时间内，一个劳动强度大的、技术熟练的、从事的劳动更复杂的劳动者，会比一个劳动强度不大的、技术不熟练的、从事的劳动不复杂的劳动者为社会提供的劳动量多。在这里，劳动的质必须折合为劳动的量。

实行等级工资制，可以大体上将劳动者的劳动的质折合为劳动的量，并且根据其为社会提供的劳动量，付予相应的劳动报酬(工资)。因为在实行等级工资制的情况下，首先是根据劳动的复杂程度、技术熟练程度和劳动强度等因素，将劳动划分为若干技术等级。不同的技术等级，大体上反映出劳动者需支出的劳动量上的差别。然后，根据劳动者的具体情况，评定其技术等级，这是指在正常的情况下，各个劳动者能够为社会提供的劳动量。在此基础上，确定最低一个技术等级的工资水平和各个技术等级之间的工资级差，这样，每一个劳动者就可以领取与其技术等级相应的劳动报酬——工资。所以，在采取计时工资这种劳动报酬形式时，实行等级工资制，可以较好地贯彻按劳分配原则。

因此，就等级工资制而言，有三个因素是重要的：

第一，技术等级标准。在技术等级标准中，根据劳动的复杂程度、技术熟练程度和劳动强度的不同，规定技术等级的数目和各个技术等级的要求，这些技术要求的内容，是劳动者为完成一定的生产任务所必须具备的理论知识和实际操作技能，也是他必须提供的具有一定质的劳动量。因此，技术等级标准是衡量劳动者的劳动复杂程度、技术熟练程度和劳动强度的尺度，通过技术等级标准，可以使不同类型的劳动者的劳动从量上得到比较。正确确定技术等级标准（包括各个技术等级的要求和内容，以及技术等级的数目），是正确贯彻按劳分配原则的重要条件。

第二，一级工资率。技术等级标准只是评定劳动者的劳动复杂程度、技术熟练程度和劳动强度达到哪一级，因而可以获得相应一级劳动报酬（即工资）的依据，但是它还没有确定劳动者获得劳动报酬的具体数额。在技术等级标准不变的情况下，一个劳动者所获的工资数额可以是不同的，这是因为在相同技术等级标准的条件下，劳动者所获得的工资数额还取决于一级工资率和工资等级系数两个因素。所谓一级工资率就是在技术等级标准中处于最低一级的工资水平，这是劳动者在等级工资制中，获得工资数额的起点和基数，技术等级标准中除最低一级以外的各级工资，都是从这最低一级工资水平推算出来的。因此，正确确定一级工资率是十分重要的。确定一级工资率的因素，首先，一级工资率既然是职工最低等级的工资水平，因此它必须能够保证职工及其赡养人口的基本生活需要。其次，一级工虽然一般也都经过了一段学习，有了初步的技能，但对他们来说，更需要继续学习，掌握更多的生产技术知识，因此，他们的工资水平不能只限于满足基本生活需要，还要能保证一定的学习条件。最后，在目前我国农业生产水平还十分低下的情况下，职工的工资水平必须考虑工农差别、城乡差别，工人的最低工资可以适当高于城镇郊区中等劳动力的劳动收入。

第三，工资等级系数。即各个技术等级之间的工资差额，它以百分率来表示。如果技术等级是 1、2、3……8 级，假定一级工资率是 40 元，工资等级系数都是 10%，那么，从一级至八级的工资额应该是 40 元、44 元、48.4 元、53.24 元、58.56 元……所以，根据一级工资率和工资等级系数，即可确定各级工人的劳动工资额。正确确定工资等级系数，对于确定各级工资间的合理差额以及最高工资同最低工资的比例关系，具有重要意义。如果说一级工资率的确定主要在于保证劳动者的基本生活需要，那么，工资等级系数的确定则主要体现多劳多得、少劳少得的原则，它反映各级劳动者之间劳动的质量（当然最终表现为数量）的差别。

工资等级系数，一般来说有以下三种：一种是逐级递增累进的系数，一种是逐级等比累进的系数，一种是逐级递减累进的系数。此外，也有不采用工资等级系数，而直接地对劳动者的各级工资规定绝对的金额，这种方法比较简便，具有计算方便和劳动者容易明了等优点。

工资政策

工资政策是无产阶级政党和社会主义国家遵循客观经济规律的作用制订的，作为在实际经济工作中具体处理工资问题的指导方针。在以工资作为劳动报酬形式的情况下，对劳动者以工资形式所得到的劳动报酬，不仅要严格遵守按劳分配、多劳多得的原则，而且要从整个国民经济的范围，照顾到积累同消费，社会消费同个人消费，以及消费基金同生活资料的供应等方面的关系。所以工资政策是一个涉及范围很宽、问题复杂、需要处理好多方面关系的问题。

一个正确的工资政策，首先必须遵循按劳分配规律的作用。既然工资是劳动者根据按劳分配原则从社会领取的劳动报酬，那么，只有一个真正考虑到按劳分配规律作用的工资政策，才能使劳动者得到的工资形式的劳动报酬符合按劳分配原则。按劳分配规律起作用的结果，是劳动者从社会领取的劳动报酬与其为社会提供的劳动量(作了扣除后)相一致，多劳多得，少劳少得，这是以承认不同劳动者提供的劳动量有差异为前提的，如果人们提供的劳动量是无差异的，就不存在按劳分配。就这点来说，按劳分配规律本质上是与平均主义不相容的。因此，党的工资政策不能是一个搞平均主义分配的政策，干与不干一个样，干多干少、干好干坏一个样是违反客观规律作用的。人们常说要防止分配上的高低悬殊，什么是分配上的高低悬殊？这是一个不确定的概念。只要真正是报酬量与提供的劳动量(作了扣除后)相一致，就不会是高低悬殊。对差别还不敢承认的时候，就强调反高低悬殊，实际上只能是搞平均主义。

其次，一个正确的工资政策必须遵循社会主义基本经济规律的作用。在生产不断发展的基础上，逐步提高劳动人民的生活水平，这是由社会主义生产方式的本质决定的，是社会主义基本经济规律起作用的结果。既然工资是劳动者从社会领取的劳动报酬，即个人消费品，那么，提高劳动者的生活水平，就是要提高劳动者的工资水平，这本来是一回事情。因此，一个正确的工资政策应当是在生产不断发展，劳动生产率不断提高的基础上，逐步提高劳动者工资水平的政策。

提高劳动者的工资水平，不会使积累减少，不会影响扩大再生产的规模。因为：第一，我们讲的劳动者工资水平的提高，是在生产不断发展和劳动生产率不断提高的基础上的逐步提高，而且保证劳动生产率的增长超过工资的增长速度，因此，这种提高绝不妨碍积累的绝对额增长，甚至也不会影响积累的相对数提高。第二，扩大再生产的规模不仅依赖投入的物化劳动量的增长，而且也依赖投入的活劳动量的增加。如果劳动者的生产积极性没有充分调动起来，即使投入的物化劳动量增多，也不一定能真正形成现实的扩大再生产能力，促进扩大再生产的实现。在生产不断发展的基础上，逐步提高劳动者的工资水平，使劳动人民生活水平不断提高，劳动者的积极性真正调动起来了，即使积累增长较少，也能促进生产的迅速发展。同时，人民消费水平提高了，对生产也会产生新的动力和要求，推动生产更快地发展。

提高劳动者的工资水平，也不会同消费资料的供应发生脱节，使消费资料供不应求。这是由于劳动者的工资最终是要在个人消费品上实现的，因而提高劳动者的工资水平需要考虑同个人消费资料供应之间的平衡问题。既然劳动者的工资水平是在生产不断发展的基础上提高的，那么，工资水平的这种提高本身就是建立在一定的物质资料（包括个人消费资料）生产的基础上的。当然，物质资料既包括个人消费资料，也包括生产资料。完全有这种可能，劳动者工资水平的提高，同整个物质资料的生产是相适应的，但同个人消费资料的生产不相适应，原因是生产资料生产过多了。如果出现这种情况，就应当调整个人消费资料生产同生产资料生产之间构成的比例，使之与工资水平的提高相适应。很显然，妄图用压缩劳动者工资的增长使之与个人消费资料的供应相平衡的办法，是不可取的，因为它不符合客观经济规律的作用，不利于生产的发展。

最后，一个正确的工资政策，应当是能够体现生产同分配之间的本质联系，能够直接促进生产发展的政策。并不是任何一种分配都能促进生产发展的。社会主义分配关系从本质上讲是能够促进生产发展的，但是这还要看我们是否有正确的分配政策。在社会主义制度下，能够促进生产发展的工资政策，应当是不仅使劳动者得到的工资形式的劳动报酬同他自己提供的劳动量相联系，而且同他所在企业的生产成果相联系，因为在这样的工资政策下，劳动者所获得的工资形式劳动报酬数量的多少，不仅取决于他本人提供的劳动量的多少，而且取决于他所在企业经营状况的好坏。这样，就使每一个劳动者不仅关心自己劳动的状况，而且关心整个企业经营的状况，这就有利于加强劳动者对集体事业的责任感，促进生产者之间的团结和协作，调动他们为共同完成或超额完成企业生产任务的积极性。因此，从按劳分配的理论上来讲，是允许一部分企业、一部分工人，由于主观努力成绩大而收入先多一些，生活先好起来，这也是我们工资政策上需要解决的问题。

工资改革和工资调整

工资改革是指社会主义国家对工资制度所施行的改革。工资调整则是指社会主义国家对职工工资水平以及各类职工(包括个人)之间工资差别的调整。

社会主义国家之所以要对工资制度进行改革，是由以下两方面的原因决定的：第一，无产阶级革命取得胜利以后，在分配方面面临着旧社会遗留下来的各种各样的工资制度，它们在形式上可能存在这样那样的差别，但其本质却是一个，都是剥削阶级分配关系的体现。无产阶级革命胜利以后，随着生产资料所有制方面所进行的社会变革，即变生产资料资本主义私有制为生产资料社会主义公有制，在分配关系方面也必然要相应进行变革，改革旧社会遗留下来的各种工资制度，因为没有这后一方面的变革，社会主义公有制就可以说没有得到实现。因此，无产阶级在革命胜利以后对工资制度所进行的改革，实质上是在社会主义生产关系的范围内，同生产资料所有制方面的变革相适应，在分配领域建立社会主义的生产关系，目的是废除旧社会不合理的、体现剥削关系的工资制度，建立体现社会主义生产关系的按劳分配的工资制度。第二，作为体现社会主义分配关系的工资制度建立起来以后，仍然有一个不断完善的过程，这不仅是由于缺乏经验和其他方面的原因，作为体现社会主义分配关系的工资制度在建立时就不可能是十分完善的，必然存在这样那样的缺点和问题；而且重要的还在于，即使在生产资料所有制方面的社会主义改造基本完成以后，还不能说按劳分配原则在整个社会中已经完全充分地实现。要完全充分实现按劳分配原则，不仅要以"社会全体成员在占有生产资料方面的平等实现"为条件，而且要以生产力的相当程度的发展，即要以相当程度的物质基础为条件。因此，完全充分地实现按劳分配是一个历史过程。随着这一历史过程的不断向前推移，按劳分配原则的实现也将不断发生程度的变化，因而，作为体现社会主义分配关系的工资制度，也需要进行适当的改革，使之更符合社会主义按劳分配原则，促进生产力的发展。当然，这里讲的工资改革，主要还是就第二种意义上的工资改革讲的。

工资调整与工资改革不同，它不涉及工资制度的变革，它是通过调整工资总的水平以及各类工人、各个劳动者的工资，来调整他们之间的关系。工资调整的目的，是为了更好地贯彻按劳分配原则，调动劳动者的社会主义积极性。

在"计时工资"条目里，我们曾经讲到，工资调整的必要性是由于社会生产发展了，从而以工资形式可分配给劳动者的劳动报酬量扩大了，以及劳动者个人的劳动状况发生了变化，使得劳动者提供给社会的实际劳动量(扣除为社会基金进行的劳动后)，同其从社会领取的劳动报酬之间出现不一致所引起的。关于这种不一致的具体情况，在上述条目里已作过具体分析。

由于工资调整不仅是要规定工资的平均水平和工资的增长幅度，而且还要规定各种劳动者工资的适当差别，也就是说，通过工资调整在全体劳动者之间进行合理的分配。因此，党和国家在进行工资调整时，必须遵循一定的原则。

第一，必须坚持"各尽所能，按劳分配"的社会主义原则，必须真正有利于调动劳动者的社会主义积极性，促进社会生产力的迅速发展。在进行工资调整时，必须根据劳动者为社会提供的劳动量(作了扣除后)给予其劳动报酬量，反对干与不干一个样、干多干少一个样、干好干坏一个样，使劳动者从社会领取的劳动报酬量尽量与其提供的劳动量相一致。

第二，必须符合社会主义建设和经济发展的需要，在进行工资调整时，必须正确规定劳动生产率增长与工资增长的比例，保证劳动生产率的增长速度超过工资的增长速度，并使工资的增长速度与劳动生产率的增长速度相适应。这是因为生产决定分配，正如马克思指出的，"分配本身就是生产的产物"，"能分配的只是生产的成果"。①
只有保证劳动生产率的增长速度超过工资的增长速度，并使工资的增
长速度与劳动生产率的增长速度相适应，才能使工资的增长建立在可
靠的基础上。因此，正确规定劳动生产率增长和工资增长的比例，就
是合理地解决积累和消费的关系，把整体的、长远的利益和个人的、
当前的利益正确地结合起来，使之既有利于国民经济的迅速发展，又
有利于劳动人民消费水平的逐步提高。

第三，必须统筹兼顾、适当安排。在进行工资调整时，不仅要正
确处理各部门、各工种之间的工资关系，恰当地规定各部门、各工种
之间的工资水平和工资差别，而且要考虑工农关系、城乡关系，不能
使城市工业劳动者的工资增长过分地快于农民收入的增长，只有这样
才能进一步巩固工农联盟。

---

① 《马克思恩格斯选集》第2卷，第98页。

现实的工资

　　工资本来是劳动报酬的一种形式，但是在现实经济生活中，劳动者实际所领取的工资，却不完全是劳动的报酬，其中有劳动报酬的因素，也有非劳动报酬的因素，劳动报酬的因素是主要的。所以，作为劳动报酬形式的工资，同现实经济生活中劳动者实际领取的工资，是两个不同的概念，在量上是不等的，在质上也是有差别的。我们知道，现实经济生活中人们所接触的一切事物都是复杂的。政治经济学的任务，就是要通过抽象法，从现实的复杂的事物中，概括出能反映事物某一个方面本质的纯粹的范畴，然后运用范畴这样的认识手段，去分析现实经济生活中的复杂的事物的性质。

　　如果我们运用劳动报酬以及劳动报酬的工资形式这样的范畴来分析我国现阶段现实经济生活中的工资，那么，它实际包含的因素是：

　　第一，劳动报酬的因素。毫无疑义，它在现实工资中是居于主导地位的因素，占有极大的比重。关于现实工资中的这个部分，我们在"劳动报酬的工资形式"中，已作过较详细的分析，这里从略。

　　第二，按能分配的因素。社会主义分配个人消费品的基本原则是按劳分配。"按能分配"并不是社会主义原则，而是圣西门派的一种分配主张，它同马克思的按劳分配原则有根本的区别。但在社会主义时期的某些情况下，在现实生活中，有时也会出现按能分配的现象，在现实工资中，也会包含按能分配的因素。我们曾经分析过，按劳分配就是按照劳动者提供的劳动的数量和质量来分配个人消费品。一般来说，这个"劳"是指生产者在劳动中实际支出的劳动量，而不是指生产者的劳动的潜在状态即劳动能力。但在现实生活中，在具体贯彻"按劳分配"原则时，考虑到劳动的质不同，质量变成数量的情况也比较复杂，常常会出现很难评定社会成员实际支出的劳动量，因而假定每个人都同样按自己的劳动能力尽力为社会提供劳动，也即假定每个人的劳动的潜在状态即劳动能力与他在实际劳动中支出的劳动量是一致的（例如一个有八级工能力的人，假定他的确在干八级工的活），从而把人们劳动能力上的不同，作为评定报酬的一个根据。如果情况真是这样，那么，表面上看是"按能分配"，实际上还是按劳分配，现实工资中并不包含按能分配的因素。但是，在社会主义时期的一定历史阶段，在现实生活中，还会出现劳动能力大但在实际生产过程中并没有充分发挥自己的劳动能力，却取得与自己劳动能力相当的较高的报酬的情况。如某些生产者在评定应给予的报酬时，是按其劳动能力确定的（假定其劳动能力和实际提供的劳动量相一致），但由于思想觉悟不高，他并没有按自己的劳动能力最大限度地为社会提供劳动。这种情况反映了分配上的不合理，因为有劳动能力而没有在劳动中充分发挥这种能力，就是对社会没有作出应有的贡献，就不应该从社会取得那么多的劳动报酬。他们所取得的高于按劳分配的部分，是违背按劳分配原则的。这时劳动者所领取的现实工资中，就包含有按能分配的因素了。这种情况需要通过思想教育或者改革贯彻按劳分配原则中那些不完善的措施去加以解决。在现实生活中，还会出现另外一种情况，即：劳动者本人思想觉悟较高，愿意尽自己所能为社会提供劳动，但是由于客观生产条件的限制，只需要他提供一定的劳动量，使其未能发挥本人的劳动能力。如一个八级工人，平时由于生产条件的限制，只需要他提供一般六级或五级工人所应提供的劳动量，只是在生产的关键时刻，才需要这个八级工尽自己的劳动能力去解决生产中出现的难题等等。因此，从孤立的某一点来看，似乎是反映分配上的不合理，但从总的趋势来看，它还是符合按劳分配原则的。当然，就一个八级工来说，当客观经济条件只需要他提供一般六级或五级工人所应提供的劳动量，而他照拿八级工的工资时，他所领得的现实工资中是包含有按能分配的因素的。这种情况所反映的某些缺点，在社会主义时期的一定阶段是不可能完全避免的。

第三，工龄的因素。在我国社会主义的现阶段，在现实经济生活中，评定和调整一个劳动者的工资级别，即确定他应得的工资报酬时，除了主要根据他对社会所作的劳动贡献(即提供给社会的劳动的数量和质量)外，往往还要考虑工龄的因素。在所提供的劳动的数量和质量相同的情况下，往往优先提高那些工龄较长的劳动者的工资报酬。本来，一个劳动者的工龄越长，意味着他积累的生产经验越丰富，他掌握的生产技能越熟练，因而他对社会的劳动贡献就越大，他所获得的工资报酬就应比别人多，这完全是符合按劳分配原则的。但是在实际生活中，情况并不完全都是这样。由于各人主观努力程度的不同，一个工龄较长的劳动者所积累的生产经验与掌握的生产技能，并不一定比工龄较短的劳动者丰富或熟练，甚至会出现相反的情况。这样由于工龄较长而得到较高的工资，其中有一部分就不是属于劳动的报酬。应该说这种情况是不符合按劳分配原则的，它不利于调动劳动者的积极性，特别是调动青年工人刻苦钻研技术、掌握生产过硬本领的积极性。

第四，历史的因素。在我国解放初期，在由供给制改变为工资制的时候，曾经由于各地区物价水平的不同而规定了不同的工资地区类别，就是说，同一工资等级的劳动者，在物价高的地区可以获得比物价低的地区更多的工资，这对保证不同类型地区的劳动者，支出同样的劳动即可获得同等数量的劳动报酬，即获得同等数量的个人消费品是必要的。尽管在不同类型地区的劳动者，支出同样的劳动获得的工资有数量上的差别，它们仍然是劳动者的劳动报酬。但是，随着我国社会主义革命和社会主义建设的不断深入发展，随着工农业生产和交通运输事业的迅速发展，各地区在物价方面的情况发生了较大的变化，而原来规定的工资地区类别却没有根据这种变化了的情况进行调整。这就产生了一种不合理的现象，同一工资等级的劳动者，支出同样的劳动，在不同地区事实上获得了不等的劳动报酬。因而，就一些地区来看，劳动者所获得的超过其他地区工资标准的部分，已经不属于劳动报酬的范畴，因为这部分劳动者并不曾为这个多得的部分多付出任何劳动。这完全是历史遗留下来的不合理的现象，这种不合理的现象是应该随着生产力的逐步发展加以克服的。

　　还有一种情况，我国现今在极少数劳动者中还存在着"保留"工资，即在解放前参加工作并定下的工资，解放以后，由于政治的、经济的多方面的原因，对这种工资予以承认和保留。这种保留工资当然就含有更多的非劳动报酬的因素了。

　　我国现阶段现实经济生活中的工资，当然还不止包含这一些因素。有些属于津贴性质的东西也放在现实工资之中，这一点我们已在另外的条目里加以分析。此外，也还有一些本来不属于劳动者个人消费的东西，如为了生产和工作的需要而必须具备的物质资料，也转为由劳动者的工资来支付，这在一部分需付出这种费用的劳动者来说，应视作劳动报酬的扣除，这是对按劳分配原则的背离。

现实的工分

劳动报酬的工分形式，是我国现阶段人民公社集体经济组织中贯彻按劳分配原则的主要形式。但是，在现实经济生活中，劳动者取得的工分，却有着不同的情况。

在农村集体经济组织内部，因为共同占有生产资料，所以能够实行按劳分配原则，多劳多得，少劳少得。但在不同的基本核算单位之间，即社队与社队之间，由于各自占有的生产资料多少和好坏不同，所以劳动生产率的高低不同，花了同样多的劳动所得到的产品多少也就不同。特别是由于农业受自然条件影响很大，各地区的土地肥瘠不同，气候寒暖不同，雨量多少不同，山区和平原也有很大的差别，这些都显著地影响农业的劳动生产率。这样，生产资料和自然条件好的社队，由于劳动生产率高，从而工分值高，劳动报酬就多；相反，生产资料和自然条件差的社队，劳动生产率低，从而工分值低，劳动报酬就少。所以，同等劳力的社员同样从事一天劳动的劳动报酬，高产地区的社队要比低产地区的社队多。由此可见，现实经济生活中人民公社集体经济组织中的劳动报酬，出现了两种情况：在同一个集体经济组织内部是多劳多得，在不同的集体经济组织之间基本上是多产多得。由于物质生产条件不同所造成的各个集体经济组织之间的劳动报酬的差别，是客观存在的，既然存在着集体所有制，就应该承认这种差别。

人民公社集体经济组织之间经营管理的好坏，经济效果的大小，对劳动报酬的工分形式也有着直接的影响。有的集体经济组织经营管理得好，讲究经济效果，生产增加了，纯收入增加了，社员分配的部分就可以得到相应的增加，从而劳动报酬就多；相反，如果经营管理不善，不讲究经济效果，生产减少了，有的虽然生产没有减少甚至还有所增加，但成本增大，纯收入减少，社员的分配部分就会相应地减少，从而劳动报酬就少。这种由于经营管理的好坏、经济效果的大小不同所造成的各个集体经济组织之间的劳动报酬的差别，也是客观存在的。

在现实经济生活中，农业集体经济组织中的劳动者取得的工分，一般是具有劳动报酬的性质。但是，有些工分如保证烈、军属生活水平不低于一般社员生活水平而实行的补贴工分，以及人粪肥工分等，则与劳动报酬没有直接的联系。

我国现阶段农业集体经济组织中，由于农业生产力发展水平不高，商品率低，自给自足的自然经济还占重要的地位，从而在劳动报酬的工分形式中存在着实物分配和现金分配。以实物形态支付的部分，就是劳动报酬工分形式中的实物分配；在扣除用货币计价的实物部分以后，以货币支付的部分，就是劳动报酬工分形式中的现金分配。

劳动报酬工分形式中的实物分配，主要是指粮食、棉花、油脂和柴草的分配，其基本部分是粮食的分配。粮食、棉花、油脂都是国家计划收购和计划供应的物资。粮食是农民最基本的生活资料。在农业生产力水平还不高的现阶段，在农村人民公社集体经济组织各个成员之间进行粮食分配时，为了保证社员基本生活的需要，一般采取一部分按人口进行分配，实行按人定量，这一部分不属于按劳分配；另一部分按照工分进行分配，体现按劳分配，多劳多得，这是劳动报酬工分形式中的实物分配。但是由于一部分工分不属于劳动报酬的性质，因此，按工分分配粮食，其中也有一部分不是属于劳动的报酬。

劳动报酬工分形式的现金分配，从其量上来考察，劳动者从集体经济组织中所得的现金数量多少，取决于工分数量的多少、工分值的大小和劳动者所负担的家庭人口多寡。在各农业集体经济组织之间，由于生产水平、经营管理水平和收入水平的不同，劳动者的劳动工分值和口粮标准也就有高有低，在同一集体经济组织中每个劳动者投入集体经济的劳动质量和数量不同，所得的劳动工分也就有多有少，从而所得的实物和现金数量也有多有少。即使在劳动报酬量相同的情况下，由于劳动者所负担的家庭人口多寡不同，所分得的实物多少也就不同，这就会引起所得现金数量的差别。同时，由于一部分工分不是属于劳动报酬的性质，因此，在劳动报酬工分形式的现金分配中，也有一部分不是属于劳动的报酬。

劳动报酬的工分形式，存在着实物分配和现金分配，主要是由于农业生产力发展水平不高所决定的。随着农业生产力水平的不断提高，农业科学技术的不断发展，分工越来越细密，按专业化协作的原则组织农业生产越来越发展，劳动报酬工分形式中的实物分配部分将会不断缩小，而现金分配部分的比重则会不断增加。

现实的奖金

在现实生活中，用现金给劳动者以奖励的情况是比较复杂的。由于劳动报酬的奖励形式所具有的特点，决定了奖金一般都同劳动者提供的劳动数量和质量联系起来。现实的奖金的复杂性主要表现在奖金的提取、数额的确定以及受奖的范围等方面。

现实的奖金有两种。一种是属于"工资性的奖励"，通常称之为所谓"奖励工资"，是由劳动工资部门掌握的，属于工资基金的一部分。但是，我们知道，劳动报酬的奖金形式，不同于劳动报酬的工资形式，所以不应该把奖金说成是奖励工资。另一种是属于技术改进和劳动竞赛范围的，用于鼓励在技术革新中成绩显著、劳动竞赛优胜的单位和个人，由主管部门和工会系统掌握，属于技术改进和劳动竞赛基金。

属于"工资性奖励"的奖金，从内容上看，有单项奖，如某些原材料和辅助材料的节约奖、设备保养奖、产品质量奖、安全奖和交通运输部门的正点奖等；有综合奖，即在某些工作中，全面衡量劳动贡献情况所给予的奖金。从奖金评定的周期看，有月奖、季度奖和年终奖。

对于"奖励工资"，不能有一个固定不变的量，奖金总额应该随着超额劳动量的变化而变化，劳动者提供的超额劳动总量越多，奖金总额也要相应增多。在现实生活中，有的是按企业、事业单位职工的工资总额规定比率，如奖金总额为企、事业单位职工工资总额的百分之几。这种把奖金总额和工资总额联系起来确定奖金率的办法，会出现这样一种情况：奖金在一定时期内可以调动劳动者的劳动积极性，因而使劳动生产率提高，但是，由于劳动生产率的提高，在其他条件不变的情况下，职工人数就应相应减少，工资总额就会减少，从而奖金总额也会相应减少，结果反而会影响劳动者的劳动积极性，阻碍企业人员的精简和劳动生产率的进一步提高。在一般情况下，奖金总额只能是超额劳动的一部分，至于在超额劳动中应占多大比重，则应具体分析，不能强求一律，也不能固定不变。在现实生活中，对一些劳动定额制度、岗位责任制度还不很健全的企业和事业单位，为了调动劳动者的积极性，在不能正常实行奖励制度的情况下，实行一年一次的年终奖励，奖金总额采取对每个属于评奖范围的职工平均按几元金额来提取的办法，然后根据劳动和工作情况评定奖金等级，给予奖励。

至于得奖人数占整个职工人数的比例，即所谓"奖励面"，也不能事先硬行规定。在一个企业或事业单位内，得奖人数的多少，应该取决于提供超额劳动的劳动者数量的多少，具体来说，根据评奖的条件来确定每个劳动者是否能得奖，得什么奖。事先硬行规定"奖励面"，可能出现有些贡献较大的不能得奖，或者是贡献不大的也得了奖的情况，这都影响奖励制度的正确贯彻。

总之，只有正确规定"奖励工资"的奖金额和正确处理奖金如何根据贡献大小分配给劳动者个人的问题，才能真正起到劳动报酬的补充形式的作用，才有利于调动劳动者的社会主义积极性，有利于发展生产和改进企业的经营管理。

属于技术改进和劳动竞赛的奖金，在实际工作中，国家有关部门都有明确的规定，不像"奖励工资"那样复杂。

现实的津贴

　　津贴是劳动报酬的一种形式，从其内涵来讲，应与劳动者支出的劳动量的多少有直接的联系。但在现实生活中，津贴的构成是复杂多样的，有的津贴纯属劳动报酬性质，有的津贴既有劳动报酬部分，也包含有非劳动报酬部分，有的津贴则不具有劳动报酬的性质。以上这些统称为现实的津贴。

　　在"劳动报酬的津贴形式"一条中说过，发给从事矿山井下、高温冶炼、野外作业、有毒有害等工种的劳动者的岗位津贴，就纯属劳动报酬的性质。又如有些地区实行的粮价津贴，这种津贴从现象上看来，与劳动者支出的劳动量并无直接联系，但它是解决物价变动与按劳分配之间的矛盾的一种形式，实行粮价津贴能使劳动者根据按劳分配原则获得与过去(物价未变动时)同等数量的个人消费品，所以属于劳动报酬的性质。地区津贴也属于这一类。

　　发给气候条件差、生活条件艰苦的边远地区的劳动者的地区津贴，既有属于劳动报酬性质的部分，也有不属于劳动报酬性质的部分。地区津贴中属于劳动报酬性质的部分是指在这类地区从事生产的劳动者往往要消耗较大的体力，对这部分体力消耗所需的物质补偿，以津贴形式取得就具有劳动报酬的性质。除此之外，地区津贴中也往往包含作为额外物质奖，即奖励人们去这些地区工作的物质奖励部分。因为这些地区的工作条件、物质文化条件都比较艰苦，而从整个国家利益来考虑，又很需要人们到那里去工作，因此社会应在物质上给在这些地区工作的劳动者以鼓励。这部分津贴与劳动者付出的劳动量的多少没有联系，所以不具有劳动报酬的性质。又如节日津贴，一般都高于平时工作一日的日工资额。其中相当于日工资额的部分属于劳动报酬性质，超过日工资额的这部分津贴是额外的物质鼓励，不具有劳动报酬的性质。

又如工龄津贴，它是对那些劳动比较简单、劳动条件比较差的某些工种，如清洁工、浴室等服务行业的劳动者，为了稳定劳动者在这些工作岗位上劳动，随着工龄的增长而给予一定的津贴。又如对于一些体力劳动比较繁重、实行计件工资的工种，为了使一些老工人不因年老体弱而降低生活水平而给予一定的工龄津贴。这种工龄津贴就不具有劳动报酬的性质。

各生产企业为了避免繁琐手续，对经常性的津贴是随同工资一并发给的，对这部分津贴，在现实生活中，通常称为"工资性津贴"，劳动者也往往把这部分经常性的津贴当成工资的一个组成部分。但是，劳动报酬的津贴形式，不同于劳动报酬的工资形式，所以，不应该把津贴说成是工资性津贴。

现实的津贴种类较多，津贴的范围和津贴的标准在各地也不完全统一，今后将随着按劳分配原则的进一步贯彻，并考虑生产和劳动者生活的实际需要而逐步改进。

劳动定额

　　劳动定额是指生产劳动者为生产一定产品或完成一定工作所规定的必要劳动消耗量的标准，或者说，在一定时间内各类生产劳动者必须完成的合格的产品量或作业量的标准。它是全民所有制企业和集体经济组织有计划地组织生产和正确贯彻各尽所能、按劳分配原则的主要依据。

　　列宁早在一九一九年就指出：社会主义必须在"施行最严格的计算、监督和监察的情况下进行社会劳动；同时还应该规定劳动量和劳动报酬"。① 在社会主义生产体系中，实行计件工资、奖金和劳动工分的情况下，劳动者取得劳动报酬的多少，直接取决于他对劳动定额的完成情况，多劳多得，少劳少得。在这里，劳动定额的完成情况与劳动者领取劳动报酬的多少有直接的联系。所以，正确的劳动定额，是贯彻按劳分配，合理确定劳动报酬的一个重要环节。

　　劳动定额基本上有两种表现形式：时间定额和产量定额。用时间表示的劳动定额称时间定额，即在一定的生产条件下，为生产一定产品数量或完成一定工作量所必须消耗的劳动时间。用产量表示的劳动定额称产量定额，即在一定的生产条件下，在单位时间内必须完成的合格产品量或工作量。

　　在不同的生产企业，或者在同一生产企业的不同发展时期，由于生产条件的不同，要相应确定不同的合理的劳动定额。因为劳动者在从事物质资料的生产时，除了他本人提供的劳动以外，还要借助于一定的物质生产条件。在不同的生产企业，不仅劳动者本身的劳动技能

---

　　① 《列宁选集》第4卷，第141页。

和劳动熟练程度方面的差别会在劳动产品的数量和质量上反映出来，而且从事劳动的生产条件方面的差别也会影响劳动产品的数量和质量。同一个劳动者，在同样的劳动时间内，在一个生产条件较好的企业里劳动，所生产出来的产品数量，比在一个生产条件较差的企业里劳动所生产出来的产品数量要多。因此，要确定合理的劳动定额，必须考虑到不同生产企业的生产条件方面的差别。即使在同一个生产企业里，在不同的时期，生产条件也会发生变化。从而同一个劳动者花同样多的劳动时间，在不同时期、不同的生产条件下从事劳动，所生产的产品在数量和质量上就会有所不同。因此，在同一企业里，劳动定额也会发生变化的，不可能固定不变。由此可见，在不同的生产企业，或者在同一生产企业的不同发展时期，都要根据各个生产企业的实际情况和已经发生了变化的情况，定出各类劳动者合理的劳动定额。

正确的合理的劳动定额，应当是平均先进定额。所谓平均先进定额就是指在生产企业正常的生产条件下，一个中等劳动力（就体力和技术而言）经过努力可以达到的劳动定额。正确制定平均先进定额，既照顾到大多数具有中等劳动力的劳动者经过努力能够完成，从而获得正常的劳动报酬，又能使少数体力、技术等方面较强的劳动者能够超额完成，从而获得较多的劳动报酬。这就体现了按劳分配、多劳多得的原则。劳动定额如定得偏高或偏低，都会影响按劳分配原则的正确贯彻，从而不利于调动劳动者的社会主义积极性，不利于促进社会生产力的发展。

劳动定额的制定方法，由于各个生产企业的具体条件不同，生产类型不一，因此制定劳动定额的方法也不尽相同，一般采用经验分析法、统计分析法和技术测定法。

集体福利

在社会主义生产体系中进行劳动的生产者，除了根据按劳分配原则获得个人消费品以外，还从社会主义国家或社会主义集体经济组织得到各种补贴，并享受一定的福利待遇，这种由生产者共同享受的物质和文化福利待遇，就称为集体福利。

马克思在《哥达纲领批判》一书中指出：社会主义社会的总产品，在分配给生产者个人消费以前，先要扣除各项满足社会公共需要的部分，其中有一部分是以集体福利的形式提供给生产者消费的。集体福利不是按照各个生产者所提供的劳动量分配给生产者消费，它是在一定的社会生产力发展水平基础上，按照各个生产者实际需要提供的各种福利和文化设施，诸如职工享受的劳动保险、公费医疗以及为职工兴建的住宅，为职工设立的公共食堂、医疗室、哺乳室、托儿所以及图书馆、阅览室等等。这些文化设施和一定的福利待遇是由劳动者共同享受的。

在社会主义社会中，按劳分配是劳动者从社会取得消费资料的基本形式，但不是唯一的形式。社会主义社会的个人消费品除了按劳分配的部分外，还有一部分是以集体福利的形式供劳动者消费。毛主席一贯教导我们，在社会主义阶段，一方面要坚持实行按劳分配，另一方面又要发展集体福利事业。"工人的劳动生产率提高了，他们的劳动条件和集体福利就需要逐步有所改进。"①随着社会生产力的发展和社会产品数量的增加，除了生产者的工资不断提高以外，生产者在集体福利中消费的产品数量将逐步增加，集体福利在个人消费品中的比

---

① 《毛泽东选集》第5卷，第272页。

重也将逐步提高。

发展集体福利事业，对于根据按劳分配原则分配的个人消费品的数量是有影响的，因为集体福利部分是在对劳动者进行个人消费品分配以前，由社会扣除的。在社会总产品量一定的情况下，扣除部分多了，按劳分配部分就少了。因此，发展集体福利事业必须考虑到各个时期生产力发展的水平，做到既发展集体福利事业，也要不断提高生产者的工资。在生产力发展水平不高的情况下，集体福利事业发展一般不宜过快。

公益金

公益金是社会主义集体经济组织每年从可分配的总收入中提取的，用于社会保险和集体福利事业的集体消费基金。如对丧失劳动能力或遭到不幸事故发生生活困难的社员的供给或补助，举办公共福利、文化教育事业。从它的内容来说，相当于马克思关于社会总产品的分配用作消费资料的第二、第三部分。

公益金是集体经济范围内生产者共同创造的。由于集体经济是社会主义的互助、互利的组织，实行独立核算、自负盈亏，直接组织生产，组织收益分配，因而它的成员在生活中所需要的社会保险和集体福利事业费用，除了国家在国民收入中支付一部分外，还必须在集体的可分配总收入中提取适当的部分，以保证集体经济成员维持正常的生活，并在生产增长的情况下不断提高物质和文化生活水平。虽然这是从生产者的劳动成果中提取的，但却是完全必要的，它代表了劳动者的长远利益和集体利益，并且归根到底又是直接或间接地用来为生产者谋福利。正如马克思在《哥达纲领批判》中指出的："从一个处于私人地位的生产者身上扣除的一切，又会直接或间接地用来为处于社会成员地位的这个生产者谋福利。"①

随着集体经济的发展，公益金在消费资料分配中的比重将逐步增加。马克思指出："用来满足共同需要的部分，如学校、保健设施等。……将随着新社会的发展而日益增加。"②在生产发展的基础上，公益金的逐步增加，不仅对提高集体所有制成员的福利事业和文化水

---

① 《马克思恩格斯选集》第3卷，第10页。
② 《马克思恩格斯选集》第3卷，第10页。

平有着重要的作用，而且对发展社会主义集体经济有着深远的意义。公益金的增加，意味着集体经济直接所有的东西的增加，使集体经济组织能够有更大的力量举办集体福利事业和科学文化事业，进行更大范围的社会保险，进一步发挥集体经济的优越性。

公益金在可分配总收入中提取的多少，直接影响到积累和消费、集体消费和个人消费的关系。集体消费部分多了，就会影响其成员通过"按劳分配"领取个人消费品的数量，影响"按劳分配"原则的贯彻。毛主席说："合作社同农民的关系也要处理好。……合作社所拿的部分，都是直接为农民服务的。""公益金是为了农民的福利"。"也要有个控制，不能希望一年把好事都做完。"①究竟提取多少为宜，要根据每一个年度的需要和可能决定。在生产者个人消费部分还不充裕的情况下，消费资料的分配应绝大部分通过"按劳分配"用于个人消费，公益金不宜提取过多。

---

① 《毛泽东选集》第 5 卷，第 274 页。

圣西门派的"按能分配"

圣西门派提出的"按能力计报酬，按工效定能力"，这个原则不但同"按需分配"根本不同，也同"按劳分配"原则有根本区别。

早在 1843 年，恩格斯就不同意圣西门派的这个原则。恩格斯在《大陆上社会改革运动的进展》一文中写道，圣西门派的"经济学说也不是无懈可击的；他们公社的每个社员分得的产品，首先是以他的工作量、其次是以他所表现的才能决定的。德国共和主义者白尔尼正确地批驳了这一点，他认为才能不该给以报酬，而应看做先天的优越条件；因此为了恢复平等，必须从有才能的人应得的产品中间扣除一部分"。① 这时恩格斯正是处于从唯心主义到唯物主义，从革命民主主义到共产主义的转变过程中，他是引用白尔尼的论断，从平等的观点来批评这一原则的。值得注意的是，恩格斯当时只是肯定了白尔尼的这一观点，即作为"先天的优越条件"的"才能"不应给以报酬。但是，对于按各人的"工作量"给予报酬的观点，则没有提出批评。在这里，恩格斯没有进一步正面地对于未来社会的分配制度提出自己的看法。

以后，在马克思和恩格斯第一次论述了历史唯物主义基本原理的《德意志意识形态》中，马克思和恩格斯又批判了圣西门派的"按能分配"。在《德意志意识形态》第四章中，马克思和恩格斯指出：圣西门派提出的"按能力计报酬，按工效定能力"是"要求通常的社会阶级划分"。② 这里所说的"通常的社会阶级划分"，也就是圣西门及其门徒实际上保留的资本家和工人的划分。因为圣西门把劳动者称为"实业

---

① 《马克思恩格斯全集》第 1 卷，第 577 页。
② 《马克思恩格斯全集》第 3 卷，第 597、598 页。

家"，而"在圣西门那里，实业家除了工人以外还包括……〔工厂主、商人〕，总之，包括一切实业资本家。"①圣西门及其门徒把资本家的利润也视为"劳动报酬"。在他们看来，只有资本家拥有行政管理才能，"按能力计报酬"，资本家的"报酬"（利润）显然会比工人高得多。所以，在《德意志意识形态》中，马克思和恩格斯是依据圣西门及其门徒保存了资本主义的生产关系和阶级关系来评断"按能力计报酬"的。这也就是马克思和恩格斯在《德意志意识形态》中评断圣西门派的"按能分配"的基本观点。以后马克思和恩格斯还不止一次地指明圣西门及其门徒把剥削者也包括在劳动者之内。在《资本论》第三卷中，马克思写道："圣西门所说——他的学生也往往这样说——的劳动者〔travailleur〕也不是指工人，而是指产业资本家和商业资本家。"随后，马克思就引述了圣西门派的安凡丹的话："一个劳动者必须有助手，有帮伙，有工人"。②

通常认为马克思和恩格斯在《德意志意识形态》中从"按需分配"的观点批判了"按能力计报酬"，是由于《德意志意识形态》第五章中以下一大段话引起的。在揭露和批判库尔曼时，这里写道：

"库尔曼在国内是很不走运的。他到了瑞士，在那里看到了完全的'新世界'——德国手工业者的共产主义社会。这个正合他的心意，于是他立即迎合共产主义和共产主义者。……在共产主义者中间他……成了共产主义者。

"开始一切都很顺利。

"但是，共产主义的最重要的不同于一切反动的社会主义的原则之一就是下面这个以研究人的本性为基础的实际信念，即人们的头脑和智力的差别，根本不应引起胃和肉体需要的差别；由此可见，'按能力计报酬'这个以我们目前的制度为基础的不正确的原理应当——因为这个原理是仅就狭义的消费而言——变为'按需分配'这样一个原理，换句话说：活动上，劳动上的差别不会引起在占有和消费方面

---

① 《马克思恩格斯全集》第3卷，第594页。
② 见《马克思恩格斯全集》第25卷，第683-684页。

的任何不平等，任何特权。

"我们的先知不能同意这一点，因为先知的欲望是力图成为有特权的、出人头地的、特等的人。……他，即先知，理应比普通的手工业者生活得好……。"①

从这几段引文可以看到，这里所说的"共产主义"，是库尔曼1844年到瑞士后所遇到的"德国手工业者"所信仰的共产主义，是库尔曼终于不能同意的共产主义。这个共产主义，并不是马克思和恩格斯正在形成的科学共产主义，而是魏特林的共产主义，也就是马克思和恩格斯在《德意志意识形态》中说的"唯一存在着的德国共产主义体系"。马克思和恩格斯既称它是"划时代的体系"，又指出它"是法国思想在受小手工业关系限制的那种世界观范围内的复制。"②

因此，统观《德意志意识形态》，应当得出以下的结论：第一，当库尔曼之流以所谓"真正社会主义"攻击魏特林的共产主义时，马克思和恩格斯是站在魏特林一边的。第二，马克思和恩格斯依据他们刚刚形成的历史唯物主义，肯定了魏特林共产主义是"划时代的体系"，又指出它是小手工业者世界观的反映。因此，第三，不能认为马克思和恩格斯在《德意志意识形态》中已经完全肯定了魏特林共产主义的分配观点，即以研究人的本性为基础，断定"按能力计报酬"应当为"按需分配"所代替。马克思和恩格斯在《德意志意识形态》中恰好不是以研究人的本性为基础，而是以研究人的社会物质生活为基础。所以他们着重指出："按能力计报酬"是要求资本家和工人的阶级划分的。

在十九世纪五十年代以后，马克思逐步地形成了自己的"按劳分配"的思想。在《资本论》中，特别是在《哥达纲领批判》中，马克思明确地肯定在共产主义低级阶段，个人消费品分配的原则是"按劳分配"。马克思科学地分析了共产主义低级阶段实行按劳分配的客观必然性，也指出了"按劳分配"体现的平等权利，"默认不同等的个人天

---

① 《马克思恩格斯全集》第 3 卷，第 637-638 页。
② 《马克思恩格斯全集》第 3 卷，第 544 页。

赋，因而也就默认不同等的工作能力是天然特权。"①但是，不能把马克思所主张的"按劳分配"同圣西门派的"按能分配"混为一谈，把"按能分配"也看成是社会主义原则。

马克思的"按劳分配"与圣西门派的"按能分配"的根本区别在于："按劳分配"是以生产资料公有制为前提，以剥削阶级的消灭为前提；而圣西门派的"按能分配"则仍保留资本家和工人的划分，也就不可能不保留生产资料私有制。

除以上的根本区别之外，马克思的"按劳分配"与圣西门派的"按能力计报酬、以工效定能力"，还有下列几个区别：

第一，"能力"这个概念是一个不确定的概念。正如德萨米在《公有法典》中所批判的那样："有什么东西会比能力更复杂、更难确定的呢？体格、敏捷、灵巧、勇气等等——难道所有这一切不能够有效地互相补偿吗？"而且能力如果不是专指劳动的能力，那就可以有各式各样甚至完全相反的意义，例如在社会主义时期的一定历史阶段，我们只把能够为社会主义事业做出贡献的人看作有能力的人，而不能把善于走邪门歪道的人看作是有能力的人。主张实行"按能力计报酬、按工效定能力"的圣西门主义者安凡丹就认为经营企业的资本家的利润就是他的工资。从这个观点出发，就可以引申出这样的论断，正是由于这个资本家的工效大、能力高，所以他得到的利润（"工资"）就允许比工人高得多，这样就给人对人的剥削留下了很大的地盘。德萨米在《公有法典》中说："假定照目前的情况来看，那么对于人的能力能作出什么样的结论呢？首先，能力假如不是战争权、抢劫权和作恶权，又是什么呢？"

第二，圣西门派提出的"以工效定能力"的口号，是为了使对能力的衡量有一个确定的标准，但是这个标准对革命的社会主义来说是完全不正确的。很明显，在一件工作中工效大小是取决于各种条件，并不只是由从事这项工作的人的能力和投入的劳动量决定的。在某种有利的条件下，同样能力的人可以取得不同的工效，而工效的大小与

① 《马克思恩格斯选集》第 3 卷，第 12 页。

投入劳动量的多少更没有直接的比例关系。例如具有同样能力的人，甚至是同一个人，对不同的机器设备进行技术改革，并且支付的劳动是相等的，在某一机器设备上取得的结果是提高工效十倍，而在另一机器设备上取得的结果是提高工效五倍。根据这个五倍和十倍究竟能够在能力上甚至在劳动上定出了什么来呢？显然，不能定出什么对计算报酬有社会主义意义的东西来。只有在资本主义制度下，实行所谓专利权时，两者才应在报酬上有所区别。

第三，"按能力计报酬"还有一个不正确的地方，即是有某种能力并不等于把这种能力贡献出来。有能力而不在劳动中发挥这种能力，对社会没有作出贡献，是不应该从社会那儿取得报酬的，能力只有在劳动中才能对社会主义事业发生作用，否则能力的大小对于社会就是没有意义的东西。

由此可见，圣西门派的"按能力计报酬，按工效定能力"的原则，并不是真正的社会主义原则，是不能把它与按劳分配的社会主义原则混为一谈的。

欧文的"劳动券"("劳动货币")

　　欧文的"劳动券"是英国空想社会主义者欧文设想的联系生产者和生产者、生产者和消费者的手段，它是直接以劳动时间（小时）为计算单位的。这种劳动券曾经被欧文在伦敦创办的"劳动产品公平交换市场"中实际运用，它是作为欧文的"公平交换"的工具，是通过流通领域进行社会分配的手段，是实现欧文主张的分配思想的一种劳动凭证。欧文运用"劳动券"来改革社会的试验，进行了两年便告失败。

　　欧文的"劳动券"是和他所理解的劳动价值学说相联系的。在欧文以前，一般地说，空想社会主义思想还没有同劳动价值学说联系起来。到19世纪20年代以后，在英国，空想社会主义者逐渐地普遍以李嘉图的劳动价值学说作为批判资本主义的武器。"这个国家所有的社会主义者在各个不同时候几乎都提倡过平均主义地应用李嘉图的理论。"①欧文也是这样。恩格斯指出："欧文的整个共产主义在进行经济学论战时，是以李嘉图为依据的。"②

　　欧文依据李嘉图的劳动价值学说，认为劳动者应有充分的保证获得自己的成果，而在货币交换的制度下却不能实现这一点。欧文认为，由于"货币成了最粗暴的不公正的工具和压迫人的手段"，"成了一种最流行的欺诈工具"③，劳动者出卖自己的劳动给资本家时，得不到劳动的等价，而劳动者以货币向资本家购买消费品时，又要受一层剥削。（欧文当然还不可能认识工人出卖的是劳动力，而不是劳

---

① 《马克思恩格斯全集》第4卷，第110页。
② 《马克思恩格斯全集》第24卷，第18页。
③ 《欧文选集》下卷，第30页。

动；也没有认识资本家对劳动者的剥削主要是在生产过程，而不是在交换过程。)在欧文看来，金币、银币和货币都"是人为地创造出来的；它的内在价值极小，或者根本没有任何内在价值"。① 所以，货币是一种"不完备和不公平的价值尺度。"②为了合理地分配财富，使劳动者也能享有财富，就必须用自然的价值尺度代替人为的价值尺度。只有人类劳动才能作为自然的价值尺度，因为它才是一切财富的源泉。每种产品的价值都应当用制造它所需的劳动时数来计算。因而直接以劳动时间(小时)为计算单位的"劳动券"就能成为公平有益的流通手段。这种流通手段具有三种特性：(1)它的数量容易精确地按照实际财富的增长而增加，(2)它的数量容易精确地按照实际财富的减少而减缩，(3)它的价值固定不变。③ 欧文认为，用"劳动券"作流通手段，劳动者就可以从自己的劳动产品中取得"公平而固定的份额"，④ 就可以从人为的劳动报酬制度的奴役下解放出来。

为了实现这一主张，欧文于1832年9月在伦敦创办了"劳动产品公平交换市场"。这一"市场"既从生产合作组织收进产品，又从个人收进产品。由专门人员估计生产产品所需的工作时间，然后，按照所估的"工作小时数"发给"劳动券"。"劳动券"有一、二、五、十、二十、五十、一百小时七种，持有这种"劳动券"可以到"劳动产品公平交换市场"换取自己所需要的产品。

欧文并没有把改革局限于交换组织和流通手段，他是把改革交换组织的计划同改革生产组织的计划统一起来考虑的。他在创办"劳动产品公平交换市场"的同时，大力宣传并促进生产合作社的成立。他企图通过建立生产合作社和"劳动产品公平交换市场"并运用"劳动券"来消除私有制的商品生产和商品交换，由此消除对劳动者的剥削。

---

① 《欧文选集》下卷，第30页。
② 《欧文选集》上卷，第373-374页。
③ 《欧文选集》上卷，第383页。
④ 《欧文选集》上卷，第315页。

但是欧文是在资本主义制度存在的条件下进行这种改革的。由于整个社会生产是无政府状态，局部存在的"劳动产品公平交换市场"就不可能摆脱支配整个社会的竞争规律。"市场"收进的货物，既有畅销的，又有滞销的。畅销的很快脱手了，滞销的则积压起来。在这种情况下，"劳动券"因为换不到合乎需要的货物而必然发生贬值，并成为投机的对象。商人贱价买进"劳动券"，然后伺机到"市场"抢购畅销货物。"市场"虽采取了各种办法也难以继续维持。1834 年，"劳动产品公平交换市场"宣告关闭，对积压的货物进行了拍卖，欧文还花了两千多英镑弥补亏空。

欧文关于"劳动券"的主张以及相应的整个社会改革方案，不是首先要求进行无产阶级革命，推翻资产阶级的统治，消灭资本主义制度，而是企图在资本主义社会内进行改革，通过建立合作社和劳动交换市场来排挤资本主义的商品货币关系，以实现共产主义，这在理论上是错误的，在实践上是行不通的，正如恩格斯指出的："必然要遭到失败。"①

马克思和恩格斯虽然指出了欧文关于"劳动券"（"劳动货币"）的主张是一种空想，注定要失败，但是，对于这种富于创见的思想，马克思和恩格斯仍然作了全面的历史的分析。第一，欧文设想的"劳动券"（"劳动货币"）实际上是一种领取产品的劳动凭证，他想象的和要求的是整个社会的生产都组成为合作社的生产，所以，欧文的方案并不是以私有制商品生产为前提。马克思指明了这一点，他说："欧文的'劳动货币'同戏票一样，不是'货币'。欧文以直接社会化劳动为前提，就是说，以一种与商品生产截然相反的生产形式为前提。"②第二，欧文并没有把采用"劳动券"及相应的组织合作社和劳动交换市场作为最终理想，而是作为过渡到共产主义的按需分配的一种过渡形式和手段。恩格斯一再指明了这一点。他指出：作为向完全共产主义的社会制度过渡的措施，欧文一方面组织了合作社，另一方面组织了

---

① 《马克思恩格斯选集》第 3 卷，第 304 页。
② 《马克思恩格斯全集》第 23 卷，第 112-113 页。

劳动市场，并借助于以劳动小时为单位的劳动券进行交换。① 恩格斯还指出："在欧文看来，劳动券只是社会资源的完全公有和自由运用的过渡形式，此外，顶多还是一种使共产主义易于为英国公众接受的手段。"②马克思和恩格斯着重指出的欧文的这些思想，都包含有富于启发性的创见。

欧文关于劳动券的思想实际上包含有"按劳分配"思想的萌芽。这种思想在约翰·弗兰西斯·布雷的《劳动的弊害及其消除方法》中得到了进一步的发挥。

---

① 见《马克思恩格斯选集》第 3 卷，第 304 页。
② 见《马克思恩格斯选集》第 3 卷，第 344 页。

马克思的劳动证书(劳动券)

　　马克思 1875 年写的《哥达纲领批判》中，在批判拉萨尔主义的"公平的分配"一类废话时，曾提出在共产主义的第一阶段即社会主义社会采用劳动证书(劳动券)实行按劳分配的设想。马克思指出：在社会主义社会，每个生产者"所给予社会的，就是他个人的劳动量。……他从社会方面领得一张证书，证明他提供了多少劳动(扣除他为社会基金而进行的劳动)，而他凭这张证书从社会储存中领得和他所提供的劳动量相当的一分消费资料"。① 在这里，马克思明确地提出了，在实行按劳分配的制度下，劳动证书是联结劳动和个人消费的中介。

　　马克思关于劳动证书的设想，是在分析和批判空想社会主义者和小资产阶级社会主义者有关"劳动货币"的论述的过程中孕育起来的。

　　在 1847 年写的《哲学的贫困》中，马克思批判了蒲鲁东的与"劳动货币"直接联系的按劳动直接交换的谬论，引述了空想社会主义者布雷比蒲鲁东更早的关于按劳动直接交换的论点，分析了这在资本主义制度下不过是一种幻想，并且在脚注中着重指出了这种主张在实践中遭到的失败。但是，在这一著作中，没有专门分析与劳动交换直接相联系的"劳动货币"。

　　到了 1857—1858 年写的题为《政治经济学批判大纲》的手稿中，马克思已经对"劳动货币"(即由银行发行劳动时间券)进一步分析和批判。马克思认为，发行"劳动货币"来消除资产阶级社会的弊害，不过是幻想，因为"劳动货币"同商品生产(指私有制商品生产)是不

---

　　① 《马克思恩格斯选集》第 3 卷，第 11 页。

相容的。"劳动货币"要能够真正存在并发挥作用，就必须"假定存在着合乎比例的生产"，实际上"其前提则是生产手段共有制等等"。这种劳动时间券决"不是一般市场上的货币"，不过等于饭馆里的饭票，戏院里的戏票。① 在这一手稿中，马克思还孕育了集体生产中的生产者以自己的劳动取得消费份额的思想。马克思指出："以集体性为基础的生产。单个人底劳动一开始就已确定为社会劳动。因此，不论个人所生产的或他协助生产的产品具有怎样的物质形象，他用他的劳动所买到的，不是某种特殊商品，而是他在集体生产中所应得的份额。……这里的情况，不是在交换价值底交换中所必然产生的分工，而是在其后果上决定单个的人在集体消费中应得份额的劳动组织"。② 在这里，劳动时间券还没有直接同集体生产中个人消费份额联系起来论述，但不难看出，二者是可以联系起来的。因为，既然以公有制为基础的集体生产中，劳动者可以用劳动取得他在集体消费中应得的份额，而劳动时间券只有以生产手段共有制为前提才能真正存在并发挥作用，其作用又不过类似领取消费资料的饭票而已。那么，采用劳动时间券来计算和领取个人消费份额，就完全可以成为合乎逻辑的设想了。

在 1858 年 8 月到 1859 年 1 月写的《政治经济学批判》中，马克思又一次批判空想社会主义者的"劳动货币"，指出：在资本主义生产方式中，"劳动货币是一种经济学上的空话"，要实现"劳动货币"的设想，就不能不"一个又一个地废弃资产阶级生产的条件"。③ 从马克思的分析中可以推论出：在废除了资本主义生产方式后，才有可能实现"劳动货币"(即劳动时间券)。但马克思没有进一步预测未来社会的情况。

此后，在《资本论》中，马克思就已经把劳动证书和劳动者的个人消费份额联系起来设想未来社会的情况了。在《资本论》第一卷中，

① 马克思：《政治经济学批判大纲》(草稿)第一分册，第87-90页。
② 马克思：《政治经济学批判大纲》(草稿)第一分册，第111-112页。
③ 《马克思恩格斯全集》第13卷，第76页、75页。

马克思所设想的不存在商品生产的未来社会，是假定以每个生产者的劳动时间决定他在生活资料中所得到的份额。所以，劳动时间"是计量生产者个人在共同劳动中所占份额的尺度，因而也是计量生产者个人在共同产品的个人消费部分中所占份额的尺度"。① 在《资本论》第二卷中，马克思还设想了记载这种劳动时间的凭证："在社会公有的生产中，货币资本不再存在了。社会把劳动力和生产资料分配给不同的生产部门。生产者也许会得到纸的凭证，以此从社会的消费品储备中，取走一个与他们的劳动时间相当的量。这些凭证不是货币。它们是不流通的。"②

从以上的引述可以看到，在马克思的著作中，未来社会的一定时期将实行按劳分配并利用劳动证书的思想，是经过长期的分析和思考，越来越明确的。到了写作《哥达纲领批判》驳斥拉萨尔主义的谬论时，马克思就没有用"假定"这样的字眼来谈按劳分配，也没有用"也许"这样的字眼来谈劳动凭证，而是把实行按劳分配和利用劳动证书，作为共产主义第一阶段个人消费品分配方式的肯定的设想提出来了。

马克思关于劳动证书的设想，是以一定的社会经济条件为前提的。

第一，无产阶级夺得了政权，消灭了生产资料私有制和资本主义剥削制度，建立了社会主义公有制。在生产资料公有制的条件下，一切社会成员，"除了自己的劳动，谁都不能提供其他任何东西，另一方面，除了个人的消费资料，没有任何东西可以成为个人的财产"。③只有这样，劳动才能成为用来衡量每个生产者对社会的贡献的尺度，并成为分配个人消费品的尺度。于是，才可能提出采用劳动证书来进行分配的问题。劳动证书就是用来证明每个生产者所提供的劳动量和他所能得到的个人消费品的数量。正如马克思在分析欧文的"劳动货

---

① 《马克思恩格斯全集》第 23 卷，第 96 页。
② 《马克思恩格斯全集》第 24 卷，第 397 页。
③ 《马克思恩格斯选集》第 3 卷，第 11 页。

币"时指出的："劳动券只是证明生产者个人参与共同劳动的份额，以及他个人在供消费的那部分共同产品中应得的份额。"①

第二，消除了商品生产和商品交换，因而价值、货币也不再存在。马克思预计到：在实现了生产资料公有制的社会中，生产和分配都由社会统一地有计划地安排，从而每个人的劳动，不管其具体形式如何，一开始就已经确定为直接的社会劳动。马克思由此而设想："在一个集体的、以共同占有生产资料为基础的社会里，生产者并不交换自己的产品；耗费在产品生产上的劳动，在这里也不表现为这些产品的价值。"②既然在这种条件下的产品所包含的劳动量，不必再经过迂回的途径即利用价值形式来相对确定，而是可以由社会直接用劳动时间来衡量，因此，可以用劳动证书来记录每个生产者提供的产品中所包含的社会劳动时间，并依据所记录的劳动时间来分配个人消费品。

在上述的社会经济条件下，劳动证书所记录的劳动时间，不仅是计量生产者所提供劳动份额和应领取消费份额的尺度，劳动时间还具有另一重作用，即"劳动时间的社会的有计划的分配，调节着各种劳动职能同各种需要的适当的比例"。③可见，这种劳动时间是能够统一计算不同劳动职能的社会劳动时间，也就意味着社会计划机构能够把不同的具体劳动和个别劳动直接还原为同一的社会劳动，对整个社会的劳动作统一的有计划的分配。劳动证书既然是记录这种可以计算和计划分配的社会劳动时间的凭证，所以，它是一定的社会经济关系的体化物。

劳动证书与货币不同，它不是一般等价物，它是不能流通的。

按劳分配通行的是等量劳动相交换的原则，利用劳动证书实行按劳分配，这一原则和实践不会互相矛盾。因为在利用劳动证书来表明每个产品所耗费的社会劳动时间的情况下，由于社会有计划地分配和

---

① 《马克思恩格斯全集》第 23 卷，第 113 页。

② 《马克思恩格斯选集》第 3 卷，第 10 页。

③ 《马克思恩格斯全集》第 23 卷，第 96 页。

调节着各个部门各种职能的劳动，每个劳动者在社会总劳动时间中所提供的劳动份额，同他在社会总产品中所得到的消费品份额应当是成比例的。在扣除了社会基金以后，"他以一种形式给予社会的劳动量，又以另一种形式全部领回来。"①在原则上是如此，在实践上也是如此（至少是接近如此）。

马克思关于社会主义社会中实行统一的、有计划的生产和按劳动分配个人消费品的科学预见，已成为现实。但实践说明，在社会主义阶段的相当长时间里，不可能很快消除商品生产和商品交换，仍然存在着价值、货币等经济形式。实行按劳分配，还需要利用价值、货币的形式。

利用价值和货币来实现社会主义的按劳分配原则，并不会引起按劳分配的性质发生变化，而且，在这种情况下，货币也具有非严格意义的劳动券的作用。但是，利用价值和货币实现按劳分配，会引起等量劳动相交换的原则和实践之间出现相矛盾的情况。因为价值不能够绝对地，而只能是相对地表明商品中的社会劳动耗费，而价格又可以高于或低于商品的价值。所以，当生产者用作为劳动报酬的货币去购买各种不同的商品时，并不是每次交换实践都完全是等量劳动相交换。而且，以货币作为劳动报酬，也不像劳动券那样能够直接地、比较准确地表明各个生产者的劳动耗费量。因此，货币工资也就难以完全同个人为社会提供的劳动量成比例。以上这些都说明，在利用价值、货币形式实行按劳分配的情况下，等量劳动相交换的原则同实践之间，依然存在一定的矛盾。

---

① 《马克思恩格斯选集》第 3 卷，第 11 页。

巴黎公社的薪金原则

　　巴黎公社的薪金原则，是指 1871 年法国无产阶级夺取政权以后，对作为无产阶级专政国家的公社的公职人员，规定都只应领取相当于工人工资的薪金。巴黎公社的薪金原则，是马克思对法国工人阶级一八七一年革命经验的概括。

　　在资本主义社会里，资产阶级的官僚机构代表剥削阶级的利益行使资产阶级国家职能。资产阶级不仅在经济领域中剥削劳动人民，而且通过维护这种剥削制度的国家机关来进行剥削。旧官僚的高薪厚禄，就是这种剥削的一种形式。马克思指出：这种国家机器"不仅成为资产阶级的强力阶级统治的一种手段，而且成为补充直接经济剥削的第二重剥削人民的手段，因为它保证资产阶级的家族在国家事务管理中取得所有肥缺"。[1] 资产阶级国家的官吏不但领取高额薪金，而且利用种种特权攫取大量的额外收入，骑在人民头上过着骄奢淫逸的生活，这反映了资产阶级国家政权剥削压迫劳动人民的性质。法国工人阶级通过武装起义，摧毁了资产阶级的国家机器，建立了第一个无产阶级的新型政权——巴黎公社。公社的军事、行政、政治等各方面的管理人员都经选举产生，并可随时撤换。这样，这种管理职务成为真正的工人职务，一切公职人员都是作为社会公仆代表着工人阶级利益行使无产阶级国家职能。

　　为了彻底破除旧官僚的高薪厚禄制度，以免除资产阶级通过国家机构对劳动人民的剥削，巴黎公社除了废除高薪特权，提高低薪人员的薪金以外，还规定公社的公职人员的最高薪金也只应和熟练工人工

---

① 《马克思恩格斯选集》第 2 卷，第 410 页。

资相当。公社在一八七一年四月一日通过的关于规定公职人员最高年薪为六千法郎的法令宣称："以前各公共机关的高级职位由于能得高薪往往成为钻营的对象，而在真正的民主共和国里，既不应该有高薪的闲职，也不应该有过高的薪额。"①在《巴黎公社告农民书》中也指出："巴黎希望不再有支薪两万、三万和十万法郎的官职，因为这使一个人有可能一年吃掉足够很多家庭花费的财产。仅仅这一种节约，就能为老年劳动者设置养老院"。②《法兰西共和国公报》上发表的《三月十八日》一文还指出："把最高薪金定为六千法郎，这对于九月四日上台的那些所谓的共和党人来说，是不可思议的"，然而公社的革命措施却"体现了大多数人民的利益"。③

巴黎公社规定一切公职人员只领取相当于工人工资的薪金，突出地说明了公社作为工人政府的本质。马克思、恩格斯对巴黎公社的薪金原则给予高度的评价。马克思指出："从公社委员起，自上至下一切公职人员，都只应领取相当于工人工资的薪金。国家高级官吏所享有的一切特权以及支付给他们的办公费，都随着这些官吏的消失而消失了。"④恩格斯也指出："为了防止国家和国家机关由社会公仆变为社会主人——这种现象在至今所有的国家中都是不可避免的，——公社采取了两个正确的办法。第一，它把行政、司法和国民教育的一切职位交给由普选出的人担任，而且规定选举者可以随时撤换被选举者。第二，它对所有公职人员，不论职位高低，都只付给跟其他工人同样的工资。公社所曾付过的最高薪金是六千法郎。这样，即使公社没有另外给各代议机构的代表规定限权委托书，也能可靠地防止人们去追求升官发财了。"⑤这就说明，按照巴黎公社的薪金原则，一切高薪、特权都随着资产阶级官僚的消失而消失，社会公职也不再是资产

① 《法兰西共和国公报》，一八七一年四月二日。
② 《巴黎公社会议记录》中文版第 1 卷，第 193 页。
③ 《法兰西共和国公报》，一八七一年四月十九日。
④ 《马克思恩格斯选集》第 2 卷，第 375 页。
⑤ 《马克思恩格斯选集》第 2 卷，第 335 页。

阶级特殊阶层的私有物，所有公职人员的经济地位同工人是一样的，真正能够代表工人阶级的利益来行使国家职能，显示了人民自己管理人民政权的方向，体现了真正的无产阶级政权的性质。同时，实行这一原则，还可以有效地防止那些追求升官发财的资产阶级野心家钻进各级领导班子，有助于国家政权掌握在无产阶级革命家手里，保证无产阶级专政的国家不会变质。

巴黎公社薪金原则是马克思主义国家学说的一个重要组成部分。贯彻巴黎公社薪金原则，是为了打碎旧的国家机器，以建立和巩固无产阶级专政。这归根到底又是为了建立、巩固和发展社会主义的经济基础——生产资料公有制和按劳分配。所以列宁指出：马克思在这个伟大革命中，"看到了有极重大意义的历史经验，看到了全世界无产阶级革命的一定进步，看到了比几百种纲领和议论更为重要的实际步骤。分析这个经验，从这个经验中得到策略教训，根据这个经验来重新审查自己的理论，这就是马克思提出的任务"。①

---

① 《列宁选集》第 3 卷，第 201 页。

分配决定论

马克思在《哥达纲领批判》中指出："庸俗的社会主义仿效资产阶级经济学家(一部分民主派又仿效庸俗社会主义)把分配看成并解释成一种不依赖于生产方式的东西,从而把社会主义描写为主要是在分配问题上兜圈子。"①恩格斯在《反杜林论》中批判杜林的经济学观点时也指出："杜林的经济学归结为这样一个命题:资本主义的生产方式很好,可以继续存在,但是资本主义的分配方式很坏,一定得消失。"并指出:在杜林看来,"分配是和生产根本没有联系的,……分配不是由生产来决定,而是由纯粹的意志行为来决定的"。② 因此,杜林认为,资本主义的生产方式根本不用去触动,只要改变资本主义不合理的分配方式,他们的"社会主义"就可以实现了。

这就是马克思和恩格斯所批判的"分配决定论"。

"分配决定论"的主要错误,是否定分配同生产之间的直接的联系,特别是否定生产条件的分配对消费资料的分配起决定作用,它的要害是为资本主义剥削制度作辩护,宣扬资本主义生产方式是永恒的,反对无产阶级所进行的推翻资本主义剥削制度的革命,鼓吹改良主义。

"分配决定论"这种错误观点的出现不是偶然的,它是资本主义生产方式发展的必然产物。随着资本主义生产方式的发展,资本主义的内在矛盾越来越暴露,无产阶级同资产阶级之间的阶级斗争也越来越尖锐。为了维护资本主义剥削制度,资产阶级及其御用经济学家,

① 《马克思恩格斯选集》第 3 卷,第 13 页。
② 《马克思恩格斯选集》第 3 卷,第 337-338 页。

绞尽脑汁，伪造出各种"理论"和"规律"，妄图证明资本主义生产方式是永恒的、不可消失的。"分配决定论"就是这种"理论"中的一种。十八世纪至十九世纪的英国古典政治经济学的主要代表人物大卫·李嘉图(1772—1823)，就宣扬过"分配决定论"这种错误理论，在他的整个经济学说中，分配学说居于中心地位，他认为，关于产品的数量是"没有规律能被制定的"，而关于社会产品的分配比例，则"能够找到一个相当正确的规律"。因此，他认为应当把阐明社会产品如何分配为地租、利润和工资以及这些收入的动态，规定为政治经济学的对象，他说："确定支配这种分配的法则，乃是政治经济学的主要问题。"

到十九世纪中叶，资产阶级庸俗政治经济学的代表人物约翰·穆勒(1806—1873)更是竭力宣扬"分配决定论"，他竭力鼓吹生产规律与分配规律具有不同的性质，说什么生产规律是永恒的自然规律，它不依社会制度而改变，而分配规律则不同，它完全是人类的制度问题。他把生产规律同分配规律割裂开来，是为他的改良主义思想提供"理论根据"的，他幻想在不触动生产资料资本主义所有制的基础上来改善资本主义的分配关系，借以调和日益增长的工人阶级与资产阶级之间的利益矛盾。

十九世纪的庸俗社会主义者(主要是指小资产阶级社会主义者)，如法国的蒲鲁东、路易·勃朗，英国的威廉·汤普逊，德国的杜林等。由于他们从小资产阶级的立场出发批判资本主义，他们认为资本主义的生产方式是好的，只是分配方式不合理，劳动者没有获得"自己劳动的十足价值"，即没有实现公平合理的分配。因此，他们同样的想在不触动资本主义根基的情况下，只要改变不合理的分配制度，实现工人获得自己全部劳动产品的权利，就可以实现永恒公平的社会，即社会主义。很显然，庸俗社会主义者所兜售的仍然是反动的"分配决定论"，他们把分配看作事物的本质，把斗争的目标和重点放在分配问题上，把社会主义描写为只是在分配问题上兜圈子。

马克思在《〈政治经济学批判〉导言》和《哥达纲领批判》等著作中，深刻地批判了"分配决定论"这种错误观点。马克思指出："分配关系和分配方式只是表现为生产要素的背面。……分配本身就是生产的产物，不仅就对象说是如此，而且就形式说也是如此。就对象说，能分配的只是生产的成果，就形式说，参与生产的一定形式决定分配的特定形式，决定参与分配的形式。"①在另一处地方，马克思更明确地指出："把所谓分配看做事物的本质并把重点放在它上面，那也是根本错误的。消费资料的任何一种分配，都不过是生产条件本身分配的结果。而生产条件的分配，则表现生产方式本身的性质。"②当然，马克思主义坚持生产决定分配，决不是否认分配对生产的反作用，正是马克思和恩格斯，深刻地阐明了"分配并不仅仅是生产和交换的消极的产物；它反过来又同样地影响生产和交换"。③ 在社会主义制度下，正确处理分配关系，坚持国家、集体、个人三者利益兼顾，坚持按劳分配原则，对于巩固和发展社会主义公有制，充分调动群众的社会主义积极性，高速度发展社会主义生产，是一个十分重要的问题。但是决不能把分配的作用夸大到不适当的地步。

① 《马克思恩格斯选集》第 2 卷，第 98 页。
② 《马克思恩格斯选集》第 3 卷，第 13 页。
③ 《马克思恩格斯选集》第 3 卷，第 188 页。

分配中的平均主义

分配中的平均主义是指在社会主义社会里，主张不顾劳动的复杂和简单、熟练和非熟练、繁重和简易程度的不同，在劳动者之间平均地分配个人消费品。

这种主张或要求否认劳动是社会主义制度下个人消费品分配的唯一尺度，否认不同的劳动者由于劳动的实际支出不同，应该分得不同数量的个人消费品，多劳多得，少劳少得。斯大林指出："平均主义的根源是个体农民的思想方式，是平分一切财富的心理，是原始的农民'共产主义'的心理。"[1]

在原始公社制度下，由于生产力水平极其低下，集体劳动的成果除了维持最低限度的生活需要外，没有什么剩余。因此，生活资料只能按平均的原则在公社成员之间进行分配，既不可能按照社会成员的需要进行分配，也不可能按照劳动者提供的劳动量来分配。平均分配的原则是适合当时社会生产力水平和生产资料的原始公社公有制的要求的。

在封建社会，封建地主阶级对农民的残酷剥削和压迫，迫使农民多次地举行起义，以反抗地主阶级的统治，起义农民在经济上的要求是平等、平均。这种要求是手工业和小农经济的产物，对于动摇封建统治有过积极作用。但是，这种在小生产方式基础上产生的要求，实际上是一种倒退，是不可能实现的幻想。

在资产阶级革命准备时期，早期无产阶级运动中产生了空想社会主义。十八世纪的空想社会主义者摩莱里、马布利和巴贝夫，主张未

---

[1] 《斯大林全集》第13卷，第105页。

来社会的分配原则是平均分配，特别是巴贝夫更明确提出："福利必须让大家普遍享受，必须均等分配。""分配给每一个公民由其他各种物品构成的社会总产品中同等的一份。"①他说："要使这个民族的各个人之间是没有任何差别的绝对的平等。"②这些空想社会主义者关于未来社会个人消费品分配问题的主张，是在资本主义还不成熟的条件下提出的，当然不可能提出代表社会化大生产的无产阶级的要求，还不能不带有在长期封建统治下小生产者的平均主义主张的色彩。直到十九世纪三十年代末和四十年代初由魏特林创立的一种空想的工人共产主义，还在主张建立这种类似的粗陋的平均共产主义。恩格斯在评述十九世纪空想社会主义者时指出："不成熟的理论，是和不成熟的资本主义生产状况、不成熟的阶级状况相适应的。解决社会问题的办法还隐藏在不发达的经济关系中，所以只有从头脑中产生出来。"③

科学社会主义诞生以后，在欧洲的工人运动中，一些机会主义派别从资产阶级理性观念出发，宣扬所谓"公平的分配"，主张在个人消费品分配中实行所谓"平等权利"。马克思在《哥达纲领批判》、恩格斯在《反杜林论》中，对于这些谬论进行了批判，深刻地阐明了马克思主义的无产阶级平等观。斯大林指出："马克思主义所了解的平等，并不是个人需要和日常生活方面的平均，而是阶级的消灭。这就是说：（甲）在推翻和剥夺资本家以后，一切劳动者都平等地摆脱剥削而得到解放；（乙）在生产资料转归全社会公有以后，对于大家都平等地废除生产资料私有制；（丙）大家都有按各人能力劳动的平等义务，一切劳动者都有按劳取酬的平等权利（社会主义社会）；（丁）大家都有按各人能力劳动的平等义务，一切劳动者都有各取所需的平等权利（共产主义社会）"。④

苏联十月革命胜利以后，列宁、斯大林对苏联党内机会主义者托

---

① 《巴贝夫文选》第 89 页。
② 《巴贝夫文选》第 86 页。
③ 《马克思恩格斯选集》第 3 卷，第 299 页。
④ 《斯大林全集》第 13 卷，第 314 页。

洛茨基、托姆斯基的平均主义的反动主张进行了坚决的斗争。在二十年代初期，苏联国内战争刚刚结束，经济十分困难，对于消费品如何分配这一重大问题，托洛茨基主张实行"平均制"。认为："在消费方面，就是说在劳动者个人生活条件方面，必须实行平均制的方针。在生产方面，重点制原则在今后很长时期内对我们还是有决定意义的。"①列宁主张重点制的优先照顾应当包括消费方面，列宁指出托洛茨基的观点是"根本错误的"，指出："重点制就是优先照顾，照顾不包括消费，那就无所谓照顾了"。② 在 20 世纪 30 年代初期，斯大林多次批判了托姆斯基等人把熟练工人和非熟练工人工资拉平的错误主张，批判了集体农庄建设初期的按人口平均分配的做法。斯大林指出："任何一个列宁主义者，只要他是一个真正的列宁主义者，都知道在需要和个人生活方面的平均主义是一种反动的小资产阶级谬论，这种谬论适合于某种原始的禁欲主义教门，但是不适合于按照马克思主义组织起来的社会主义社会。"③

在我国早在一九二九年，毛泽东同志就提出了在革命队伍内部反对绝对平均主义，并且指出了产生绝对平均主义的根源。新中国成立以后，在毛泽东同志亲自主持制定的许多党和国家的文件中，都坚持按劳分配原则，反对平均主义。

在社会主义社会，分配中的平均主义只会严重挫伤劳动者的社会主义积极性，阻碍社会生产力的发展，危害社会主义公有制。特别是在一个生产力发展水平不高，曾经是小生产像汪洋大海的国家建设社会主义，在处理个人消费品分配问题时，尤其要注意克服平均主义的倾向。

---

① 见《列宁选集》第 4 卷，第 411-412 页。
② 《列宁选集》第 4 卷，第 412 页。
③ 《斯大林全集》第 13 卷，第 313 页。

高额薪金制

高额薪金制(简称高薪制)是指在无产阶级专政历史时期的最初的一个阶段，无产阶级国家对于掌握一定知识、技能的资产阶级专家实行的一种赎买性质的薪金制度。

高薪制是这样一种报酬制度：它"不按社会主义标准而按资产阶级标准"发给资产阶级专家以报酬。"也就是说，不按劳动的困难程度或特别艰难的条件而按资产阶级习惯和资产阶级社会的条件"发给资产阶级专家以报酬。① 无产阶级国家对资产阶级专家付给高额薪金，决不是因为资产阶级专家的实际劳动支出多而多给他们一些报酬，而是因为他们有知识、有技能，按照资产阶级的习惯和资产阶级社会条件，承认他们掌握的知识和技能是他们的私有财产。为了要让他们把所掌握的知识和技能提供出来而给他们以高额的薪金。在这里，薪金的高低与劳动支出的多少并不存在任何直接的联系，劳动已不是作为分配个人消费品的唯一尺度。因此，给资产阶级专家以高薪，并不属于贯彻按劳分配的问题。高额薪金制是对资产阶级的一种妥协，其实质是用高额薪金赎买资产阶级专家所掌握的知识和技能。

列宁在十月革命胜利后的最初几年里，非常强调对资产阶级专家实行高薪制。列宁指出："没有具备各种知识、技术和经验的专家来指导，便不能过渡到社会主义，因为社会主义需要广大群众自觉地在资本主义已经达到的基础上超过资本主义的劳动生产率。"② 由于资本主义剥削制度，造成了广大工人农民丧失享受文化教育的权利，先进

---

① 《列宁全集》第 33 卷，第 65-66 页。
② 《列宁选集》第 3 卷，第 501 页。

的科学技术知识只为少数专家所垄断。无产阶级夺取政权以后，对资产阶级占有的生产资料可以实行剥夺，而对于专家所掌握的科学技术知识是无法剥夺的。为了建设社会主义，必须吸收专家参加工作，"而专家，因为受了过去培养他们成为专家的整个社会生活环境的影响，大多数必然是资产阶级的"。① 在无产阶级还不能迅速在全国范围内解决计算、监督和组织的情况下，为了使资产阶级专家完全服从我们，利用他们掌握的知识和技能迅速发展国民经济，只有用非常高的薪金来吸收他们。

对于资产阶级专家实行高薪制既然是一种"旧的资产阶级的方式"，因此必然会带来一些腐化作用。列宁指出："高额薪金的腐化作用既要影响到苏维埃政权……也要影响到工人群众，这是无可争辩的。"②

要尽快取消高薪制，免除对资产阶级专家缴纳的"贡款"，最主要的是迅速培养和造就庞大的无产阶级知识分子队伍，工人农民利用资产阶级专家，尽快地掌握先进的科学技术知识，尽快地学会管理经济，迅速在全国范围内解决计算、监督和组织的任务，这样，就能尽快地取消高薪制，在整个社会范围内贯彻"各尽所能，按劳分配"的原则。对于无产阶级知识分子来说，不能因为较多地掌握了知识和技能，就要求像对资产阶级专家那样实行高薪制。恩格斯指出："在按社会主义原则组织起来的社会里，这种费用(即训练有学识的劳动者的费用——引者)是由社会来负担的，所以复杂劳动所创造的成果，即比较大的价值也归社会所有。"③

---

① 《列宁选集》第 3 卷，第 501 页。
② 《列宁选集》第 3 卷，第 503-504 页。
③ 《马克思恩格斯选集》第 3 卷，第 241 页。